Mein Mittelerde

Artikel und Essays
zu Tolkien und seinem Werk

Friedhelm Schneidewind

Mein Mittelerde

Artikel und Essays zu Tolkien und seinem Werk

ldib Verlag

Bibliografische Information der Deutschen Nationalbibliothek
Die Deutsche Nationalbibliothek verzeichnet diese
Publikation in der Deutschen Nationalbibliografie;
detaillierte bibliografische Daten sind im Internet
über http://dnb.ddb.de abrufbar.

Umschlaggestaltung: Oliver Bidlo
Titelbild: *Der Tanz* (1958) von Franz Eisenhuth
Satz: Friedhelm Schneidewind, gesetzt mit Indesign aus der Garamond Premier Pro von Adobe
Herstellung: Book on Demand GmbH, Norderstedt

ISBN 978-3-939556-25-1

»Meist ist vom schönsten Tanz bekannt,
der hoch beglückt und tief entzückt:
Er endete am Kelchesrand«

Franz Eisenhuth 1958

Gewidmet meiner Mutter Helga Schneidewind (1933 – 2010),
die sich letztes Jahr eine Sammlung meiner wichtigen Texte zu Tolkien wünschte
und die Fertigstellung leider nicht mehr erlebte.

Über dieses Buch und den Autor

In dieser Sammlung finden sich Texte, die zwischen 2006 und 2011 in Büchern und Tagungsbänden erschienen und von denen manche nur schwer oder gar nicht erhältlich sind. Daher rührt der Entschluss, die Texte zu Tolkien und seinem Werk in einem Sammelband vorzulegen. Aktualisiert und teilweise ergänzt wurden an manchen Stellen die Literaturhinweise, außerdem die Zitate aus *Der Herr der Ringe*, nun entnommen aus der neuesten einbändigen Ausgabe (siehe Literaturangaben).

Friedhelm Schneidewind, geboren 1958, wuchs auf in Berlin, Trier und dem Saarland. Seit 12 Jahren lebt und arbeitet er im Rhein-Neckar-Raum, am Rande des Odenwaldes zwischen Mannheim, Heidelberg und Darmstadt als freier Autor, Journalist, Verleger, Musiker und Dozent, letzteres vor allem für Öffentlichkeitsarbeit, Mediengestaltung, Berufsvorbereitung und berufliche Weiterbildung.

Der Experte für Mythologie und Phantastik veröffentlichte als Herausgeber (mit Heidi Steimel) den Sammelband *Music in Middle-earth* (2010, deutsch *Musik in Mittelerde,* 2011) und als Autor 2009 die Essaysammlung *Spiegel, Muschelklang und Elbenstern*, 2008 *Drachen. Das Schmöker-Lexikon* und *Mythologie und phantastische Literatur*, zuvor u. a. *Eine Grammatik der Ethik* (mit drei Co-Autoren, 2005), *Praxis Lesen: z. B. Tolkien* (Co-Autor, 2005), *Das große Tolkien-Lexikon* (2001, spanisch 2003), *Das ABC rund um Harry Potter* (2000), *Das Lexikon von Himmel und Hölle* (2000), *Das Lexikon rund ums Blut* (1999) und *Das kleine Vampyr-ABC* (1997), außerdem Story-Bände und Liederhefte sowie ein Vampir-Theaterstück, das er auch inszenierte und in dem er von 1994 bis 2000 mitspielte.

»Auf anschauliche Weise führte er seine Zuhörer an ein Thema … heran.«
(Westfälische Rundschau, 29. Mai 2010)

»… gelingt es ihm, seine Schlüsse in einem angenehmen Schreibstil und gut nachvollziehbar zu vermitteln« (LARPzeit #23, März 2009)

»… unverzichtbar für jeden, der sich wissenschaftlich mit Tolkiens Werk befassen möchte …«
(Anja Stürzer auf »amazon.de«, 23. April 2008, zu »Eine Grammatik der Ethik«)

»Schneidewind ist ein ausgewiesener Experte, schreibt aber dabei recht unterhaltsam.«
(zu einer Artikelserie in »Earth Rocks!« im SF-Netzwerk, 21.04.2008)

»bietet … einen schier unerschöpflichen Schatz von Informationen«
(Prof. Dieter Petzold 2004 zu »Das große Tolkien-Lexikon«)

»das wohl umfangreichste Lexikon, das je über den großen Autor verfasst wurde«
(www.elbenwald.de, zu »Das große Tolkien-Lexikon«)

»Schneidewind beeindruckte durch seine klaren, jedoch niemals simplen Thesen und sein immenses Wissen …« (»Der Flammifer von Westernis«, 2004)

»der deutsche Tolkien-Experte« (Radio Europa, 2002)

»Schneidewind versteht es, fesselnd zu schreiben, und verfügt über einen immensen Wissensfundus, den er zielsicher einsetzt. Seine Texte sind ehrlich und engagiert zugleich, der Beweis dafür, wie man in dieser verrückten Welt noch klarsehen kann, ohne an ihr zu verzweifeln.« (Georg Fox in ProSaar, 1993)

Weitere Infos: *www.friedhelm-schneidewind.de* und *www.incantatio.de*

Inhalt

I Wo und wann ist Mittelerde? 9
aus: *Mittelerde ist unsere Welt*, 2006

II Biologie, Genetik und Evolution in Mittelerde 15
aus: Hither Shore II, *Tolkiens Weltbild(er)*, 2006, sowie
Das Dritte Zeitalter. Tagungsband der Phantastischen Bibliothek Wetzlar, 2006

III Rassismus bei Tolkien? 45
aus: *Der Flammifer von Westernis*, 2006

IV Langlebigkeit, Unsterblichkeit und Wiedergeburt 49
aus: Hither Shore III, *Die Entstehung einer Mythologie – History of Middle-Earth*, 2007

V Erbgedächtnis und angeborene Sprache 65
aus: Hither Shore III, *Die Entstehung einer Mythologie – History of Middle-Earth*, 2007

VI Tolkiens »kleine Leute« und die Evolution 69
aus: *Von den kleinen Leuten*, 2008

VII Zwischen Genie und Wahnsinn: Gedanken eines Künstlers 75
aus: Hither Shore IV, *Tolkiens »kleinere« Werke*, 2008

VIII Gewalt und Gewaltdarstellung bei Tolkien 79
im Vergleich mit zeitgenössischen Gewalt- und Aggressionstheorien
aus: Hither Shore VI, *Gewalt, Konflikt und Krieg bei Tolkien*, 2010

IX Stimmen die Stimmen? Dokumentation eines Fehlschlages 91
aus: *Music in Middle-earth/Musik in Mittelerde*, 2010/2011

X Farmer Giles of Ham: eine prototypische Drachengeschichte 97
aus: Hither Shore IV, *Tolkiens »kleinere« Werke*, 2008

XI Die Wahrheit über die Nibelorks (inkl. »Das braune Buch«) 119
Teil I aus: *Mittelerde ist unsere Welt*, 2006 – Teil II bisher unveröffentlicht

XII Fantastik als Friedensstifter!? – bisher unveröffentlicht 134

XIII Was ist Magie und wie funktioniert sie? 143
Auszug aus dem »Wissensspeicher« 2011

Literatur- und Quellenangaben 152
Primärwerke von J. R. R. Tolkien und seinem Werk 152
Allgemeines zu Tolkien und seinem Werk 153
Biologie und Evolution (Kapitel II – VI) 154
Zwischen Genie und Wahnsinn (Kapitel VII) 156
Gewalt und Gewaltdarstellung (Kapitel VIII) 156
Stimmen die Stimmen? (Kapitel IX) 157
Farmer Giles of Ham (Kapitel X) sowie Fantastik als Friedensstifter!? (Kapitel XII) 157
Was ist Magie und wie funktioniert sie? (Kapitel XIII) 158

Nach dem Ptolemäischen Weltbild ruht die Erde in einer Reihe von Sphären des Himmels, ähnlich der Flachen Erde im ersten Zeitalter. Kommt man ans Ende der Welt, durchbricht man die Sphären.
Kolorierter Holzschnitt von 1888

Wo und wann ist Mittelerde?

erstmals erschienen in: »Mittelerde ist unsere Welt. Wie es ›wirklich‹ war«
Hg. von Friedhelm Schneidewind und Frank Weinreich, Edition Stein und Baum Band 2, Verlag der Villa Fledermaus, Saarbrücken 2006, S. 9 – 13

Mittelerde ist jene phantastische Welt, die Tolkien einst erfand und in der sich Elben und Hobbits, Ents und Zwerge, Orks und Zauberer tummeln. Mittelerde ist jene phantastische Welt, die für viele von uns zu einem beliebten Zufluchtsort geworden ist, an dem wir ganz im Sinne Tolkiens Erholung und Trost finden können.[1]

Mittelerde ist aber laut Tolkien keine imaginäre Welt, sondern *unsere* Welt, in eine imaginäre Periode des Altertums gerückt. Mittelerde ist also auch eine Welt, über die wir spekulieren können.

Tolkien war gegen eine Analogiebildung von Mittelerde auf unsere Welt und wollte durch oder mit Mittelerde keinen direkten Einfluss auf die primäre Welt nehmen.[2] Sein Einfluss auf viele Menschen dieser primären Welt ist aber dennoch enorm: auf ihre Phantasie, nicht selten auf ihre Lebensart, und manchmal sogar auf ihre ethischen Vorstellungen und Entscheidungen. Was aber ist eigentlich *Tolkiens* Mittelerde, und *wo* und *wann* könnte es existiert haben – oder noch existieren?

Mittelerde – das ist *nicht* die ganze Welt, in der Tolkiens Mythologie angesiedet ist. Mittelerde bezeichnet in Tolkiens Mythologie und Geografie nur diejenigen Länder in Arda, also auf der Erde, die östlich des Großen Meeres Belegaer liegen.

1 *»Phantasie, Erholung, Flucht und Trost«* (*»Fantasy, Recovery, Escape and Consolation«*) – diese Aspekte bietet laut Tolkien die Fantasy (»On Fairy Stories«, 1947; »Über Märchen« 111 – 127).

2 *»Der Erfinder von Mittelerde legte großen Wert auf eine Trennung seiner Fiktion von der Realität [...] Tolkien mochte den Verdacht, er benutze die bewusst eingesetzte Allegorie in seinem fiktionalen Werk, überhaupt nicht. Er wehrte sich ausdrücklich dagegen und hielt den Einsatz von Allegorien in der Fantasy-Literatur für eine nicht unproblematische Angelegenheit ... [...] Mittelerde existiert ausdrücklich nicht um etwas anderes willen. Es existiert vor allem nicht, um auf Situationen in der realen Welt aufmerksam zu machen, sondern allein aus eigenem Recht, wie Tolkien in* On Fairy Stories *ausführt. [...] Innerhalb einer Fantasygeschichte als Nachschöpfung geht es ... nach Überzeugung Tolkiens gerade darum, nichts ›anders‹ zu sagen im Hinblick auf die reale Welt, nicht die Grenzen zwischen den beiden Schöpfungsebenen zu überschreiten, sondern alles Gesagte so zu meinen, dass es im Rahmen der Nachschöpfung bleibt (eine Allegorie innerhalb der geschaffenen Geschichte ist nach Tolkiens Auffassung durchaus möglich).Die Erschaffung einer neuen, einer vielleicht schöneren und trotz aller Spannung und Gefahr doch behüteteren Welt – das war die erklärte Intention Tolkiens beim Verfassen der Geschichte Mittelerdes. Mit Allegorien, die auf die reale Welt verweisen, kann er dann aber in Mittelerde nichts anfangen.«* (Friedhelm Schneidewind, Frank Weinreich: »Beispiele der Instrumentalisierung von Mittelerde«. In: Thomas Honegger et. al. *Eine Grammatik der Ethik,* 27 – 29)

Diese Länder tragen auch andere Namen: die Hinnenlande, die Außenlande, die Großen Lande, Ambarendya, Ambarenya, Endor, Endóre und Ennor. Es ist die Welt der Elben, Menschen, Zwerge, Hobbits, Orks und anderer Wesen. Die Insel Númenor, auf der im Zweiten Zeitalter die Númenórer lebten, die Vorfahren von Aragorn, gehört nicht zu Mittelerde! Die Númenórer reisen ausdrücklich immer wieder dorthin.

Angeregt wurde Tolkien für den Begriff Mittelerde zum einen durch die Mythologie der Germanen, in der Midgard, die Welt der Menschen, eines der neun Reiche der Welt ist und zwischen den Reichen der Götter, der Asen, und der Unterwelt, der Hel, liegt. Beeinflusst wurde er auch durch das Gedicht »Crist« des Dichter Cynewulf (8./9. Jhdt:), das er 1913 las. In diesem heißt es: *»Eala Earendelengla beorhtast, ofer Middangeard-monnum sended«*, in heutigem Englisch: *»Hail Earendel brightest of angels, sent to men over Middle Earth«*, oder auf Deutsch: *»Heil Earendel, strahlendster (der) Engel, über der mittleren Erde den Menschen gesandt«*.

Mit »Middle Earth« oder der »mittleren Erde« ist in diesem Gedicht unsere Welt zwischen dem Himmel über uns und der Hölle unter uns gemeint.

Tolkien hat mehrfach betont, dass Mittelerde ein frühes Stadium in der Geschichte unseres Planeten darstelle:

> *Mittelerde ist keine imaginäre Welt. Der Name ist die moderne Form ... von midden-erd > middel-erd, ein alter Name für ... die objektiv wirkliche Welt, im Sprachgebrauch besonders entgegengesetzt den imaginären Welten (wie Feenland) oder den unsichtbaren Welten (wie Himmel oder Hölle.) Schauplatz meiner Erzählung ist diese Erde, dieselbe, auf der nun wir leben, aber die historische Periode ist imaginär. Die Grundzüge dieses Aufenthaltsortes sind alle vorhanden (jedenfalls für Einwohner von NW-Europa) ...* (*Briefe* Nr. 183, S. 313)

> *»Mittelerde« ist übrigens nicht der Name für ein Nie-und-Nimmerland ohne Beziehung zu der Welt, in der wir leben ... Es ist einfach eine Verwendung von mittelenglisch middel-erde (oder erthe), verändert aus altenglisch Middangeard: der Name für die bewohnten Lande der Menschen »zwischen den Meeren«.* [...] *... soll diese »Geschichte« doch der Einbildung nach in einer Periode der tatsächlichen Alten Welt dieses Planeten stattfinden.* (*Briefe* Nr. 165, S. 290)

Wenn wir diesen Ansatz Tolkiens akzeptieren und einmal unterstellen, die von Tolkien geschilderten Ereignisse hätten sich tatsächlich abgespielt – oder zumindest historische Ereignisse, die die Grundlage für Tolkiens Mythologie bildeten –, stellt sich die Frage, *wann* sich diese Ereignisse abgespielt haben könnten.

Wann war Tolkiens Mittelerde?

Tolkien selbst äußert sich dazu:

> *Ich hätte alles auf größere Wahrscheinlichkeit hin zusammensetzen können, hätte sich die Geschichte nicht schon zu weit entwickelt gehabt ... Ich bezweifle, ob damit viel gewonnen gewesen wäre, und hoffe, daß die augenscheinlich lange, aber unbestimmte zeitliche Lücke* zwischen dem Fall von Barad-dûr und unseren Tagen ausreicht, eine »literarische Glaubwürdigkeit« zu erwirken, sogar bei Lesern, die mit dem, was man über die »Prähistorie« weiß oder vermutet, vertraut sind.*
>
> **Ich stelle mir eine Lücke von etwa 6000 Jahren vor: das heißt, wir sind jetzt am Ende des Fünften Zeitalters, wenn die Zeitalter ungefähr von gleicher Länge wären wie das Erste und Zweite. Ich denke aber, sie haben sich beschleunigt, und stelle mir vor, wir sind gegenwärtig am Ende des Sechsten Zeitalters oder im Siebten.* (*Briefe* Nr. 211, S. 371)

Leider passt das mit unserer »tatsächlichen« Geschichte nicht zusammen. Wenn wir die *Lücke von 6.000 Jahren* tatsächlich auf unsere Zeit beziehen, ergibt sich folgende grobe Chronologie:

Drittes Zeitalter:	rund	7.000 – 4.000 v. Chr.
Zweites Zeitalter:	rund	10.500 – 7.000 v. Chr.
Erstes Zeitalter:	vor	10.500 v. Chr.

Wenn wir einige bekannte Daten unserer Geschichte dagegen stellen, zeigt es sich, dass dies nicht zusammenpasst:

um 3.000 v. Chr.	erste Stadtstaaten
um 3.300 v. Chr.	Ötzi
um 4.000 – 3.000 v. Chr.	Anfänge geschichtlicher Überlieferung in Asien
um 5.000 v. Chr.	erste Bauern
110.000 bis 10.000 v. Chr.[3]	*homo floresiensis* (der »Hobbit« von Flores)
seit etwa 200.000 Jahren[3]	*homo sapiens* (der »moderne« Mensch)
vor 600.000 bis 30.000 J.[3]	*homo sapiens neandertalensis*

Wenn wir aber Tolkiens Vermutung noch einen Bonus geben, indem wir die Zeitrechnung erst vor dem Beginn der geschichtlichen Überlieferung ansetzen, also vor 4.000 v. Chr., könnten wir seine Geschichten mit viel gutem Willen unterbringen:

Drittes Zeitalter:	rund	13.000 – 10.000 v. Chr.
Zweites Zeitalter:	rund	16.500 – 13.000 v. Chr.
Erstes Zeitalter:	vor	16.500 v. Chr.

3 Dies sind grobe Schätzungen nach der herrschenden Meinung der Wissenschaft; auf ein paar Tausend Jahre mehr oder weniger kommt es dabei nicht an. Zum *homo sapiens neandertalensis* s. Fußnote 17 auf S. 22.

Skelette werden sowieso selten gefunden, Ork- und Hobbit-Skelette könnten zudem mit denen von Neandertalern[4] und Flores-Menschen[5] verwechselt werden, Trolle z. B. die Überlieferung von Yetis und anderen Riesenwesen erklären, der Untergang von Númenor (Atalante!) die Sage von Atlantis ... Im vierten Zeitalter brach dann die menschliche Zivilisation immer weiter zusammen, ehe sie sich um 5.000 v. Chr. langsam wieder aufrappelte.

Leider bekommen wir jedoch nun Probleme mit der Geografie, zumindest wenn wir das Erste und das Zweite Zeitalter als mehr akzeptieren denn als pure Mythologie. Zu dieser historischen Zeit sah unsere Welt nämlich praktisch schon so aus, wie wir sie kennen. Eine Umgestaltung müsste schon zu erheblich früherer Zeit erfolgt sein, etwa nach der Teilung des Urkontinentes Pangäa vor rund 200 Millionen Jahren in die Riesenkontinente Gondwana auf der Süd- und Laurasia auf der Nordhalbkugel. Das zentrale Mittelmeer Tethys, das die beiden Kontinente bis vor etwa 25 Millionen Jahren trennte – bis sich durch die Kontinentalverschiebung langsam unsere heutige Welt bildete – könnte dem Großen Meer, dem Belegaer, entsprechen. Aber das passt natürlich nicht zu Tolkiens Zeitrechnung ...

Wenn wir aber die Beschreibung der Umgestaltung der Welt und des Untergangs von Númenor als mythologische Umschreibung gewaltiger Umbrüche betrachten, z. B. einer Sintflut, können wir überlegen, *wo* die von Tolkien beschriebenen Länder gelegen haben könnten.

Wo war Tolkiens Mittelerde?

Tolkien selbst äußert sich dazu eher vage:

> *Mittelerde ist einfach archaisches Englisch für ... die bewohnte Welt der Menschen. Es lag, wo es immer noch liegt. Ja, genau wie jetzt, rund und unentrinnbar.* [...] *Die neue Situation, zu Beginn des Dritten Zeitalters entstanden, führt schließlich und unvermeidlich weiter bis zur gewöhnlichen Geschichte ...*

4 Aktualisierung 2011: Inzwischen ist klar, dass die Neandertaler mit dem modernen Menschen *homo sapiens sapiens* Nachkommen hatten. Nach aktuellen Schätzungen dürften – je nach Region – ein bis vier Prozent unseres Erbgutes von Neandertalern stammen. Daher muss man wieder dahin zurückkehren, diese als *homo sapiens neandertalensis* zu bezeichnen, also als Unterart/Subspecies der Art Mensch, und nicht als eigene Art, wie es zeitweise mit der Bezeichnung *homo neandertalensis* dargestellt wurde.

5 Zum »Homo floresiensis« s. Fußnote 27 auf S. 28.

Wenn Sie ... in Frodos Zeit sich übers Meer nach Westen aufgemacht hätte[n], wären wir ... wieder (wie jetzt) zum Ausgangspunkt zurückgekehrt.
(*Briefe* Nr. 151, S. 246)

Ich darf wohl sagen, daß all dies »mythisch« ist und keine neue Art von Religion oder Vision darstellen soll. [...] *Ich kann nur sagen, daß es, wenn dies »historisch« wäre, schwierig sein dürfte, die Länder und Ereignisse (oder »Kulturen«) mit den uns bekannten archäologischen oder geologischen Befunden zu vereinbaren, die den näheren oder ferneren Teil dessen, was heute Europa heißt, betreffen.* (*Briefe* Nr. 211, S. 371)

In Tolkiens frühen Schriften finden wir allerdings viel konkretere Vorstellungen. So wird Ælfwine (»Elbenfreund«, ein Vorläufer von Eriol) ursprünglich als Mann aus England beschrieben (oder Englaland oder Angol), u. a. aus dem Wessex des 11. Jahrhunderts, oder er bekommt Beinamen wie Lúthien, der Mann aus Luthanien (Luthanien entsprach bei Tolkien damals England). Alalminóre, das »Land der Ulmen«, einen Vorläufer von Valinor, siedelte Tolkien in Warwickshire an, England sah er zeitweise als die gestrandete Insel Tol Eressea, wo die Elben durch die später einfallenden Angeln ersetzt wurden. Zwischendurch galten Tolkien auch schon mal die Angelsachsen als Nachfahren der Elben.

Die Heimat der Hobbits, das Auenland, vermutete Tolkien auch relativ spät noch in England: »*... allerdings wird zum Beispiel vom Auenland ausdrücklich gesagt, daß es in dieser Region gelegen habe*« (*Briefe* Nr. 211, S. 371). Über die Sprachen und deren Entwicklung deutet Tolkien Ähnliches an, worauf z. B. Helmut W. Pesch und Thomas Honegger immer wieder hinweisen. Doch leider finden wir in historischer Zeit keine Region, auf die Tolkiens Beschreibung des Dritten Zeitalters passt.

Fassen wir zusammen: In Zeit und Raum unserer primären Welt können wir Mittelerde nicht unterbringen. Die Ereignisse des Ersten und Zweiten Zeitalter müssten, wenn sie wirklich so geschehen wären, vor mehr als 25 Millionen Jahren stattgefunden haben. Sind sie aber eine mythologische Umschreibung tatsächlicher Umbrüche, finden wir in unserer Welt in historischer Zeit keine Region, auf die Tolkiens Beschreibungen zutreffen – und das gilt auch für das Dritte Zeitalter.

Irgendwie passen da Zeit und Raum nicht zusammen ...

Ist also Mittelerde unsere Welt?
Historisch ... geologisch ... biologisch: nein!
Mythologisch und ethisch: ja!

Dies betont Tolkien immer wieder. Zwar war er gegen *Analogien*, nicht aber gegen die *Anwendbarkeit* seiner Ideen![6]

> *Natürlich heißt das in Wirklichkeit bloß, daß meine »Elben« nur eine Deutung oder Darstellung eines Teils der menschlichen Natur sind, aber das wäre nicht die Ausdrucksweise der Legende.* (*Briefe* Nr. 131, S. 198)

> *Die Orks sind eine ebenso reale Schöpfung wie nur irgendwas in »realistischen« Erzählungen: Mit Deinen Kraftworten beschreibst Du die ganze Horde vortrefflich; aber natürlich stehen sie in Wirklichkeit immer auf beiden Seiten.* [...] *Im wirklichen (äußeren) Leben hast Du Menschen auf beiden Seiten: also eine zusammengewürfelte Allianz von Orks, Bestien, Dämonen, schlichten und von Natur ehrlichen Menschen und Engeln. Aber es macht schon einen Unterschied, wer Deine Hauptleute sind ... Und um was es geht (vermeintlich oder wirklich). ...*
> (*Briefe* Nr. 71, S. 111, 1944 an Sohn Christopher)

Mittelerde *ist nicht* unsere Welt, wenn wir sie in Raum und Zeit, in Skeletten und Ruinen suchen.

Mittelerde *ist* unsere Welt, wenn wir ihre mythologischen Aussagen ernst nehmen und sie auf unsere primäre Welt übertragen. Mythologisch, moralisch und ethisch unterscheidet sie sich nicht von unserer realen, der primären Welt.

In dieser allerdings übernehmen wir Menschen *alle* Funktionen: die der großartigsten Elben ebenso wie die der bösartigsten Dämonen!

Tolkien hatte Recht: »Mittelerde ist unsere Welt!«[7]

6 Tolkien wehrt sich zwar gegen Allegorien – »*Aber ich habe eine herzliche Abneigung gegen Allegorie*« – , spricht sich aber nicht gegen die Suche nach Anwendbarkeit aus: »*Wahre oder erfundene Geschichte mit ihrer vielfältigen Anwendbarkeit auf das Denken und die Erfahrung der Leser ist mir viel lieber.*« (Vorwort zu *Der Herr der Ringe*, 13)

7 Carpenter, 111

Biologie, Genetik und Evolution in Mittelerde

erstmals erschienen in: Hither Shore Band 2: »Tolkiens Weltbild(er)«

Das Jahrbuch 2005 der Deutschen Tolkien Gesellschaft e. V., hrsg. von Thomas Fornet-Ponse et. al., Scriptorium Oxoniae, Düsseldorf 2006, S. 41 – 66

Bereits in der Anlage des vorliegenden Bandes[1] lässt sich feststellen, wie weit das Spektrum der Beschäftigung mit Tolkiens Werk reicht. Da gab es natürlich die Vorträge über Sprache und über die Geschichte des Werkes, aber auch welche über Theologie, über Ethik, über Architektur und sogar über Wirtschaftswissenschaft. Tolkiens Werk und speziell Mittelerde ist inzwischen so bekannt und beliebt, dass es eigentlich keinen Bereich gibt, in dem nicht geforscht wird. Warum also sollte man nicht auch die Biologie von Mittelerde erforschen?

Eike Kehr hat in seiner Untersuchung über Natur und Ökologie in Tolkiens Welt ausführlich erläutert (Kehr 10 ff.), wieso es sich lohnt, sich mit der Rolle der Natur in Mittelerde zu beschäftigen. Zwar erscheine eine »*Untersuchung, die sich ohne jeglichen Realitätsbezug ausschließlich auf der fiktionalen Ebene bewegt, ... fragwürdig*« (Kehr 10). Doch sobald »*zumindest eine gewisse Realitätsnähe*« (Kehr 11) erkennbar sei in »*einem bestimmten Verhältnis zur Wirklichkeit, das analysierbar und kritisierbar ist*« (Kehr 11/Petzold 63), sei »*Interpretation ..., wie Tolkien selbst eingesteht, notwendig, um eine Beziehung zwischen Fiktional- und Realwelt herzustellen*« (Kehr 12). Wenn also die Natur und die Lebewesen in Tolkiens Welt betrachtet werden, sollten auch ihre biologischen Grundlagen untersucht werden; wenn man die familiären und sozialen Bande zwischen humanoiden Wesen in Mittelerde analysiert, sollte man auch über die biologischen Verhältnisse Bescheid wissen. Zudem gibt es in Mittelerde Zuschreibungen von Eigenschaften über Rasse/Spezies/Herkunft.[2] Hier lohnt es sich zu untersuchen, wieweit Tolkien selbst diese immer wieder bricht und damit ein komplexeres Gefüge aufbaut, als ihm viele unterstellen.

---

1 Die hier abgedruckte erweiterte Fassung ist eine Mischung aus dem Ursprungstext aus »Tolkiens Weltbild(er)«, erschienen unter diesem Titel in »Tolkiens Weltbild(er)« (Hither Shore 2, hrsg. von Thomas Fornet-Ponse et al., Tagungsband der Deutschen Tolkiengesellschaft zum Tolkien-Seminar 2005, Düsseldorf: Scriptorium Oxoniae, 2006, S. 41 – 66) und einer veränderten, teils erweiterten Fassung, die einige Zeit später erschien unter dem Titel »Einfach in sie eintreten – Biologie, Genetik und Evolution in Mittelerde« in »Das Dritte Zeitalter. J. R. R. Tolkiens ›Herr der Ringe‹« (hrsg. von Thomas Le Blanc und Bettina Twrsnick, Tagungsband zu den Phantastiktagen 2005, Schriftenreihe und Materialien der Phantastischen Bibliothek Wetzlar, Band 92, Wetzlar 2006, S. 139 – 172). Ich habe beide Fassungen zu einem schlüssigen Text zusammengefasst. Der erste Absatz stammt aus dem Band aus Wetzlar.

2 Darauf sowie auf den in diesem Zusammenhang immer wieder erhobenen Rassismusvorwurf gegenüber Tolkien gehe ich ausführlich ein in Schneidewind, *Biologie, Abstammung* ... (2005: S. 43 – 50); dort finden sich auch Erläuterungen zu modernen Rassen- und Rassismusvorstellungen und weiterführende Literaturangaben. Siehe auch den Artikel zu Rassismus in diesem Buch, S. 45.

Tolkien selbst sah durchaus die Schwierigkeiten, die er in seiner Sekundär-Welt mit der modernen Biologie hatte:

> *Ich nehme an, daß die Hauptschwierigkeiten, auf die ich mich eingelassen habe, eigentlich naturwissenschaftlicher und biologischer Art sind* [...] *Es ist (bisher) erst eine unvollständig vorgestellte, eine rudimentäre »Sekundär«-Welt, doch wenn es dem Schöpfer beliebte, ihr (in berichtigter Form) auf irgendeiner Ebene Realität zu verleihen, dann müßte man einfach in sie eintreten und ihre andersartige Biologie zu untersuchen beginnen, das ist alles.*
>
> (*Briefe* Nr. 153, S. 250)

Diese Aufforderung aus dem Briefentwurf an Peter Hastings von 1954 nehme ich ernst. Zudem gilt nach Tolkiens mehrfach betonter Überzeugung: *»Mittelerde ist unsere Welt«* (Carpenter 111), es ist *»die bewohnte Welt der Menschen. Es lag, wo es immer noch liegt. Ja, genau wie jetzt, rund und unentrinnbar.«* (*Briefe* Nr. 151, S. 246)

> *Und obwohl ich nicht versucht habe, die Gestalt der Gebirge und Landmassen dem anzunähern, was Geologen über die nähere Vergangenheit sagen oder vermuten mögen, soll diese »Geschichte« doch der Einbildung nach in einer Periode der tatsächlichen Alten Welt dieses Planeten stattfinden.*
>
> (*Briefe* Nr. 165, S. 290)

Wenn Mittelerde wirklich unsere Welt ist[3], dann gelten in dieser Welt auch die Grundprinzipien der Evolution: Veränderung und Selektion. Deshalb werde ich diese und ihre Bedeutung für Mittelerde zu Beginn kurz erklären, anschließend erläutere ich die wichtigen Grundbegriffe Art, Rasse und Geschlechter sowie die Verwandtschaft zwischen Menschen und Elben. An ausgewählten Beispielen zeige ich dann die »normale« Evolution in Mittelerde auf wie auch die Entwicklung durch Züchtung oder Degeneration. Nach einer Betrachtung der Langlebigkeit bzw. Quasi-Unsterblichkeit in Mittelerde folgen zum Abschluss kurze Überlegungen zur Zuschreibung angeborener Eigenschaften sowie ethischer Prinzipien zu biologischen Kategorien bzw. Gruppen.

Bei meinen Betrachtungen beschränke ich mich auf die erzählerischen Hauptwerke »Der Herr der Ringe« und »Der Hobbit« sowie »Das Silmarillion«, »Die Nachrichten aus Mittelerde«, den zehnten Band der »History of Middle-Earth« und Tolkiens Briefe.[4]

---

3 siehe hierzu auch das erste Kapitel in diesem Band, S. 9 – 14.

4 Die ersten beiden Werke erschienen so, wie Tolkien selbst es wollte (oder zumindest so, wie er es bei seinem Verleger durchsetzen konnte), »Das Silmarillion« sollte nach seinem Willen als eigenes Werk verlegt werden. Auch wenn dieses Buch dann wohl etwas anders ausgesehen hätte, umfasst es doch im Wesentlichen, was Tolkien selbst veröffentlicht sehen wollte und was er für das Verständnis Mittelerdes für unverzichtbar hielt; es gibt aber viele Widersprüche. Schon aufgrund des langen Zeitraums der Entstehung kann man nicht

Evolution in der Primärwelt und in Mittelerde

Es ist hier nicht der Platz, ausführlich die moderne Evolutionstheorie zu darzustellen. Ihre Grundprinzipien, die Tolkien als gebildetem Mann ziemlich sicher bekannt waren, seien jedoch kurz erläutert; auch gehe ich auf verschiedene Varianten ein, die er ebenfalls gekannt haben dürfte.

Nach der heute in der Wissenschaft allgemein akzeptierten Auffassung entsteht evolutionäre Entwicklung durch ein Zusammenspiel zweier Mechanismen: Veränderung und Auswahl. Aus verschiedenen Gründen ändert sich die genetische Ausstattung von Lebewesen von Generation zu Generation: durch Mutation, das ist eine spontane oder induzierte Veränderung des Erbmaterials, und/oder durch Rekombination, eine Neuzusammenstellung der Gene (etwa der der Eltern im Kind bei der sexuellen Fortpflanzung).[5]

Durch diese Veränderungen sind Lebewesen unterschiedlich gut angepasst an die Lebens- und Umweltbedingungen. Da es in der Regel zu wenig Ressourcen gibt und zu viele Nachkommen für den vorhandenen Lebensraum, kommt es zu einem

---

»völlige Stimmigkeit (sowohl innerhalb des Silmarillion selbst als auch zwischen diesem und anderen veröffentlichten Schriften meines Vaters) … erwarten … Außerdem sah auch mein Vater schließlich »Das Silmarillion« als eine Sammlung an, als ein Kompendium von Erzählungen, das viel später aus höchst unterschiedlichen Quellen …, welche die Zeitalter überdauert hatten, zusammengestellt wurde; und diese Vorstellung entspricht auch der tatsächlichen Geschichte des Buches« (aus dem Vorwort von Christopher Tolkien). – »Die Nachrichten aus Mittelerde« (»Unfinished Tales«), das erste Werk, das Christopher Tolkien nach dem *Silmarillion* herausbrachte, ist eine Sammlung von Texten in unterschiedlicher Form, Ausführung und Entstehungszeit, die in Númenor und Mittelerde spielen, und bietet Ergänzungen zum *Silmarillion* und oft Varianten schon bekannter Geschichten. – Die 12 Bücher der History of Middle-Earth« sind eher Arbeitsbücher, Material für Forschende und Studierende. Es finden sich hier zahlreiche Varianten von Tolkiens Geschichten, viele unveröffentlichte Texte, Anmerkungen von Tolkien selbst und manche unausgegorenen Gedanken. Ein wichtiger Bestandteil sind die Erläuterungen von Christopher Tolkien. Ich ziehe die *History* möglichst selten heran, hier aber den 10. Band, »Morgoth's Ring«, da in diesem viele Gedanken Tolkiens zur Evolution, vor allem der Orks, zu finden sind. – Die *Briefe* werden gern als authentische Aussagen Tolkiens in die Diskussion eingebracht, aber auch sie sind mit Vorsicht zu verwerten. Zum einen handelt es sich um eine redigierte Auswahl; wir wissen nicht, was unveröffentlicht geblieben ist. Außerdem sind es häufig apologetische Schreiben: Rechtfertigungen gegenüber Kritik, Verteidigungen gegen Angriffe. Schließlich änderte Tolkien häufig seine Meinung zu bestimmten Themen, wie wir es alle im Laufe der Jahrzehnte tun. Da wir nicht wissen, wie er vielleicht einige Zeit später gedacht hätte, gibt es auch kein »letztes Wort« in den Briefen.

5 *»Die Individuen einer Tier- oder Pflanzenart gleichen einander nicht vollkommen; sie weisen in ihren verschiedenen Eigenschaften eine genetische Variabilität auf. Diese kommt durch Mutationen und durch Kombination der Erbanlagen bei der sexuellen Fortpflanzung (Rekombination …) zustande. Mutation und Rekombination sind zufällige Prozesse, die ungerichtet – ohne Bezug zu dem Wert oder Unwert, den sie für die Individuen einer Art haben – ablaufen. Es ist zufällig und nicht voraussagbar, welches Gen als nächstes und zu welchem Allel mutiert. Mutation und Rekombination können daher mit der genetischen Variabilität in einer Population nur das Rohmaterial für die Evolution liefern.«* (Czihak 882)

Ausleseprozess der Gene[6]: Jene Lebewesen, die mehr überlebensfähige Nachkommen haben, geben ihre vererbbaren Eigenschaften an diese weiter. Dieser Prozess einer natürlichen Auswahl, auch als Selektion oder Zuchtwahl bezeichnet, sorgt für das »survival of the fittest«, wie Charles Darwin[7] es nannte: das Überleben des »Geeignetsten«, des »Tauglichsten« oder, besser, des »am (gerade hier und jetzt) besten Angepassten« – nicht des *Stärksten*, wie oft falsch übersetzt wird.[8] Zusammen mit der Isolation und einigen weniger bedeutenden Faktoren führen diese beiden Hauptmechanismen der Evolution – Veränderung und Auswahl oder »Zufall und Notwendigkeit«[9] – zu einer allmählichen Umbildung der existierenden sowie einer Herausbildung neuer Arten.[10]

---

6 Eigentlich ist es ein Ausleseprozess der Allele; so nennt man die Zustandsformen eines Gens, die Unterschiede im Phänotypus (Erscheinungsbild) hervorrufen, aber an den gleichen Stellen im Erbgut, auf den Chromosomen, lokalisiert sind. Verschiedene Allele eines Gens entstehen in der Regel durch Mutation. Ihre »Durchsetzungsfähigkeit« (Dominanz) entscheidet über den Erbgang, etwa ob sich das Allel für rote oder braune Haare durchsetzt.

7 Charles Robert Darwin (1809 – 1882) begründete nach der berühmten Forschungsreise mit der »Beagle« (1832 – 1836) seine Selektionslehre von der Herausbildung neuer Arten durch Auslese der für die jeweiligen Lebensbedingungen geeigneten Formen, niedergelegt in seinem Hauptwerk »On the Origin of Species by Means of Natural Selection or the Preservation of Favoured Races in the Struggle for Live« (1859, deutsch »Über die Entstehung der Arten durch natürliche Zuchtwahl« 1893). Darwin entwickelte darin nicht *eine* Evolutionstheorie, sondern *»stellte fünf Haupttheorien bezüglich der verschiedenen Aspekte der Variationsevolution auf: 1. Organismen entwickeln sich im Laufe der Zeit ständig weiter (... Theorie von der Evolution als solche ...). 2. Verschiedene Organismenarten stammen von einem gemeinsamen Vorfahren ab (die Theorie der gemeinsamen Abstammung). 3. Arten vervielfachen sich im Laufe der Zeit (... Speziation). 4. Die Evolution erfolgt in Form allmählichen Wandels (... Gradualismus).«* (Mayr, *Biologie*, 236) Die fünfte Theorie ist die wichtigste, die der Selektion, siehe Fußnote 5. Heute ist aus diesen Theorien unter Einbeziehung der Erkenntnisse von Gregor Mendel (Darwin kannte die Mechanismen der Vererbung noch nicht), der Paläontologie, der Geologie, der Biologie, Biochemie, Genetik und anderer Wissenschaften ein umfassendes Theoriengebäude geworden, gerne *Synthetische Evolutionstheorie* oder *Neodarwinismus* genannt, das auch andere Evolutionsmechanismen berücksichtigt. Dieses geht *»weit über die Biologie hinaus. ... Das gesamte Denken des heutigen Menschen wird vom Evolutionsgedanken zutiefst beeinflusst«* (Mayr, *Genetik* 14). – Eine hervorragende Darstellung der modernen Evolutionstheorie bietet Mayr, *Genetik*, eine kurze knappe Einführung Wuketits, einen schönen Überblick mit historischen Einblicken Young. Umfassend ist die über 1400 Seiten umfassende Monografie *The Structure Of Evolutionary Theory* von Gould.

8 Die Theorie der natürlichen Selektion ist Darwins größte Leistung: *»5. Der Evolutionsmechanismus besteht in der Konkurrenz unter zahlreichen einzigartigen Individuen um begrenzte Ressourcen, die zu Unterschieden in Überleben und Fortpflanzung führt.«* (Mayr, *Biologie*, 236). – *»Der Faktor, der dieses richtungslos auftretende Material ausrichtet und damit Evolution zu einem (auf zunehmende Adaptation und Ökonomisierung) gerichteten Vorgang macht, ist die Selektion. Selektion (natürliche Auslese) ist demnach ein dem Zufall entgegen gerichteter Faktor. [...] In der Generationenfolge werden jeweils jene Erbanlagen bevorzugt weitergegeben, die Merkmale mit Anpassungswert bedingen, d. h. dem Individuum einen Vorteil bringen. Ein solcher Prozeß muß im Laufe der Generationenfolge zu einer gerichteten Veränderung der Eigenschaften und damit zur Herausbildung von Anpassungscharakteren führen.«* (Czihak 882)

9 So der Titel eines Buches von Jacques Monod (»Le hasard et la nécessité«, Paris 1970).

10 Dieser Ausleseprozess ist auch als »Kampf ums Dasein« bekannt; dieser Begriff *»ist – wie kaum ein anderer – vielfach in unheilvoller Weise mißverstanden und als Glorifizierung des »Rechts des Stärkeren« aufgefaßt worden. Das hat als »Sozial-Darwinismus« bis in die Soziologie hinein verhängnisvolle Auswirkungen gehabt.*

Die Selektion kann sowohl innerhalb einer Art greifen (intraspezifisch) wie zwischen Arten (extraspezifisch): Um denselben Lebensraum oder dieselben Beutetiere können sowohl zwei Leoparden rivalisieren wie ein Leopard mit einem Löwen.[11]

Zu Tolkiens Lebzeiten war zwar die Abstammungslehre ziemlich unumstritten, doch war die darwinistische Auffassung der Selektion noch keineswegs allgemein anerkannt. In weiten Kreisen der Wissenschaft wie vor allem bei Laien herrschte eher eine lamarckistische Auffassung vor.[12] Danach ist die Abänderung von Gestalt und Funktion der Organe eines Lebewesens in erster Linie durch Umwelteinflüsse bedingt; diese durch die Umwelt bewirkten Änderungen sind erblich. Neue Anlagen und Organe entstehen nach dieser Auffassung aus einem »Bedürfnis« des Lebewesens heraus: Vögel entwickelten Flügel aus dem »Bedürfnis« der Anpassung an das Luftleben. Die Giraffe »verlängert« ihren Hals aus dem Bedürfnis heraus, an höhere Blätter heranzukommen. Organe degenerieren durch Gebrauch oder Nichtgebrauch oder werden bei Bedarf entwickelt. Solche im Laufe des Lebens erworbenen Veränderungen werden an die Nachkommen weitergegeben, die Kinder der Giraffe werden also mit einem längeren Hals geboren. Diese Lehre gilt heute als widerlegt, eine echte Vererbung erworbener Eigenschaften konnte in keinem Falle nachgewiesen werden. Doch bis in die Mitte des 20. Jahrhunderts (und in der Sowjetunion noch viel länger) war diese Vorstellung weit verbreitet. Tolkiens Ideen von der Vererbung etwa bei der Entstehung der Orks sind damit gut vereinbar – aber eben auch mit der modernen synthetischen Evolutionstheorie, besonders der Theorie der natürlichen Selektion.

In unserer Welt gilt zumindest in westlichen und aufgeklärten Kulturen die moderne Evolutionstheorie auf der Basis des Darwinismus als die einzige wissenschaftlich fundierte Theorie zur Deutung des biologischen Entwicklungsgeschehens. Doch gibt es

---

Jedoch hat schon Darwin darauf hingewiesen, daß dieser Begriff als Metapher zu verstehen ist. In der Tat spielt bei der Selektion weniger die kämpferische Auseinandersetzung von Artgenossen, als vielmehr die »indirekte« Konkurrenz zwischen genetisch verschiedenen Individuen einer Art die entscheidende Rolle. Dabei geht es keineswegs nur um Leben oder Tod (also unterschiedliche Mortalität verschiedener Genotypen), vielmehr ist das Wichtigste, welchen Beitrag ein bestimmtes Individuum (mit bestimmten Allelen) zum Genbestand der nächsten Generation beisteuert. Selektion besteht also in unterschiedlichem Fortpflanzungserfolg; sie ist ein statistischer Prozeß: Individuen mit günstigen Eigenschaften werden im Durchschnitt mehr Nachkommen hervorbringen als solche mit weniger günstigen Eigenschaften. Was günstig und was ungünstig ist, hängt dabei von den jeweiligen Bedingungen (z. B. Umweltbedingungen) ab, unter denen Selektion abläuft (Selektionsbedingungen).« (Czihak 882 f.)

11 Dabei ist das *Überleben* für die Evolution irrelevant; für die weitere Entwicklung zählt nur die Weitergabe des Erbgutes. Ein Wolf, der stärker ist als ein Tiger und 1.000 Jahre lebt, hinterlässt keine Spuren in der Zukunft, wenn er keine Nachkommen hat, denen er diese Eigenschaften vererben kann.

12 Jean-Baptiste de Monet, Chevalier de Lamarck (1744 – 1829), gilt als der Begründer der Deszendenzlehre, also der Abstammungslehre, wonach Tiere und Pflanzen von gemeinsamen Vorfahren abstammen und sich die Arten im Laufe der Generationen verändern, er war *»der erste Evolutionstheoretiker im engeren Sinne«* (Wuketits, 21). Einige zu Tolkiens Vorstellungen in Beziehung zu Lamarck, dem Evolutionstheoretiker Ernst Haeckel (1834 – 1919) und der Naturphilosophie von Lorenz Ocken (1779 – 1851) finden sich in Gee.

immer wieder Konflikte zwischen der wissenschaftlichen Betrachtungsweise und religiösen und/oder mythologischen Ansichten, etwa zwischen Evolution und Schöpfungsgeschichte. Beispiele erleben wir nicht nur in islamischen Kulturen und den angeblich so aufgeklärten USA, sondern ganz aktuell auch in Deutschland.[13]

Tolkien dürfte die Evolutionstheorie in der Ausprägung seiner Zeit zumindest in den Grundzügen bekannt gewesen sein. Wir können aber nicht einschätzen, welches der damals kursierenden Theoriengebäude (Neodarwinismus oder Lamarckismus) er genauer kannte und welche Ideen daraus mit seinen Überzeugungen konform gingen. Wir werden jedoch bei der Entwicklung der Orks, der Hobbits und der Drúedain sehen, dass sich seine Kenntnisse in seinem Werk niederschlagen und mit der modernen synthetischen Evolutionstheorie vereinbar sind.

In Tolkiens Mittelerde kennen die Protagonisten keine moderne Evolutionstheorie, und davon, welche Vorstellungen sie von der Entwicklung ihrer Welt und der Entwicklungsgeschichte der Lebewesen hatten, wissen wir nur wenig. Im *Silmarillion* erfahren wir einiges über die Mythologie der Elben: Diese haben eine eindeutige Schöpfungsgeschichte, aber auch zumindest rudimentäre Vorstellungen von einer Entwicklung, wie es bei den unterschiedlichen Vorstellungen von der Entwicklung der Orks deutlich wird. Hier haben wir auch einen Erklärungs-Konflikt zwischen *Wissen* und *Mythen*, wir erfahren aber nicht, ob und wie er ausgetragen wird. Da es aber zumindest für die Elben ganz offensichtlich ist, dass es einen Schöpfergott gibt – immerhin sind viele von ihnen seinen obersten Dienern, den Valar, persönlich begegnet – dürfte die Mittelwelt-interne Evolutionsauffassung der Elben (in unseren Begriffen gesprochen) entweder eine deistische sein – Gott hat die Welt erschaffen wie eine Maschine, und nun lässt er sie laufen – oder

13 In den letzten Jahren wird im Rahmen der zunehmenden spirituellen und sozialen Verunsicherung immer mehr der *Kreationismus* propagiert. Dieser Begriff stammt aus dem Amerikanischen (*special creationism, special creation science*) und ist in der extremsten Form ein Schöpfungsglaube, *»ein Versuch, die beobachtete Artendiversität unserer Biosphäre (»die Schöpfung«) durch Interpretation bestimmter Bibeltexte (Altes Testament, Genesis) verständlich zu machen«* (Kutschera, 61). In abgeschwächter Form feiert der Kreationismus in den letzten Jahren fröhliche Urständ: Man leugnet nicht mehr die Evolution, aber die Möglichkeit der Art-Entstehung. Diese sei nur möglich durch »intelligentes Design« (ID), also braucht man einen Schöpfer oder zumindest ein übernatürliches, nicht wissenschaftlich erforschbares, höheres Prinzip. In den USA versuchen Vertreter des »scientific creationism« Evolutionsbiologie und Kosmologie aus den Lehrplänen der Schulen streichen zu lassen, in Deutschland sind neben den Zeugen Jehovas vor allem das »Missionswerk W. Heukelbach« und die »Studiengemeinschaft Wort und Wissen e. V.« aktiv. Und der Genetiker Dr. Wolf-Ekkehard Lönnig stellte kreationistische Seiten auf den Webserver des Kölner Max-Planck-Instituts für Züchtungsforschung, die erst nach langen Dislkussionen 2003 gelöscht wurden. Nach Meinungsumfragen lehnen 20 bis 30 Prozent der Deutschen die Evolutionstheorie ab. Da passt es ins Bild, dass Bestsellerautor Ralf Isau, der auf seiner Internetseite für ID wirbt und gegen den Evolutionimus polemisiert, seinen dritten »Erwachsenenroman«, »Die Galerie der Lügen« (September 2005), weniger als Thriller, sondern eher als kreationistisches Pamphlet gestaltet – und das Nachwort, das er nur gekürzt unterbringen durfte, ausführlich als Essay ins Internet stellt (Isau, *Online-Essay*).

der Vorstellung des *Intelligenten Designs* nahe kommen, wonach zwar Entwicklung nach evolutionären Gesichtspunkten in Grenzen möglich ist (siehe unten die Ansichten der Elben über die Orks), der Schöpfergott aber die wesentlichen, unveränderbaren Grundlagen vorgegeben hat.[14]

Die Hobbits und meisten anderen menschlichen Gruppierungen zur Zeit des Ringkrieges hingegen haben wohl weder Kenntnis von einer Schöpfungsgeschichte noch von einer Evolutionstheorie, zumindest erfahren wir von Tolkien nichts darüber.[15]

Inwieweit die Vorstellungen bspw. der Elben mit den persönlichen Glauben und den Ansichten von Tolkien übereinstimmen, ob er eher kreationistisch oder evolutionär dachte, wissen wir nicht, und zumindest bei meinem jetzigen Kenntnisstand wäre eine Aussage darüber rein spekulativ und verbietet sich daher – zumal es für unsere Fragestellung irrelevant ist. Wir können nur Aussagen über Mittelerde machen, aber da es ja in erster Linie um das Werk geht, ist dies auch genug.

Von Arten, Rassen und Geschlechtern

Zwei Tiere gehören nach der klassischen Definition dann zu einer Art (*species*), wenn sie fruchtbar miteinander kreuzbar sind, also Nachkommen haben können, die wiederum fruchtbar sind.[16]

---

14 Einen hervorragenden Überblick über die Diskussion um das »Intelligente Design«, die Argumente und die Literatur liefert Neukamm, *Kreationismus*.

15 *»Denn wer weiß in den letzten Tagen des dritten Zeitalters noch um Ilúvatar und die »Ainulindale«?* [...] *Über die Mythologie der Zwerge im dritten Zeitalter weiß man wenig. Sie wussten früher, dass sie von Aule »gemacht« wurden und dass Ilúvatar ihnen Leben eingab.* [...] *Aber die Hobbits? Die sind nahezu völlig ungebildet in Bezug auf die Geschichte und Mythologie Mittelerdes. Da kennt Sam zwar ein Bruchstück aus dem Gedicht über Gil-Galad ..., aber sonst eigentlich nur Wirtshauslieder. Auch die aus gehobeneren Schichten als der Gärtnersneffe Sam stammenden Merry, Pippin und vor allem Frodo dürsten aus Unkenntnis nach allen elbischen Geschichten und Liedern, wie mehrfach in der Trilogie thematisiert wird. Um den Schöpfungsmythos der »Ainulindale« dreht sich jedoch keines dieser Gespräche – und dem Leser wird keiner der wichtigen Gedankenaustausche verschwiegen, wir müssten es also wissen, wenn die Hobbits den religiösen Hintergrund Ardas und eine dort eventuell mitzudenkende Ethik kennen würden. Sie scheinen ihn nicht zu kennen.«* (Weinreich, Ethos 130)

16 Dies gilt nicht bei Pflanzen oder gar Bakterien; hier sind Artbastarde häufig. Und selbst im Tierreich gibt es Ausnahmen, so sind Artbastarde bekannt zwischen Scholle und Flunder, bei Weißfischen und bei Entenvögeln. Manche Kreuzungen kommen in der Natur nie vor, sind aber in Gefangenschaft oder bei der Zucht möglich, etwa zwischen Braun- und Eisbär. Deren Nachkommen sind fruchtbar. Bei der Artdefinition geht es aber um die Nicht-Vermischung in freier Wildbahn. In der Zucht können sogar Gattungsgrenzen überschritten werden, wie bei Esel und Pferd. Der Maulesel, die Kreuzung aus Eselstute und Pferdehengst, ist unfruchtbar, weibliche Maultiere hingegen (Töchter von Eselhengst und Pferdestute) können mit Pferde- oder Eselhengsten gesunde Nachkommen zeugen. Mit künstlichen Methoden können natürliche Art-Grenzen noch leichter überwunden werden; so hat man mittels künstlicher Befruchtung Schiegen (Schaf mit Ziege) und Löger/Tiwen (Löwe mit Tiger) erzeugt. Die Kreuzungen waren unfruchtbar.

Wenn innerhalb einer Art eindeutig abgrenzbare morphologische oder physiologische Unterschiede auszumachen sind, bezeichnet man die so entstehenden taxonomischen Einheiten als *Rassen* (*Subspecies*).

Rassen sind also genetisch offene Systeme, zwischen denen Genfluss möglich ist. Es müssen dabei nicht unbedingt alle Mitglieder einer Art miteinander fruchtbar kreuzbar sein; dieser Umkehrschluss wäre falsch. Bei der Möwe etwa gibt es einen Rassenkreis: Die nebeneinander lebenden Rassen können jeweils miteinander Nachkommen haben, die genetisch am weitesten auseinander liegenden Rassen treffen sich geographisch wieder (deshalb Kreis), sind aber so unterschiedlich, dass eine Kreuzung keinen Erfolg hat. Dennoch gehören sie zu einer Art, da sie jeweils über kreuzbare Formen verbunden sind.

Da alle rezenten (derzeit lebenden) Menschen in unserer »Primärwelt« miteinander Kinder haben könnten (Unfruchtbarkeit ausgenommen), gehören wir alle einer Art an: der des *Homo sapiens*.[17] Inwieweit dies auch für die Humanoiden in Tolkiens »Sekundärwelt« gilt, wird auf den nächsten Seiten untersucht.[18]

Tolkien kannte als Geisteswissenschaftler sicher nicht alle Diskussionen in der Fachwelt über den Begriff *Rasse* und die dahinter stehenden Auffassungen.[19] Dies sieht man schon daran, dass er *Art* und *Rasse* immer wieder durcheinander wirft, obwohl er sich der besonderen Bedingungen einer Fortpflanzungsgemeinschaft bewusst ist.[20]

> *Elben und Menschen sind in biologischer Hinsicht offenbar eine Art [in biological terms one race, Letters* 189*], sonst könnten sie nicht zusammen fruchtbare Nachkommen erzeugen – nicht mal in seltenen Fällen.* (*Briefe* Nr. 153, S. 250)

Eigentlich meint Tolkien hier mit *race* eine *species*, eine *Art*, wie Krege richtig übersetzt. An anderer Stelle übersetzt Krege falsch, während Tolkien den Begriff *race* nahezu kor-

17 Inzwischen ist klar, dass die Neandertaler mit dem modernen Menschen *homo sapiens sapiens* Nachkommen hatten. Nach aktuellen Schätzungen dürften – je nach Region – ein bis vier Prozent unseres Erbgutes von Neandertalern stammen. Daher muss man wieder dahin zurückkehren, diese als *homo sapiens neandertalensis* zu bezeichnen, also als Unterart/Subspecies der Art Mensch, und nicht als eigene Art, wie es zeitweise mit der Bezeichnung *homo neandertalensis* dargestellt wurde.

18 *»Human: dies (in einem Märchen) schließt natürlich auch die Elben und überhaupt alle »sprechenden Geschöpfe« ein.«* (*Briefe* Nr. 183, S. 317)

19 Heute ist umstritten, inwieweit der Begriff der Rasse auf Menschen angewandt werden sollte. Zumindest in der rein biologischen, taxonomischen Betrachtung, wenn der Mensch (auch) als Tier angeschaut und in die Entwicklungsgeschichte und Verwandtschaft eingeordnet wird, scheint mir diese Vorgehensweise sinnvoll und berechtigt, soweit daraus keine weiteren Schlüsse gezogen werden und man sich der Gefahren des Missbrauchs bewusst ist.

20 Wolfgang Krege hat in der Übersetzung der *Briefe* manchmal korrigierend eingegriffen und den korrekten Begriff verwendet, manchmal aber auch »verschlimmbessert«; zur Vergleichbarkeit zitiere ich an solchen Stellen immer beide Fassungen.

rekt verwendet: *»Die Hobbits sollen natürlich eine besondere Menschen-Art sein [really meant to be a branch of the specifically* human *race, Letters* 158].« (*Briefe* Nr. 131, S. 210)[21]

Auch sonst verwendet Tolkien den Ausdruck *race* eher unspezifisch: für Hobbits (*»Überlebenden dieser Rasse* [*race*]«; *Nachrichten* 379/*Unfinished Tales* 287) und Drúedain (»... *sie wurden Drúedain genannt ..., um sowohl ihre Menschlichkeit ... als auch ihre rassische Verschiedenheit* [*racial difference*] ... *hervorzuheben*«; *Nachrichten* 502/*Unfinished Tales* 385), für Menschen, um sie von Elben abzugrenzen (» ... *Gabe Gottes für die Zweite Rasse* [*Second Race*] *der Kinder* ...«; *Briefe* Nr. 153, S. 250/*Letters* 189) und sogar für die Maiar: *»Doch war er* [Sauron] *natürlich eine »göttliche« Person (in den Bezügen dieser Mythologie; ein niederer Angehöriger der Rasse der Valar* [*race of Valar*])« (*Briefe* Nr. 156, S. 271/*Letters* 205) und an anderer Stelle: *»Melian war eine Maia, vom Geschlecht* [*race*] *der Valar«* (*Silmarillion* 66/54).

Durch die unterschiedliche Erschaffung der Elben, Menschen und Zwerge gerät Tolkien mit der Verwendung biologischer Begriffe in Schwierigkeiten. Wohl auch deshalb verwendet er statt *Rasse* oder *Art* lieber andere Begriffe, insbesondere den der *Geschlechter*. Das englische *kindred* bedeutet in erster Linie Bluts- oder familiäre Verwandtschaft, kann figurativ aber auch für Seelen- oder Geistesverwandtschaft sowie Gleichgesinnte stehen – mit dieser Wahl umgeht Tolkien die Problematik der biologischen Begrifflichkeit.[22] Tolkien verwendet den Begriff »Geschlechter« mit unterschiedlichen Bedeutungen. Mit »zwei Geschlechter« sind Elben und Menschen als ältere und jüngere Kinder Ilúvatars gemeint. Earendil etwa bezeichnet Tolkien als *»Vertreter und Abgesandter beider Geschlechter, der Elben wie der Menschen«* (*Briefe* Nr. 131, S. 199) – *»representative of both Kindreds«* (*Letters* 150).

Elben und Menschen sind (in der mythologischen Beschreibung) als getrennt Geschaffene keine Rassen im modernen Sinn, aber auch keine eigenen Arten, sonst wären sie ja nicht kreuzbar. In der modernen Biologie gibt es keine Parallele; diese geht von *einem* Ursprung oder Ursprungsfeld aller Lebewesen aus.

Tolkien will aber auch keine biologische Aussage machen. Immer wieder werden zwar im *Silmarillion* die Unterschiede zwischen Elben und Menschen betont, die auf der getrennten Herkunft basieren, doch ist dies Mythologie und somit eine Metapher:

21 Auch Shippey bezeichnet die Hobbits als »Rasse«: *»hobbits and the other races of Middle-earth«* (*Author* 4; deutsch »Rasse«, *Autor* 44) und verweist darauf, dass der Oxford English Dictionary 1989 in der zweiten Ausgabe zu Hobbits vermerkt: *»a small variety of the human race«* (*Author* 2, Krege übersetzt: *»Abart der Menschen«*, *Autor* 42).

22 In gewisser Hinsicht ist Tolkien damit sehr modern, heute versuchen viele, den Begriff »Rasse« im Zusammenhang mit Menschen zu vermeiden, auf die rein körperlich-evolutionsbiologische Betrachtung oder gar eine »Zuweisung« durch andere zu beschränken.

> *Natürlich heißt das in Wirklichkeit bloß, daß meine »Elben« nur eine Deutung oder Darstellung eines Teils der menschlichen Natur sind, aber das wäre nicht die Ausdrucksweise der Legende.* (*Briefe* Nr. 131, S. 198)

Biologisch sind Elben und Menschen *eine Art* und müssen somit einen gemeinsamen biologischen Ursprung haben; doch *mythologisch* darf man ruhig von zwei getrennten Entstehungen ausgehen – so wie Kain ja auch eine Frau findet, obwohl es gar keine anderen Menschen außerhalb seiner Familie gegeben haben dürfte. Über den gemeinsamen Ursprung aber äußern sich die Elben in ihrer Mythologie so wenig – weil sie nicht wollen und/oder nicht können –, wie sich die Schreiber der jüdisch-christlichen Schöpfungsberichte über eine gemeinsame Abstammungsgeschichte der Affen und der Menschen äußern.

Noch in zwei anderen Bedeutungen verwendet Tolkien den Begriff *kindred.* Die im *Silmarillion* immer wieder erwähnten »Drei Geschlechter« (der Eldar) sind Vanyar, Noldor und Teleri. Dies ist ein nicht-biologisches Konzept, denn dies waren alles Elben. Sie trennten sich erst durch ihre Entscheidung, ob und wann sie nach Aman reisten.

> *Denn das Geschlecht* [*kindred*] *Ingwes und die meisten aus dem Stamm* [*kindreds*] *Finwes und Elwes …* […] *Dies waren die drei Völker* [*kindreds*] *der Eldalië.* (*Silmarillion* 63 f./50 f.)

An der unterschiedlichen Übersetzung wird die Schwierigkeit des Begriffes ebenso deutlich wie die des Sachverhaltes: Hier geht es nicht in erster Linie um Biologie, sondern hauptsächlich um Geschichte und Ethnologie, um vor allem kulturelle Unterschiede, die sich im Laufe der Zeit herausbilden (obwohl Tolkien die Gruppen auch klar von ihrer Abstammung her zuordnet).

Schließlich wird der Begriff »Geschlecht« auch im klassischen, fast schon mittelalterlichen Sinne gebraucht, um eine Abstammungslinie zu kennzeichnen:

> *Es werden daher zwei Ehen zwischen Elben und Sterblichen geschlossen – und beide führen später im Geschlecht Earendils* [*kindred of Earendil*] *zusammen, repräsentiert durch Elrond, den Halbelben.*
> (*Briefe* Nr. 131, S. 198/*Letters* 149)

Für Tolkien war das Konzept der *Abstammungsgemeinschaft*, der *Origo gentis* (»Herkunft des Volkes« oder des Stammes) erheblich wichtiger als die biologische Betrachtungsweise.[23]

Dies wird auch deutlich an den Vereinigungen zwischen Elben und Menschen, von denen wir wissen, und von denen zumindest drei fruchtbar waren, was die biologische Verwandschaft der beiden Rassen belegt.

Die folgenreichste Vereinigung (und für Tolkien selbst wohl die bedeutendste) ist die zwischen Beren und Lúthien Tinúviel, die eines »normalen« Menschen mit der Tochter des Elbenkönigs Thingol (Elwe Singollo) und der Maia Melian, zu deren Nachfahren Elwing, Elros und Elrond, Isildur und Aragorn, aber auch Arwen gehören. Diese Vermischung von »göttlichem« mit elbischem und menschlichem Erbgut ist eine der Grundlagen von Tolkiens Entwicklungs- und »Heilsgeschichte« der menschlichen Kultur in Mittelerde.

Durch die »Vermischung der Rassen« werden die Menschen quasi »aufgewertet«, weil

> *in den Menschen (so wie sie heute sind) ein Tropfen jenes »Blutes« steckt, das von den Elben ererbt ist, daß Kunst und Poesie der Menschen weitgehend von diesem Erbe zehren oder davon abhängig sind.*[24] (*Briefe* Nr. 131, S. 198)

Auch die zweite Vereinigung hat Nachkommen bis in die Zeit des Ringkriegs. Der Sohn von Tuor und Idril Celebrindal, Tochter des Elbenkönigs Turgon, war der berühmte Earendil. Durch seine Heirat mit Elwing, Enkelin von Beren und Lúthien, war auch er Vorfahr von Elrond und Elros, Arwen und Aragorn.

Die Letztgenannten sind das dritte elbisch-menschliche Paar, von dem wir mit Sicherheit wissen, dass sie Nachkommen hatten, zumindest einen Sohn: Eldarion. Dieses Paar ist sicher das bekannteste, allerdings fällt es ein wenig aus dem Rahmen: Nicht nur dass die zwei verwandt waren (Arwen ist Aragorns Ururur ... urgroßtante) – Arwen war eine Halbelbin.

Allerdings ist bei Tolkien *Halb*-Elbe/Elbin nicht wörtlich zu nehmen, sondern er bezeichnet damit alle, die elbischer Abstammung in einer der ersten Generationen sind. Elros und Elrond etwa sind eigentlich keine »Halb-«Elben: Earendil ist ein Halb-Elbe,

---

23 vgl. Schneidewind, *Biologie, Abstammung* ... 44 – 46

24 Das kann, wer will, »rassistisch« deuten, insofern die Elben als etwas Besseres erscheinen. Doch dies ist eben die *»Sprache der Legende«* (*Briefe* Nr. 131 S. 198), das literarische Mittel, dessen Tolkien sich bedient, um die Menschen und ihre ethischen Probleme mit größerer Trennschärfe darstellen zu können, wie umgekehrt bei den Orks: *»Im wirklichen (äußeren) Leben hast Du Menschen auf beiden Seiten: also eine zusammengewürfelte Allianz von Orks, Bestien, Dämonen, schlichten und von Natur ehrlichen Menschen und Engeln.«* (*Briefe* Nr. 71 S. 111) – Elben sind eigentlich (wir) Menschen (vgl. Schneidewind, *Biologie, Abstammung* ... 55 – 57 und 64), *»nur eine Deutung oder Darstellung eines Teils der menschlichen Natur«* (*Briefe* Nr. 131 S. 198).

Elwing eine Viertel-Elbin, die beiden Söhne sind also Dreiachtel-Elben: $(\frac{1}{2} + \frac{1}{4})/2$, weniger Elben als Menschen. Arwen wiederum ist durch ihre Mutter eine $\frac{11}{16}$-Elbin, mehr Elbin als Mensch.

Wie gut, dass Tolkien es da nicht so genau nimmt – und das passt auch in die Regeln der Vererbung, wie sie seit Mendel bekannt sind und die Tolkien als gebildeter Mensch sicher in den Grundzügen kannte. Und so kann man aus der in der Mythologie beschriebenen Entscheidung von Elros und Elrond für das Mensch- oder Elbsein biologisch betrachtet mehrere mögliche Erbgänge elbischer Eigenschaften wie der Langlebigkeit (s. unten) herauslesen und diese »Legende« als spätere Erklärung biologischer Vorgänge deuten. Wenn man dies für weitere Generationen durchspielt, dann passt die Biologie von Mittelerde durchaus zu unserem modernen Bild der Vererbung und Entwicklung.

Der Vollständigkeit halber seien noch zwei Verbindungen zwischen Elben und Menschen erwähnt. Nach der Überlieferung der Fürsten von Dol Amroth soll Mithrelas, Elbin und Begleiterin der verschollenen Nimrodel, den Númenórer Imrazór geheiratet haben; von dieser vierten »fruchtbaren Vereinigung« und ihrem Sohn Galador stammen alle Fürsten von Dol Amroth ab. Nach all den Generationen kann Legolas immer noch die Elbenabstammung feststellen.[25]

Außerdem ist noch die unglückliche Liebesgeschichte zwischen dem Elben Aegnor und der Menschenfrau Andreth überliefert (*Morgoth's Ring* 323–325; 335 f.): Er gibt die Beziehung auf, da er nicht ertragen kann, sie vor seinen Augen altern und sterben zu sehen, und um ihr diese Erfahrung zu ersparen. Er stirbt dann aber einige Jahre vor ihr in einer Schlacht. Ob es zu einer geschlechtlichen Vereinigung oder gar Nachkommen kam, ist nicht überliefert, aber wohl unwahrscheinlich.

An den Verbindungen von Elben und Menschen zeigt sich, wie die mythologische und die biologische Betrachtungsweise zwar zu etwas unterschiedlichen Ergebnissen führen (können), sich aber dennoch nicht widersprechen (müssen), sondern ergänzen (können). Dies wird bei der Betrachtung der Unsterblichkeit/Langlebigkeit noch deutlicher werden.

25 *»Schließlich kamen sie zu Fürst Imrahil, und Legolas blickte ihn an und verneigte sich tief. Denn er sah, dasshier wirklich einer war, der Elbenblut in den Adern hatte. ›Heil, Herr‹, sagte er. ›Es ist lange her, seit das Volk von Nimrodel die Wälder von Lórien verließ, und dennoch kann man sehen, dass nicht alle von Amroths Hafen aus nach Westen über das Meer gesegelt sind.‹«* (*Der Herr der Ringe* 958) – Wie Legolas dies erkennt, ist nicht ersichtlich.

»Normale« Evolution

Für eine ganz »normale« Evolution, egal, ob darwinistisch oder lamarckistisch, finden wir bei Tolkien zwei Beispiele: die Hobbits und die Drúedain. Beide sind eindeutig Menschen.

> *Die Hobbits sollen natürlich eine besondere Menschen-Art sein* [*really meant to be a branch of the specifically human race,* L 158] *(nicht Elben oder Zwerge) – daher können sie auch mit anderen Menschen zusammenleben.*
>
> (*Briefe* Nr. 131, S. 210)

Ihre Größenabnahme erklärt Tolkien mit einem typischen »Auslese-Szenario«:

> *Das viel später* [*nach dem Fall Númenors*] *einsetzende Abnehmen der Größe der Hobbits muß eine Folge ihrer veränderten Staatsform und Lebensweise gewesen sein; sie wurden ein flüchtiges und verschwiegenes Volk, das dazu getrieben wurde (als die Menschen, das Große Volk, immer zahlreicher wurden und die Lande, die fruchtbarer und bewohnbarer waren, in Besitz nahmen), im Wald oder in der Wildnis Zuflucht zu suchen: ein umherwanderndes, armes Volk, das seine Künste vergaß, ein gefährdetes Leben führte, ausgefüllt von der Suche nach Nahrung und voller Furcht, gesehen zu werden.* (*Nachrichten* 379)

Es spricht nichts dagegen, die Entwicklung der Hobbits im Sinne der modernen Evolutionstheorie auszulegen: Die kleiner gewachsenen, geschickteren, besser schleichenden Mitglieder dieser Menschengruppe überlebten die Verfolgung eher und konnten mehr Kinder bis zur Geschlechtsreife durchbringen.

Ähnliches gilt für die Drúedain. Diesen begegnet man im *Herrn der Ringe* als »wilden Menschen«:

> *Ihr hört die Wosen*[26]*, die Wilden Menschen der Wälder: auf diese Weise reden sie miteinander von ferne. Sie hausen immer noch im Drúadan-Wald, heißt es. Überreste einer älteren Zeit sind sie, leben zu wenigen zusammen und versteckt, wild und scheu wie Tiere. Sie ziehen nicht mit Gondor oder der Mark in den Krieg; aber jetzt sind sie beunruhigt über die Dunkelheit und das Kommen der Orks: Sie fürchten, die Dunklen Jahre kommen wieder, was nicht so unwahrscheinlich ist. Lasst uns dankbar dafür sein, dass sie uns nicht jagen: Denn sie verwenden vergiftete Pfeile, heißt es, und sie sind unvergleichliche Jäger.*
>
> (*Der Herr der Ringe* 913)

26 In der früheren Übersetzung von Carroux heißt es statt *Wosen* *Wasa*.

Diese »wilden Menschen« oder Waldmenschen sahen sich als ein Volk und nannten sich selbst »Drughu«. Nur etwa 1,20 Meter groß, waren sie weder mit Hobbits noch mit Zwergen enger verwandt. Sie waren kräftig und schwer gebaut, mit klobigen Gesichtszügen, die den meisten anderen Menschen hässlich erschienen, hatten dünnes glattem Haar und tiefschwarze Augen. Sie waren nie zahlreich und sehr kurzlebig, hervorragende Jäger und unübertroffene Spurensucher mit einem Geruchssinn fast wie dem von Hunden. Zumindest einige von ihnen verfügten über eine eigene Art von Magie. Bei den Elben waren sie sehr beliebt, nicht zuletzt wegen ihres kräftigen Lachens.

Die Drúedain waren im Ersten Zeitalter zusammen mit den Haladin nach Ossiriand gekommen und lebten unter den Menschen bis ins Dritte Zeitalter, einige im Zweiten Zeitalter auch in Númenor. Sie wurden immer wieder von den »Großen Menschen« verfolgt und gequält und seit Beginn des Dritten Zeitalters zunehmend in die Wälder getrieben.

> *Sie waren ein verschwiegenes Volk, argwöhnisch gegenüber anderen Menschenarten [kinds of Men], von denen sie gequält und verfolgt worden waren, so lange sie zurückdenken konnten, und sie waren auf der Suche nach einem Land westwärts gewandert, wo sie sich verbergen und in Frieden leben konnten.*
>
> (*Nachrichten* 499/*Unfinished Tales* 383)

Die Entwicklung der Drughu/Drúedain könnte sich ähnlich abgespielt haben wie die von Menschen in unserer Welt, die unter vergleichbaren Bedingungen leben, etwa der kleinwüchisgen Pygmäen. Diese leben als nichtsesshafte Wildbeuterstämme in den tropischen Regenwäldern Zentralafrikas und sind wie die Drúedain immer wieder bedroht durch Menschengruppen aus der Umgebung. Sie haben sich angepasst an den Wald und die Heimlichkeit, wie die Drughu in Mittelerde.[27]

27 Eine solche Entwicklung etwa zur Kleinheit kann sehr schnell gehen: Bei den nur 1 Meter großen Zwerg-Elefanten, deren Fossilien man auf Sizilien und Malta fand, hat sie nur 5.000 Jahre gedauert. Ein schönes Beispiel liefert auch der »Homo floresiensis«: Im Oktober 2004 konnte man Schlagzeilen lesen wie *»›Hobbit‹ joins human family tree«* (BBC 27.10.2004) und *»Hobbits in Indonesien. Forscher entdecken neue Menschen-Art«* (Spiegel online 27.10.2004). Australische Forscher waren im September 2003 bei Ausgrabungen auf der Insel Flores auf das Skelett einer erwachsenen Frau von etwa 1,20 Meter Körpergröße gestoßen und stellten den Fund nun vor. Ob dieser kleine Mensch, der vor ca. 18.000 Jahren lebte, zu einer eigenen Art gehörte (»Homo floresiensis«) oder unter einer krankhaften Veranderung litt, war zunächst umstritten. Inzwischen hat man andere dieser kleinen Menschen gefunden, die dort von etwa 90.000 bis 12.000 Jahre vor unserer Zeit lebten und sich die Insel zum Schluss mit modernen Menschen teilten. Zu dem »Inselzwergwuchs« dürfte ein Prozess geführt haben, wie er auch bei den Drúedain oder den Hobbits stattgefunden haben könnte: Durch den Nahrungsmangel werden Lebewesen, die von der übrigen Population abgeschottet sind, im Lauf der Zeit immer kleiner.

Züchtung oder Degeneration?

Über einige Wesen gibt es in der Mythologie der Elben verschiedene Auffassungen, besonders über jene, die als »prinzipiell böse« oder den Elben als »unrettbar verderbt« gelten.[28] Am bekanntesten sind die Theorien über die Entstehung der Orks. Im *Silmarillion* findet man dazu zwei verschiedene Ansichten.

Nach der ersten Auffassung waren die Orks ursprünglich Elben, von Melkor pervertiert, »gemacht«:

> *Doch dies halten die Weisen von Eressea für wahr, daß alle die Quendi, die in Melkors Hände fielen ..., durch die langsamen Künste der Folter verderbt und versklavt wurden; und so züchtete Melkor das ekle Volk der Orks, in Neid und Hohn den Elben nachgebildet, deren bitterste Feinde sie später waren.*
>
> (*Silmarillion* 60)

Eine ähnliche Auffassung vertritt Frodo gegenüber Samweis:

> *Der Schatten, der sie gezüchtet hat, kann nur nachäffen, er kann nicht erschaffen: nicht wirklich eigene neue Dinge machen. Ich glaube nicht, dass er den Orks das Leben geschenkt hat, er hat sie nur verdorben und entstellt.*
>
> (*Der Herr der Ringe* 1004)

Tolkien bestätigt in einem Brief, dass Orks wohl »Züchtungen« Melkors sind:

> *Von den Orks ... wird nirgends klar gesagt, daß sie von einer besonderen Herkunft sind. Aber weil sie Diener der Dunklen Macht und später Saurons sind, die beide keine Lebewesen erschaffen konnten oder wollten, müssen sie »Fälschungen« sein.* (*Briefe* Nr. 153, S. 252)

Allerdings müssen es nicht Elben sein, aus denen diese »Fälschungen« entstanden sind. Melkor könnte die Orks auch aus Menschen gezüchtet haben:

> *Jenen Übelwollenden, die die Drúedain nicht gut kannten und erklärten, Morgoth müsse die Orks aus einem solchen Stamm gezüchtet haben, antworteten die Eldar: »Zweifellos züchtete Morgoth, weil er kein lebendes Wesen schaffen kann, die Orks aus verschiedenen Arten von Menschen [kinds of Men], doch die Drúedain müssen seinem Schatten entkommen sein.«*
>
> (*Nachrichten* 501/*Unfinished Tales* 385)

---

28 Dazu, dass dies nicht so sein muss und dass auch Tolkien keineswegs eine so einfache Schwarzweiß-Auffassung vertrat, siehe ausführlich Schneidewind, *Biologie, Abstammung ...*

Beide Thesen lassen sich biologisch erklären, als eine Art Züchtung, wie wir sie aus unserer Primärwelt kennen. Wer sieht, was wir aus den Wölfen gemacht haben – den Irischen Wolfshund wie den Langhaardackel, den Bernhardiner wie den chinesischen Nackthund und den Pekinesen –, mag ermessen, was einem Wesen wie Melkor in den ihm zur Verfügung stehenden Zeiträumen möglich gewesen sein mag. Vielleicht standen ihm sogar schon Mittel der Gentechnik zur Verfügung, war er in der Lage, das Erbgut von Keimzellen gezielt zu verändern.

Wie auch immer: Beide Theorien lassen sich problemlos mit unseren modernen biologischen Kenntnissen vereinen. Zumal die Wesen, die dabei entstanden, laut Tolkien ja auch »ganz normale« Lebewesen sind: *»… die Orks hatten Leben und vermehrten sich ganz so wie die Kinder Ilúvatars«* (*Silmarillion* 60)

Sie schlüpfen also nicht aus Eiern oder gar einer Art Urschlamm, wie Peter Jackson es darstellt. Dafür, dass sie zur selben Art wie die Menschen gehören, spricht, dass Tolkien zumindest zeitweise Halborks einplante, derer sich etwa Saruman bedienen sollte (*Morgoth's Ring* 418).

Es gibt im *Silmarillion* noch eine weitere Theorie zur Entstehung der Orks, und diese klingt schon sehr nach moderner Evolutionstheorie:

> *… Orks, die später Beleriand verheerten; aber noch waren sie scheu und wenig zahlreich und schnüffelten nur erst das Land aus, denn sie warteten noch auf die Rückkehr ihres Herrn. Woher sie stammten oder wer sie waren, das wußten die Elben damals nicht; sie glaubten aber, es seien vielleicht verkommene und verwilderte Avari, womit sie, wie es heißt, der Wahrheit nur allzu nahe kamen.*
>
> (*Silmarillion* 107)

Orks als durch Evolution aus den Dunkelelben entstandene Rasse – wenn genug Zeit zur Verfügung stand, wäre dies biologisch durchaus denkbar (den meisten Elben hätte es wohl nicht gefallen). Auf diese Idee ist Tolkien allerdings nie wieder eingegangen, obwohl er sich noch bis kurz vor seinem Tod immer wieder Gedanken zur Herkunft der Orks gemacht und sich unterschiedlich geäußert hat.

Mehrfach schreibt er, Orks stammten von Menschen und Elben ab (*Morgoth's Ring* 406, 414, 416 u. a.), mal heißt es *»Orcs are not Elvish«* (*Morgoth's Ring* 409), dann wieder, sie stammten von Elben ab (*Morgoth's Ring* 411, 413).[29] In mehreren kurzen Texten geht Tolkien immer wieder auf die Ursprungsproblematik und die damit ver-

29 Doch dann bekommt er ein doppeltes »Seelenproblem«: Wo sollen die ganzen Seelen der Orks herkommen, und vor allem: Wo sollen sie hin? Es wird nichts davon berichtet, dass Manwes Hallen voller Ork-Seelen seien. Oder haben Orks keine Seele wie die Elben? Wie und wann kommt es dazu?

bundenen philosophischen und theologischen Fragen ein (*Morgoth's Ring* 409 – 424). Im Alter scheint er eher der Idee der Veränderung von Menschen zuzuneigen, die nach einer »Grundidee« von Melkor durch Sauron ausgeführt wurde, und entwickelte eine ziemlich komplizierte Theorie, um zu erklären, wieso die Orks vor den Menschen da gewesen sein konnten[30] (*Morgoth's Ring* 417 – 421). Zwischendurch überlegte Tolkien sogar, ob die Orks nicht niedere »Geister« wie die Maiar sein könnten oder zumindest solche eingekreuzt waren (*Morgoth's Ring* 410, 414).

Ähnliche Theorien hatte Tolkien auch bezüglich der Trolle, legt sich aber wie bei den Orks bezüglich deren Herkunft nie endgültig fest.

> *Über die Trolle bin ich mir nicht sicher. Ich denke, sie sind einfach »Fälschungen«, und darum ... werden sie wieder in bloße steinerne Bilder verwandelt, wenn es nicht dunkel ist. Aber neben diesen ziemlich lächerlichen, wenn auch brutalen Steintrollen gibt es noch andere Arten [sorts], die mutmaßlich von anderer Herkunft sind.* (*Briefe* Nr. 153, S. 252/*Letters* 190)

Wahrscheinlich wurden die Trolle des Ersten Zeitalters von Melkor gezüchtet; dass sie als »Nachahmung« der Ents geschaffen sein sollen (Krege 185, orientiert an Foster 495), halte ich für eher unwahrscheinlich. Biologisch scheint die Züchtung aus Riesenaffen oder irgendeinem der seltsamen »Ungeheuer« möglich, die es damals gab, aber auch aus Menschen, Orks oder sogar »Geistern«, was Tolkien selbst alles für nicht unwahrscheinlich hielt (*Morgoth's Ring* 414).

Wenn es sich um eine Züchtung aus Tieren oder Ungeheuern gehandelt haben sollte, könnte dies erklären, warum die Trolle des Ersten Zeitalters ausgesprochen dumm waren: Sie kannten zunächst nicht einmal eine Sprache; Sauron lehrte sie ein wenig sprechen. Diese Steintrolle konnten nur nachts eingesetzt werden, da sie durch das Sonnenlicht versteinert wurden – sich hierfür eine biologische Erklärung auszudenken, ist schwierig.[31]

Im Dritten Zeitalter züchtete Sauron die Bergtrolle (»Olog-hai«). Sie sprachen nur die Schwarze Sprache und waren furchtbare Kämpfer; eine Abart waren die Höhlentrolle in Moria. Beide Varianten konnten das Sonnenlicht vertragen. Wie Sauron sie züchtete, steht nicht fest. *»Manche behaupteten, es seien überhaupt keine Trolle, sondern Riesenorks ... Trolle waren sie«* (*Der Herr der Ringe* 1260): Diese Stelle deutet darauf hin, dass Sauron sie aus Steintrollen gezüchtet hat, vielleicht durch das Einkreuzen von Orks

30 Denn nun hat Tolkien ein »Zeitproblem«. Es gab schon lange Orks, bevor die Menschen erwachten ...

31 Es sei denn, die »Versteinerung«, wie sie im Hobbit beschrieben wird, ist eine mythologische Überhöhung. Es ist schon vorstellbar, dass bestimmte uns unbekannte Pigmente oder eingelagerte Substanzen in der Haut bei Licht fest werden oder sich so ausdehnen, dass der Träger unbeweglich wird.

oder Menschen.[32] Ihre Lichtempfindlichkeit scheinen sie nämlich ansatzweise behalten zu haben, vielleicht wird diese auch durch Saurons Macht im Zaum gehalten: *»Im Gegensatz zu der älteren Rasse des Niedergangs*[33] *konnten sie die Sonne ertragen, solange sie von Saurons Willen beherrscht wurden.«* (*Der Herr der Ringe* 1260). Auch der Ausdruck »Rasse« weist die Berg- und Höhlentrolle als Verwandte der Steintrolle aus.

Es gibt noch eine biologische Art, von der es heißt, Melkor habe sie erschaffen, habe sie als »Fälschungen« gezüchtet: die Drachen.

Mit diesen mythischsten aller Wesen greift Tolkien auf alte Sagen und Legenden zurück, die ihn auch sonst stark beeinflussten.[34] Im *Herrn der Ringe* kommen Drachen nur in den Anhängen vor[35], im *Hobbit* aber ist mit Smaug ein Drache eine der Hauptfiguren, und auch im *Silmarillion* spielen Drachen eine wichtige Rolle.

Wie wohl die Orks wurden auch die Drachen von Melkor gezüchtet:

> *... die Menschen lebten im Dunkel, verfolgt von den vielen Unheilsdingen, die Morgoth in den Tagen seiner Herrschaft gezüchtet hatte: Dämonen und Drachen und Ungeheuer und den unreinen Orks, welche ein Spottbild der Kinder Ilúvatars sind.* (*Silmarillion* 286)

Die Drachen von Mittelerde wurden von Melkor im ersten Zeitalter geschaffen; aus welchen Wesen, ist unbekannt. Es sind aber verschiedene denkbar, von großen Würmern über Schlangen bis zu Krokodilen oder Waranen; für Schlangen sprechen die »Schlangenaugen« (*Silmarillion* 238).

Die ersten Drachen waren die flügellosen Urulóki (»Feuerschlangen«), die aussahen wie riesige Echsen; der mächtigste war ihr Stammvater, Glaurung der Goldene. Sie konnten magisches Feuer speien; wie in vielen Sagen waren ihre Ausscheidungen und ihr

---

32 Von Kreuzungen zwischen Menschen und Trollen ist sonst nichts bekannt. Dass Krege einmal Halbtrolle auftauchen lässt – *»aus Fern-Harad kamen schwarze Menschen oder Halb-Trolle«* (*Der Herr der Ringe* 892) – ist ein Übersetzungsfehler; im Original heißt es: *»black men like half-trolls«* (*The Lord of the Rings* III, 121). Carroux übersetzt genauer: *»schwarze Menschen wie halbe Trolle«* (*Der Herr der Ringe* 930).

33 *»... the older race of the Twilight ...«* (*The Lord of the Rings*, III 410) – Krege übersetzt: *»Im Unterschied zu der alten Dämmerlichtrasse ...«* (*Der Herr der Ringe* 1202)

34 Schon als Kind war Tolkien von Drachen fasziniert; und er hat sich auch später immer wieder intensiv damit beschäftigt. So gibt es zahlreiche Zeichnungen von Tolkien mit Drachen, Drachen sind u. a. wichtige Protagonisten im *Bauer Giles von Ham*, in *Die Briefe vom Weihnachtsmann* und in *Roverandom* sowie in der Ballade »Der Hort«.

35 In Anhang A II erfahren wir, dass Fram, Stammesführer der Rohirrim, einst den Drachen Scatha tötete (*Der Herr der Ringe* 1177). In Anhang A III wird erzählt, dass im Zweiten Zeitalter Dáin I., König der Zwerge, mit seinem zweiten Sohn Frór von einem Kaltdrachen erschlagen wurde und wie Smaug der Goldene die Zwerge vom Erebor vertrieb (*Der Herr der Ringe* 1187 f.).

Blut giftig (*Silmarillion* 243 und 248). Sie waren intelligent, eitel, boshaft und konnten sprechen, einige verfügten auch über Magie: Glaurung etwa konnte Túrin und Niënor durch seinen Blick verzaubern (*Silmarillion* 238 f., 243, 249). Ob sein Beiname »Vater der Drachen« wörtlich zu nehmen ist, muss dahingestellt bleiben, möglicherweise waren die anderen Drachen tatsächlich seine Nachkommen. Aus zuchttheoretischer Sicht ist dies möglich.

Später züchtete Melkor zwei weitere Drachenvarianten:[36] Kaltdrachen konnten hervorragend fliegen, aber kein Feuer speien, während die geflügelten Feuerdrachen (wie Smaug) sich eher unbeholfen in der Luft bewegten und an riesige Fledermäuse erinnerten. Ihr Feuer war magisch und so stark, dass es wahrscheinlich sogar die Ringe der Macht hätte zerstören können mit Ausnahme des Herrscherrings.[37] Der mächtigste der Feuerdrachen war Ancalagon der Schwarze, der in der letzten Schlacht des Ersten Zeitalters von Earendil erschlagen wurde.

Im Dritten Zeitalter gab es noch Kaltdrachen (wie der, der den Zwergenkönig Dáin I. erschlug, *Der Herr der Ringe* 1187), und Feuerdrachen wie Smaug.[38] Krege vermutet, die Kaltdrachen seien *»aus Experimenten mit gefangenen Riesenadlern«* hervorgegangen und sieht beide Varianten als eigene »Arten« an (Krege 52). Möglicherweise hat Melkor Riesenadler künstlich mit Schlangen, Echsen oder sogar Urulóki gekreuzt bzw. deren Genmaterial verwendet. Wenn die Feuerdrachen eine Weiterzüchtung der Feuerschlangen ohne Einkreuzung wären, könnten es aber auch verschiedene Arten sein. Vielleicht entstanden bei der Züchtung aus Adlern aber auch zwei Rassen. Wir können nicht entscheiden, ob es sich bei den uns bekannten drei Drachenvarianten um Arten oder Unterarten, also kreuzbare Rassen, handelt. Es gibt aber einen indirekten Hinweis, dass es Unterarten sein könnten: Tolkien dachte zumindest über die Möglichkeit nach, dass Drachen über das Dritte Zeitalter hinaus überlebt haben könnten:

---

36 In seiner letzten Schlacht gegen die Valar ließ Morgoth *»den letzten verzweifelten Ansturm, den er vorbereitet hatte, auf seine Feinde los, und aus den Grüften von Angband stiegen die geflügelten Drachen auf, die man noch nie zuvor gesehen hatte«* (*Silmarillion* 278). Dies lässt vermuten, dass geflügelte Drachen tatsächlich eine Weiterentwicklung waren.

37 *»Es hieß einmal, dass Drachenfeuer die Ringe der Macht schmelzen und verzehren könnte, aber jetzt gibt es auf der Welt keinen Drachen mehr, in dem das alte Feuer heiß genug wäre; überdies hat es noch nie ein Drache vermocht, nicht einmal Ancalagon der Schwarze, dem Einen Ring, dem Beherrschenden Ring, Schaden zuzufügen, denn Sauron selbst hat ihn gemacht.«* (*Der Herr der Ringe* 81) – Krege übersetzt das *»who could have harmed«* (*The Lord of the Rings* I, 70) etwas genauer, denn Ancalagon starb ja am Ende des Ersten Zeitalters, Sauron schuf die Ringe aber erst im Zweiten Zeitalter: *»… kein Drache, den es je gab, nicht einmal Ancalagon der Schwarze, hatte den Einen Ring, den Herrscherring, beschädigen können …«* (*Der Herr der Ringe* 79)

38 Es heißt, *»Smaug der Goldene«* war *»der größte der Drachen seiner Zeit«* (*Der Herr der Ringe* 1187). Also muss es zumindest zum Zeitpunkt der Vertreibung der Zwerge vom Erebor, etwa 250 Jahre vor dem Ringkrieg, noch mehr Drachen gegeben haben.

Drachen. Sie hatten nicht aufgehört; weil sie ja viel später, fast bis in unsere Zeit, noch aktiv waren. [...] ... das heißt doch, meine ich, daß es immer noch Drachen gibt, wenn auch nicht mehr vom vollen, urtümlichen Wuchs.

(*Briefe* Nr. 144, S. 235)

Das Überleben der Drachen »fast bis in unsere Zeit« könnte natürlich der Grund für unsere »modernen« Drachensagen sein. Da diese in vielen Kulturen in zahlreichen Formen auftreten[39], spricht vieles dafür, dass Drachen aller drei Varianten – Feuerschlangen, Feuerdrachen und Kaltdrachen – überlebt haben und durch verschiedene Kreuzungen die unterschiedlichen Varietäten entstanden, von denen wir in unseren Sagen hören.

Aus der Sicht des Biologen gehören Drachen zu den interessantesten Wesen in Mittelerde. Nichts von dem, was ihnen an körperlichen Fähigkeiten nachgesagt wird, weder das Fliegen noch das Feuerspeien, ist aus biologischer Sicht unmöglich, selbst ihre »Magie« ließe sich erklären. Dies würde in diesem Rahmen aber zu weit führen.[40]

Interessant ist auch die Entwicklungsgeschichte der Spinnen. Ursprünglich stammen die Riesenspinnen von jenem Ungeheuer ab, von dem wir nicht genau wissen, als was es einzuordnen ist, als göttergleich oder als »normales« Monster: *»Die Riesenspinnen waren ihrerseits nur die Nachkommen von Ungoliante, der urzeitlichen Lichtverschlingerin.«* (*Briefe* Nr. 131, S. 151)

Bei den Spinnen können wir eine Evolution durch Degeneration beobachten, eine nicht seltene Form der Anpassung, man denke nur an die zahlreichen Parasiten. Kankra ist »nur noch« pferdegroß, aber hoch intelligent (sie kann sprechen) und uralt; sie hat schon im Ersten Zeitalter gegen Beren gekämpft und kann Dunkelheit verbreiten (*Der Herr der Ringe* 796). Ihre Verwandten, die Riesenspinnen, gegen die Bilbo im *Hobbit* kämpft, sind kleiner und nicht so klug, auch wenn sie reden können. Diese Entwicklung hat sich wohl fortgesetzt bis zu den Spinnen von heute.

Zwischen den Reichen: die Ents

Aus biologischer Sicht besonders interessant sind die Ents. Sie passen kaum in unser modernes biologisches Weltbild, selbst Laien haben Schwierigkeiten, sie eindeutig ein- bzw. zuzuordnen. Denn die Trennung zwischen Tier- und Pflanzenreich gilt ja allgemein als eine der schärfsten, die in der Biologie gemacht werden. Diese Grenze ist

39 vgl. Bandini, Gößling und Schneidewind, *Drachen*

40 Einige Ideen dazu finden sich bei Gee (108 – 114), ausführliche Erklärungen in Schneidewind, *Drachen*

jedoch seit der Mitte des letzten Jahrhunderts aus der Sicht der Fachwelt immer durchlässiger geworden.[41] Die Ents stehen irgendwo zwischen Tieren und Pflanzen, weisen Eigenschaften aus beiden Reichen auf. So kennen wir keine Pflanzen, die sich räumlich fortbewegen können.[42] Aber es wäre durchaus mit unseren biologischen Kenntnissen vereinbar, dass intelligente Pflanzen die Beschränkung der örtlichen Immobilität überwinden könnten.[43] Wegen der fehlenden Verwurzelung dürfte es ihnen an Nährstoffen mangeln; dies könnten sie, wie die Ents, mittels eigens angefertigter oder gezüchteter Tränke ersetzen.

Dass Pflanzen reden, kennen wir in unserer Welt auch nicht. Die Entwicklung dieser Fähigkeit scheint mir, auch wenn Pflanzen mobil und intelligent werden sollten, doch erheblich unwahrscheinlicher und biologisch kaum erklärbar, da den Pflanzen unserer Welt ja die bei Tieren bereits auf relativ niedriger Entwicklungsstufe angelegte Kommunikation über Töne fehlt.

Viel wahrscheinlicher, als dass Pflanzen intelligent und mobil werden, scheint mir der umgekehrte Weg. Denn so wie die grünen Pflanzen die Fähigkeit zur Photosynthese erwarben, indem sie sich Einzeller »zur Untermiete« zulegten,[44] so könnte dies ja auch ein Tier tun.[45]

---

41 *»Früher wurden die Begriffe ›Pflanzen‹ und ›Tiere‹ allgemein auch als grundlegende systematisch-taxonomische Einheiten gefaßt. Heute weiß man, daß es sich dabei zunächst nur um ernährungsphysiologische, nicht aber um verwandtschaftliche Gruppen handelt. Die tiefstgreifende phylogenetische Zäsur besteht dagegen zwischen Prokaryota (= Akaryobionta) und Eukaryota (Karyobionta).«* (Strasburger 540).

42 Bei den »niederen«, den zellkernlosen Lebewesen (Akaryobionta, hierzu gehören Bakterien und Blaualgen) sind viele verschiedene Varianten vertreten, es gibt zahlreiche Unterschiede in Lebensraum, Bewegung und Ernährung. Nur bei den Eukaryota, den Wesen mit Zellkern, richtet sich das nach dem »Reich«: Pflanzen können sich i. d. R. nicht aktiv räumlich bewegen und ernähren sich meist autonom, etwa durch die Umwandlung von Sonnenlicht (Energie) in Materie durch die Photosynthese (es gibt allerdings auch Schmarotzer); Tiere sind i. d. R. räumlich beweglich und ernähren sich ausnahmslos von anderen Lebewesen.

43 Schon 1951 beschrieb John Wyndham in seinem SF-Klassiker »The Day of the Triffids« wandelnde Pflanzen, die in diesem post-apokalyptischen Thriller die Menschen angreifen. Das Buch wurde ein Beststeller und verfilmt. Ich weiß nicht, ob Tolkien es kannte, aber zumindest hatte er die Idee mobiler Pflanzen nicht alleine.

44 Pflanzen beziehen ihre Energie von der Sonne durch Photosynthese. Bei dieser Kohlensäureassimilation kommt es zur Umwandlung von Kohlendioxid und Wasser in Kohlenhydrate, also Zucker. Diese Umwandlung der Lichtenergie der Sonne in Materie ist der wichtigste biochemische Vorgang auf der Erde, und nur dadurch können überhaupt Tiere existieren: Die Pflanzen produzieren bei der Photosynthese den Sauerstoff, der erst die tierische und so auch unsere Existenz ermöglicht. Dieser Prozess findet in manchen Bakterien und in grünen Pflanzen statt; die Zellorganelle der Pflanzen (und einiger Algen), in denen die Photosynthese stattfindet, sind die grünen Chloroplasten. Diese haben eigenes Erbgut und waren ursprünglich eigenständige Organismen, die sich mit den Pflanzen in einer Symbiose verbunden haben.

45 Der Tiefseefisch *Malacosteus niger*, ein Drachenfisch, besitzt im Auge ein Chlorophyllderivat, mit dem er die rötliche Biolumineszenz anderer Lebewesen wahrnehmen kann; Chlorophyllverbindungen sind also auch bei Tieren möglich. Wenn ein Säugetier Chloroplasten in seine Zellen aufnähme, wäre es prinzipiell zur Photosynthese in der Lage. Einige Genforscher haben bereits geplant, dergleichen bei Menschen umzusetzen und so etwa »autarke« Astronauten zu züchten.

Dann wären die Ents also Tiere, die sich bestimmte pflanzliche Eigenschaften zugelegt haben und sich um Pflanzen, nämlich Bäume, kümmern. Dies passt zur mythologischen Beschreibung der Entstehung der Ents genau so gut wie der umgekehrte Weg; das Silmarillion lässt dies nämlich offen:

> *Wenn die Kinder erwachen, dann wird auch Yavannas Gedanke erwachen,*[46] *und er [Eru] wird Geister von fern herbeirufen*[47]*, und die werden unter den Kelvar und den Olvar wandeln, und manche werden dort wohnen und Verehrung genießen, und ihr gerechter Zorn soll gefüchtet sein.«* (*Silmarillion* 55)

Dies lässt sich auch mit einer späteren Äußerung von Tolkien in Einklang bringen.

> *Niemand wußte, woher sie (die Ents) zuerst kamen oder auftauchten. Die Hochelben sagten, die Valar hätten sie in der »Musik« nicht erwähnt.*[48] *Aber manche (Galadriel) waren [der] Meinung, dass Yavanna, als sie Erus Erbarmen mit Aule in der Sache der Zwerge bemerkte, Eru anflehte (durch Manwe), auch solchen Dingen Leben zu schenken, die aus lebendigen Stoffen und nicht aus Stein gemacht seien, und daß die Ents entweder Seelen seien, ausgesandt, die Bäume zu bewohnen, oder aber langsam das Aussehen von Bäumen annähmen, aufgrund ihrer angeborenen Liebe zu Bäumen.* (*Briefe*, Nr. 247, S. 437)

Da es biologisch betrachtet keine »Beseelung« der Bäume gewesen sein kann – das wäre die mythologische Sichtweise –, wäre eine Entwicklung anderer Wesen, sprich Tiere, in Richtung Bäume wahrscheinlicher; diese halte ich aus biologischer Sicht für prinzipiell möglich.

Schwieriger ist das Verschwinden der Ents zu erklären, werden diese doch laut Tolkien zunehmend »baumischer«.[49] Dass aus Tieren echte Pflanzen werden könnten, ist biologisch kaum vorstellbar. Vielleicht gibt es ja in unserer modernen Welt noch ehemalige Baumhirten, die das Eindringen der Zivilisation in ihren Lebensraum überlebten und deren »Verbaumung« so weit fortgeschritten ist, dass wir sie von »normalen« Bäume nicht mehr unterscheiden können. Es wäre eine schöne Erklärung für manche Sage und Legende über gefährliche Wälder und Bäume.

---

46 Dies passt zu Baumbarts Namensliste, wonach die Elben älter sind als die Ents (*Der Herr der Ringe* 515).

47 Es ist unklar, ob es sich dabei um Geister handelt, die von außen nach Arda kommen, also quasi »verspätet« in die Weltgeschichte eintreten, oder um schon in Arda beheimatete Wesen, etwa Maiar oder andere niedere Geister.

48 Im Silmarillion (55) sagt Yavanna allerdings ausdrücklich: *»Und doch war es in dem Lied«*, und Manwe bestätigt dies.

49 Das Verschwinden der Ents ist auch schon im Silmarillion vorhergesagt, sie sollen *»unter den* Kelvar *und* Olvar *wandeln* [...] *Eine Zeitlang, solange die Erstgeborenen in den besten Jahren und die Zweitgeborenen noch jung sind«* (55). Danach sind Baumbart und seine Artgenossen eigentlich schon über ihre Zeit hinaus ...

Die Quasi-Unsterblichkeit

Unsterblich sind in Tolkiens Welt nur die »Götter«, und für unsere Betrachtung ist dies sehr gut so. Denn Unsterblichkeit über die Dauer der Welt hinaus wäre ein religiöses oder mythologisches Phänomen, Langlebigkeit hingegen ist eine letztendlich biologische und auch biologisch erklärbare Eigenschaft. Tolkien selbst unterscheidet dies sehr genau:

> *In dieser mythischen »Prähistorie« gehörte Unsterblichkeit, genauer gesagt, Langlebigkeit über die ganze Lebensspanne von Arda, zu den Gaben, die der Natur der Elben verliehen waren; über das Ende hinaus wurde nichts offenbart. Sterblichkeit, das heißt, eine kurze Lebensspanne ohne Beziehung zur Dauer von Arda, wird als die gegebene Natur der Menschen bezeichnet: Die Elben nannten sie die Gabe Ilúvatars ...* (*Briefe* Nr. 212, S. 374)

> *Weil aber manche behauptet haben, daß der Grad der Langlebigkeit ein biologisches Merkmal ist, von begrenzter Variation, konnte man die Elben nicht gewissermaßen »unsterblich« sein lassen – sie sind nicht ewig, sterben aber nicht einfach vor »Alter« – und die Menschen sterblich, mehr oder weniger so, wie sie heute in der Primärwelt zu sein scheinen, und doch beide hinlänglich miteinander verwandt.* (*Briefe* Nr. 153, S. 250)

Die philosophischen und theologischen Aspekte dieses Konzeptes lasse ich außen vor, ich untersuche nur, ob eine solche Langlebigkeit biologisch möglich wäre. Und die Antwort lautet klar: ja.

Wir Menschen sind sterblich, weil wir mehrzellige Tiere sind. Einzeller sind potenziell unsterblich; sie teilen sich und vermehren sich prinzipiell unendlich oft. Die Zellen in einem mehrzelligen Tier sind differenziert, besitzen unterschiedliche Fähigkeiten und Einschränkungen, sind beispielsweise Leber- oder Hirnzellen. Diese Fähigkeit zur Differenzierung wurde mit der »Sterblichkeit« der differenzierten Zellen »erkauft«.[50] Gesunde differenzierte Zellen können sich weder zurückentwickeln noch unbegrenzt oft teilen.[51]

---

50 Bei Pflanzen ist dies anders; ein Baum kann theoretisch nahezu unendlich lange leben. In Kalifornien gibt es eine Pinie, die auf über 4.700 Jahre datiert wird, und das größte bekannte Lebewesen, ein Pilz in den USA, der sich unterirdisch über eine Fläche von rund 900 Hektar erstreckt (9 km^2) und über 600 Tonnen wiegt, ist weit über 1.000 Jahre alt.

51 Deshalb die Diskussion um die Stammzellenforschung: Diese undifferenzierten Zellen sind je nach Stadium in der Lage, sich in alle oder viele verschiedene Zellarten zu entwickeln (sie sind omni- oder pluripotent) und können sich unbegrenzt oft teilen, also vermehren, so dass sie gut in der Medizin eingesetzt werden können. Wenn sich differenzierte Zellen transformieren (zurückentwickeln) und unbegrenzt teilbar werden, werden sie zu Krebszellen.

Die Altersforschung arbeitet seit Jahrzehnten daran, diese Einschränkungen zu verstehen und vielleicht eines Tages aufzuheben.[52] Was wäre, wenn es einem Menschen oder einer Menschengruppe gelänge (oder widerführe), die Begrenztheit der Zellteilung kontrolliert aufzuheben, die ebenfalls am Alterungsprozess beteiligten Reparaturprozesse in den Zellen und vielleicht auch noch das Immunsystem entsprechend zu verbessern? Dann hätten wir prinzipiell unsterbliche Menschen – nennen wir sie dann ruhig Elben.[53]

Theoretisch könnte der Alterungsprozess komplett zum Stillstand kommen. In Mittelerde allerdings altern die Elben, wenn auch sehr langsam, wie an Cirdan zu sehen – dieser ist am Ende des Ringkrieges »*grau und alt*« (*Der Herr der Ringe* 1132).

Wenn die oben beschriebenen Änderungen vererbliche Mutationen wären, so könnte es bei einer »Kreuzung« zwischen Lang- und Kurzlebigen durchaus zu einer aus der klassischen Genetik bekannten Aufteilung nach Mendelschen Regeln kommen. Dies würde die – mythologisch natürlich ganz anders, nämlich durch eine »Wahl« begründete – unterschiedliche Lebensdauer der Halbelben Elros und Elrond erklären. Elrond erbte die Langlebigkeit und wurde zum Elben, Elros erbte sie nicht oder in vermindertem Maße. Es gibt biologische Mechanismen wie unvollständige Dominanz oder Penetranz und unterschiedliche Expressivität[54], die erklären können, wieso Elros relativ lange lebte und seine Nachfahren immer früher starben, ja sogar wie bei einem späteren Nachfahren wieder ein Teil der Langlebigkeit zurückzukehren scheint:

> *Die Halbelben wie Elrond und Arwen können wählen, zu welcher Art und welchem Schicksal sie gehören wollen: die Wahl gilt ein für allemal.*
> (*Briefe* Nr. 154, S. 262)

> *Elros entschied sich, ein König und zwar »longaevus«, aber sterblich zu werden, darum sind alle seine Nachkommen sterblich und von besonders edlem Stamm, aber bei abnehmender Langlebigkeit: so Aragorn (der aber immer noch eine*

52 Mit Hilfe modernster zellulärer, molekular und genetischer Methoden ist es in den letzten Jahren nicht nur gelungen, wesentliche Aspekte des Alterns zu verstehen, sondern auch sie zu beeinflussen. In einigen Organismen kann Altern heute drastisch verlangsamt und deren Lebensdauer auf ein Mehrfaches erhöht werden. Ob der Mensch prinzipiell unsterblich werden kann oder es eine unüberwindbare Grenze gibt, ist umstritten. Die älteste bisher lebende Frau wurde 122, der älteste Mann 120 Jahre alt. Wir können zwar das Durchschnittsalter und die Lebensqualität im Alter erhöhen, aber die Obergrenze scheint zumindest derzeit unüberwindbar zu sein (mehr dazu siehe Benecke und Zglinicki).

53 Eine vergleichbare Situation haben wir bei Vampiren; eine ausführliche biologische Betrachtung hierzu, die nahezu komplett auf die Elben übertragbar wäre, findet sich in Schneidewind, *Dracula*.

54 Dominanz: die Eigenschaft von Allelen, sich gegenüber ihren entsprechenden Parallelfaktoren, den anderen Allelen, im Erscheinungsbild durchzusetzen. Penetranz, Ausprägungshäufigkeit: die Häufigkeit, in der sich das einem Allel zugeordnete Erbmerkmal in einer Allelkombination ausprägt. Expressivität: Ausprägungsgrad/-intensivität eines Erbmerkmals.

größere Lebensspanne hat als seine Zeitgenossen, die doppelte, wenn auch nicht wie bei den ersten Númenórern die dreifache der Menschen).

(*Briefe* Nr. 153, S. 251)

Dies alles ist biologisch und genetisch problemlos erklärbar, wenn man von der Voraussetzung einer entsprechenden Mutation ausgeht.[55] Ähnliches gilt zumindest für die Vererbbarkeit einiger der anderen besonderen Eigenschaften der Elben.[56]

Die Langlebigkeit der Ringträger ist biologisch leicht zu erklären: Es handelt sich um eine Modifikation, das ist eine Veränderung der individuellen körperlichen Ausstattung.[57] Wahrscheinlich verbessert der Ring die Reparaturmechanismen der Zellen und stärkt in ungeheurem Maße das Immunsystem – ohne aber wirklich die Zellteilungsgrenze aufzuheben. Deshalb fühlt sich Bilbo so »ausgelutscht«:

Ich bin alt, Gandalf. Man sieht es mir nicht an, aber im tiefsten Herzensgrunde fühle ich mich allmählich alt. ... Doch komme ich mir ganz dünn vor, gewissermaßen ausgemergelt, wenn du weißt, was ich meine: wie Butter, die auf zu viel Brot verstrichen wurde. (*Der Herr der Ringe* 49 f.)

Tolkien hat da ein ganz schlüssiges System:

Es besteht die Ansicht ..., daß jede »Gattung« eine natürliche Lebensspanne hat, die ihrem biologischen und spirituellen Charakter gemäß ist. Diese kann nicht wirklich qualitativ oder quantitativ vergrößert werden; so daß zeitliche Verlängerung nur wie das immer straffere Anspannen eines Drahtes oder immer dünneres Verstreichen von Butter wirkt – sie wird zu einer unerträglichen Qual.

(*Briefe* Nr. 131, S. 206)

Dazu passt die Erläuterung zu den »Unsterblichen Landen«. Niemand wird dort unsterblich, es geht nur allen richtig gut:

55 Die Begründungen von Gee für die Langlebigkeit, die auf eine Art modernes »Anti-Aging« hinauslaufen, mit Diät u. ä., können mich nicht überzeugen. Elrond wird danach zum Elben dank geänderter Ernährungsgewohnheiten und weniger Schlaf ... (Gee 168 f.)

56 Gee weist mit Recht auf einige besondere Fähigkeiten der Elben hin wie etwa ihren phänomenalen Gesichtssinn, die biologisch nur schwer zu erklären sind. Man kann es wie er versuchen (und dabei scheitern, Gee 115 – 129) oder die Aussagen über die Elben in manchen Punkten als mythologische Überhöhung akzeptieren (bzw als Heldenverehrung in Legenden aus der Vergangenheit). An der Vererbbarkeit (die Gee nicht untersucht) ändert dies nichts.

57 Die, anders als von Lamarck gedacht, nicht vererbbar ist. Arnold Schwarzenegger kann die *Veranlagung* zu einem guten Muskelaufbau vererben, aber nicht seine im Fitness-Studio antrainierten Muskeln.

Aber in dieser Erzählung wird angenommen, daß es bestimmte seltene Ausnahmen oder Sonderregelungen geben mag ... und darum dürfen bestimmte »Sterbliche«, die in den Angelegenheiten der Elben eine große Rolle gespielt haben, mit ihnen nach Elbenheim fahren. So Frodo (dank der ausdrücklichen Gabe Arwens) und Bilbo, schließlich auch Sam (weil überschattet von Frodo); und als eine einmalige Ausnahme Gimli, der Zwerg, als Freund von Legolas und »Diener« Galadriels. Ich habe in diesem Buch nichts darüber gesagt, aber die zugrunde liegende mythische Idee ist, daß dies für Sterbliche, weil ihre »Art« nicht für immer verändert werden kann, eigentlich nur eine zeitweilige Belohnung ist: eine Heilung und Wiedergutmachung von Leiden. Sie können nicht für immer verweilen, und wenn sie auch nicht in die sterbliche Welt zurückkehren können, so können und werden sie doch »sterben« – aus freien Stücken – und die Welt verlassen. (*Briefe* Nr. 154, S. 262)

Die beiden einzigen Ausnahmen führt Tolkien auf göttlichen Eingriff zurück:

Weil Unsterblichkeit und Sterblichkeit je die besonderen Gaben Gottes für die Eruhíní sind (an deren Idee und Erschaffung die Valar überhaupt keinen Anteil hatten), muß man annehmen, daß keine Änderung ihrer grundsätzlichen Artung auch nur in einem einzigen Fall bewirkt werden könne: Die Fälle von Lúthien (und Túor) und die Stellung ihrer Nachkommen waren ein direkter Akt Gottes. (*Briefe* Nr. 153, S. 256 f.)

Lúthien opfert ihre Unsterblichkeit.[58] Túor hingegen wird als einzigem Menschen die Unsterblichkeit gewährt:

[Es wird] Lúthien als einer absoluten Ausnahme gestattet, auf die »Unsterblichkeit« zu verzichten und »sterblich« zu werden. Túor vermählt sich mit Idril ... und es wird »angenommen« (nicht eindeutig gesagt), daß er als einmalige Ausnahme die begrenzte »Unsterblichkeit« der Elben empfängt: je eine Ausnahme in beiden Richtungen. (*Briefe* Nr. 153, S. 255)

Für diese beiden Ausnahmen habe ich keine sinnvolle biologische Erklärung. Wenn Gott (oder die Mythologie) eingreift, bleibt dem Biologen nur, zu schweigen.

58 Ganz anders als Arwen, die sie nie direkt aufgibt und dies auch gar nicht kann; ihre Entscheidung ist die Wahl der Halbelben (s. o.) bzw. die Freiheit, sterben zu können. Peter Jackson hat in der Filmtrilogie da eine sehr seltsame und aus meiner Sicht nicht nur falsche, sondern auch nicht gelungene Interpretation geliefert. mehr dazu S. 52 ff.

Biologie und Moral

Häufig wird Tolkien vorgeworfen, er schildere den Kampf zwischen Gut und Böse mit eindeutig besetzten Volksgruppen, Rassen und anderen, nicht zuletzt biologischen Gruppierungen. Wer genauer hinschaut, findet aber in Mittelerde durchaus Graustufen und Schattierungen; nicht zuletzt diese machen die Großartigkeit des Werkes aus. Und sie finden sich auch und besonders in den Personen.

Eine ebenso einfache wie falsche Gleichung könnte lauten:

GUT = Ainur, Elben, Númenórer, Gondorianer, Rohirrim, Hobbits, Ents ...

BÖSE = Balrogs, Orks, Trolle, Dunländer, Haradrim ...

Schon mit wenigen Beispielen für diese (und andere) Gruppierungen lässt sich zeigen, dass eine so einfache Zuordnung bei Tolkien nicht existiert, dass der Autor zwar bestimmte Grundmuster für Gruppen vorgibt, diese Zuschreibungen aber immer wieder bricht. Sowohl in den Handlungen der beteiligten Personen wie auch im Diskurs über Leute und Handlungen werden Fragen aufgeworfen und gibt es immer wieder Abweichungen vom scheinbar so eindeutigen, vorgegebenen Schema.

Es seien hier nur Beispiele genannt, ausführlich wird die Thematik an anderer Stelle erläutert.[59]

Dass *Ainur* nicht nur gut sind, beweisen Melkor, Sauron und Saruman. An »bösen« oder zumindest ethisch fragwürdigen *Elben* herrscht kein Mangel, von Feanor und seinen Söhnen Celegorm und Curufin über Eol den Dunkelelben und dessen Sohn Maeglin bis zu Saeros, »elbischer Rassist« (Krege 163), und Galadriel, die auch ihre dunklen Seiten hat(te). Und *Zwerge* erschlugen im Streit um das Nauglamir den Elbenkönig Thingol, der vorher selbst nicht immer sehr »gut« gehandelt hatte, man denke nur an seine Aufgabe für Beren, die ein indirekter Mordversuch war.

Von den *Númenórern* seien nur Ar-Pharazôn genannt, der Menschenopfer anordnete und den Untergang der Insel verschuldete, weil er die Valar angriff, und die »schwarzen Númenórer«, von denen einer als »Saurons Mund« noch im Ringkrieg aktiv war. Überhaupt verhalten sich die Númenórer ganz schön imperialistisch und rassistisch und betreiben eine ethisch fragwürdige Politik gegenüber den »niederen Menschen« von Mittelerde. Die *Gondorianer* sind nicht immer besser, im »Sippenstreit« führen Machtstreben und übertriebener Ehrgeiz gekoppelt mit Rassismus zu Mord und Krieg. Und man betrachte die gondorianischen Herrscher während des Ringkrieges, die edlen Herren Denethor und Boromir ...

---

59 Dies ist das Hauptthema meiner Abhandlung *Biologie, Abstammung und Moral*; dort gehe ich auch ein auf den Zusammenhang mit Rassismus.

Wer glaubt, die *Rohirrim* seien als »edle Barbaren« vor dem Bösen gefeit, denke nur an Gríma Schlangenzunge, der aus Rohan stammt. Und der berühmte Helm Hammerhand, bekannt durch seine Verteidigung von Helms Klamm, erschlug den reichen Freca, was zum Krieg und der Eroberung Rohans durch die Dunländer führte. Später soll er zum Menschenfresser geworden sein.

Was ist mit den »guten« *Hobbits*? Sie werden nicht nur »böse«, wenn sie der Ring versucht, wie Sméagol. Man lese mal nach, was für einen Ärger Bilbo mit seiner Verwandtschaft hat (*Hobbit* 393 f.). Und bei der Besetzung durch Saruman/Scharrer/Scharker gibt es Kollaborateure und sogar tatkräftige Unterstützer unter den Hobbits.

Wer schließlich in Bäumen nur Gutes sieht (und Tolkien war ein erklärter Baumfreund!), hat wohl den *Alten Weidenmann* vergessen.

Tolkien stellt kein Volk, keine Kultur oder ethnische Gruppierung als immer »gut« dar. Und auch die »Bösen« sind nicht nur »böse«. Die Dunländer etwa kämpfen gegen Rohan und Gondor, weil sie von den Rohirrim aus ihrer Heimat vertrieben wurden und ihr Land wieder erobern wollen. Die Haradrim kämpfen nicht in erster Linie für Sauron, sondern gegen die ungeliebte gondorianische Zivilisation. Beides sind nicht böse, sondern »irregeführte Völker« (*Briefe* Nr. 183, S. 317). Selbst bei den Orks lassen sich Differenzierungen finden.[60]

Tolkien war als Autor weitaus geschickter, als ihm die Schwarzweißmaler zubilligen; immer wieder deutete er alternative ethische Standpunkte und Strategien zumindest an, nicht zuletzt, um sein Werk vor allzu simpler Vereinnahmung zu schützen.[61] Und er war sich der Kritik wohl bewusst:

---

60 hierzu ausführlich: Schneidewind, *Biologie, Abstammung …* (62 – 65).

61 Sehr schön zeigt dies Johnston am Beispiel des Todes von Saruman und der scheinbaren Barmherzigkeit Frodos: Sarumans letzten Angriff als Frodo deutet er *»als ein letztes Aufbäumen des aristokratisch-heroischen Ethos, als eine gezielte Provokation, die es Saruman im Falle des Erfolgs ermöglicht hätte, quasi im Kampf zu sterben und somit trotz seiner Niederlage als Teil jener aristokratischen Welt zu enden, der er sich zugehörig fühlt – und die wohl auch die Quelle seines pervertierten Ehrgeizes ist. Dieser Tod wäre aber eben nicht nur für Saruman selbst bedeutungsvoll gewesen, sondern, was viel wichtiger ist, er hätte auch eine letzte indirekte Bestätigung einer agonalen Wertewelt bedeutet, in der sich Heldentum im Kampf herstellt und nicht im Leiden oder im Verzicht. Mit dem Sieg von Frodos Barmherzigkeit geht somit auch ein emotionaler und ästhetischer Verlust einher: Das martialische, physische Heldentum wird entwertet und durch ein solches des Leidens und des Mitleidens ersetzt: durch das Frodos. Darüber hinaus enthüllt Saruman das der Barmherzigkeit innewohnende Potenzial an Grausamkeit, die Macht, die absolute Macht des Mitleids.* […] Sarumans an Nietzsche gemahnende Ablehnung der Frodoschen Mitleidsethik rechtfertigt keine vollständige Umwertung der Ethik im Herrn der Ringe, *aber sie zeigt, dass im Rahmen des geistigen Horizonts, den der* Herr der Ringe *aufscheinen lässt, ethische Systeme denkbar sind, die von dem, das beispielsweise die Handlungen Frodos oder Gandalfs leitet, gänzlich verschieden sind.«* (Johnston, *Ästhetische Strategien* 105 – 107)

> *Manche Kritiker scheinen entschlossen, mich als einen einfältigen Jüngling mit Pfadfinder-Mentalität hinzustellen und das in meiner Erzählung Gesagte absichtlich zu entstellen. Diese Mentalität habe ich nicht, und nichts davon steht in meiner Geschichte. Die Figur des Denethor reicht allein schon aus, um das zu zeigen; aber ich habe auch keines von den Völkern auf der »richtigen« Seite, den Hobbits, Rohirrim, den Menschen von Thal oder Gondor, irgend besser gemacht, als Menschen sind, waren oder sein können.* (*Briefe* Nr. 183, S. 321)

Neben vielen anderen guten Gründen ist dies ein weiterer Baustein für den Erfolg und die Beliebtheit von Tolkiens Werk. Dass dieser in einem (Fantasy-)Epos, in dessen erzählerischem Mittelpunkt der Konflikt von Gut und Böse steht, diesen jenseits von klaren weltanschaulichen Zuordnungen und ohne plumpe Schwarzweißmalerei darstellt, macht einen Teil der Größe des Werkes aus. Dass er außerdem eine Welt schildert, in der mit etwas gutem Willen sogar die Biologie und die Evolution nach unseren modernen Vorstellungen funktioniert, freut mich als Biologen.

Rassismus bei Tolkien?

erschienen in: Der Flammifer von Westernis
Nummer 26, Bonn: Deutsche Tolkien-Gesellschaft, 2006

Immer wieder wird Tolkien vorgeworfen, er vertrete in seinem Werk rassistische Thesen, manchmal sogar, er sei Rassist gewesen. Beides aber entbehrt jeder Grundlage. Tolkien (1892 – 1973) beschreibt manchmal Rassismus, war aber selbst weit davon entfernt, Rassist zu sein. Ich habe dies schon in einigen Vorträgen und Artikeln erläutert und will es hier in Kurzform aufzeigen, an einigen wenigen Beispielen. Ausführlich ist meine Argumentation in den im Literaturverzeichnis angegebenen Werken be- und dargelegt.

Dass Tolkien selbst kein Rassist war, wird kaum bestritten. In seinen Briefen wird dies immer wieder deutlich. Manche unterstellen ihm aber Rassismus in zwei subtileren Formen. Zum einen wird Tolkien expliziter Rassismus in seinen Werken vorgeworfen: Die von ihm dargestellten Personen seien rassistisch oder verhielten sich zumindest häufig so – und wenn dies »Helden«, positive Identifikationsfiguren, täten, gebe dieses Verhalten Tolkiens Auffassung wieder oder er propagiere damit sogar ein solches Verhalten.

Abgesehen davon, dass dies der üblichen Unterscheidung von Autor und Werk widerspricht, kann es inzwischen auch als widerlegt gelten (Shippey 2000, Schneidewind 2003, 2005). Tolkien beschreibt Rassismus in einer quasi-mittelalterlichen Welt, etwa wenn Faramir die Menschen in höhere und niedere Rassen einteilt oder manche Elben sich rassistisch gegenüber Menschen verhalten. In Mittelerde ist wie in unserem Mittelalter die Vorstellung der »Origo gentis« weit verbreitet, eines Ursprungsmythos des Volkes und dessen Identitätsbewahrung anhand von Genealogien und Geschlechterabfolgen. (Damit ist Tolkien übrigens nicht weit weg von manchen modernen Vorstellungen: Die englische Monarchie bezieht daraus ebenso ihre Legitimation wie Aragorn.)

Die meisten Rassismusforscher unterscheiden Rassismus im engeren und einen im weiteren Sinne, einige das (falsche) »Denken in Rassenkategorien« (*racialism*) von »echtem« Rassismus (*racism*), so George M. Frederickson in Anlehnung an den ghanaisch-britischen Philosophen Appiah. *Racialism* entsteht, wenn Überzeugungen, wonach es erbliche Eigenschaften gebe, die klar den Angehörigen bestimmter Rassen zuzuweisen seien, *»dazu dienen, Ansprüche auf besondere Vorrechte für Angehörige der vermeintlich eigenen Rasse herzuleiten oder Angehörige der vermeintlich anderen Rassen herabzusetzen oder zu schädigen«* (Frederickson 156). (In unserer Welt ist schon die Anwendung des Begriffes Rasse auf Menschen umstritten [*s. Fußnote 19, S. 22 in diesem Buch*], in Mittelerde aber sind Rassen leicht zu unterscheiden.) Es wird also der »theoretische« Teil, das Denken in Rassenkategorien, getrennt von der praktischen Umsetzung: Rassismus liegt erst vor, wenn das falsche Denken zu Konsequenzen führt. (Die Gedanken sind frei!)

Dass es in Mittelerde Denken und Fühlen in den Kategorien von Gruppe, Rasse, Art, Volk, Geschlecht u. ä. gibt, also »Rassendenken«, ist offensichtlich. Aber Tolkien zeigt: Rassendenken oder gar offener Rassismus bringt immer Nachteile mit sich, wie beim Sippenstreit von Gondor. Die Zusammenarbeit zwischen Wesen verschiedener Rassen hingegen ist stets von Vorteil; Paradebeispiele sind das »Letzte Bündnis« unter Gil-Galad und Elendil, das Sauron schlug, und die Ringgemeinschaft, deren neun Mitglieder sich aus 5 Rassen und 6 Völkern/Kulturen rekrutieren. Schließlich basiert die gesamte »Heilsgeschichte« der menschlichen Kultur in Mittelerde auf einer Vermischung der Rassen: Über Melian, Beren und Lúthien, Earendil und Elwing bis zu Aragorn und Arwen werden die Menschen »aufgewertet«, wird ihnen das »Göttliche« und das Elbische zuteil, womit Tolkien nichts anderes als ein »besseres« Menschsein meint: *»Natürlich heißt das in Wirklichkeit bloß, daß meine ›Elben‹ nur eine Deutung oder Darstellung eines Teils der menschlichen Natur sind, aber das wäre nicht die Ausdrucksweise der Legende.«* (*Briefe* Nr. 131, S. 191). Diesen Briefentwurf schrieb Tolkien übrigens 1951, also drei Jahre vor *Der Herr der Ringe*!

Subtiler ist der zweite Vorwurf, der eines impliziten Rassismus: Tolkien habe die Figuren in seinen Werken so dargestellt, dass damit Rassenvorurteile und/oder Rassendenken bedient würden. Wesen einer bestimmten Art oder Gruppe würden bestimmte Verhaltensweisen und angeborene Eigenschaften zwangsläufig zugeschrieben. Doch ist in Mittelerde wirklich jemand aufgrund seiner Zugehörigkeit zu einer Rasse, einem Volk oder einer Abstammungslinie deshalb »automatisch« fähig oder unfähig – oder gar »zwangsläufig« gut oder böse?

An wenigen Beispielen will ich dies widerlegen (und verweise für die ausführliche Darstellung auf die angegebene Literatur). Selbst Tolkiens »Götter« sind keineswegs immer »gut«, Beispiele sind neben der größten bösen Macht, Melkor/Morgoth, auch die Maiar Sauron und Saruman. Und die Elben? Wer nur den »Herrn der Ringe« kennt, findet sie in der Regel »edel und gut«, das passt in ein Klischee der Schwarzweißmalerei, das an Rassisimus grenzt. Sie sind im Prinzip »verbesserte Menschen«, bei denen alles ins Gewaltige gesteigert ist: Kampfeskraft und Kampfesmut, künstlerische und erfinderische Begabung – dies konnten sie natürlich auch über lange Zeiträume trainieren –, Klugheit und Weisheit. Ebenso übersteigert sind aber auch Arroganz, Eitelkeit und Hochmut, Wut, Eifer und Rücksichtslosigkeit.

Dies jedoch steht zum großen Teil nur in den Werken außerhalb des Herrn der Ringe, klingt im »Hobbit« nur an. Im »Silmarillion« allerdings erzählt Tolkien von der Maßlosigkeit von Feanor, der sich mit den »Göttern« vergleicht und messen will, endlose Kriege und schließlich das Ende der Elben in Mittelerde einläutet; beim »Sippenmord von Alqualonde« töten die Noldor-Elben unter seiner Führung viele der Teleri-Elben. Celegorm, einer von Feanors Söhnen, nimmt die Elbenprinzessin Lúthien gefangen und will ihren Geliebten Beren töten. Der Dunkelelbe Eol tötet sein Weib, als er seinen Sohn mit einem vergifteten Wurfspieß treffen will; dieser verrät später die Elbenstadt Gondolin an Morgoth. Saeros und sein König Thingol entpuppen sich als elbische Rassisten; Thingol versucht (wenn auch vergebens), den Geliebten seiner Tochter in den Tod zu schicken und stirbt beim Streit mit Zwergen um ein Schmuckstück. Das zeigt, dass auch Zwerge keineswegs immer gut sind, nur weil sie im Ringkrieg auf der »richtigen« Seite kämpfen. Und das Verhalten von Thorin Eichenschild im *Hobbit* am Erebor ist überwiegend von Gier und Sturheit geprägt.

Dass es edle und böse, starke und schwache Menschen bei allen Völkern bzw. Kulturen gibt, wird in *Der Herrn der Ringe* u. a. deutlich an Boromir, Faramir, Denethor (Gondor), Théoden und Schlangenzunge (Rohan) sowie an Aragorn und Saurons Mund – der einst ein Númenórer gewesen sein soll, aus dem Volk Isildurs, dem auch Aragorn entstammt. Dass es bei den Hobbits nicht anders ist, sehen wir nicht nur an Sméagol/Gollum, sondern auch an den Unterstützern Sarumans bei der Besetzung des Auenlandes wie »Oberst« Lotho Sackheim-Beutlin. Wo also gibt es bei Tolkien rassistische Stereotypen?

Auch bei den scheinbar »Bösen« ist nicht alles eindeutig. Die Dunländer etwa kämpfen gegen Rohan und Gondor, weil sie von den Rohirrim einst aus ihrer Heimat vertrieben wurden, die sie wieder erobern wollen. Und selbst die Orks führen manchmal Gespräche, die differenziertes Denken und Werten erkennen lassen, so im Turm von Cirith Ungol.

Fassen wir also zusammen: Auch wenn es in Mittelerde Gruppen gibt, die klar abgrenzbar sind und denen im Allgemeinen bestimmte Eigenschaften, Verhaltensweisen und moralische Kategorien zugesprochen werden, so finden sich doch in fast allen dieser Gruppen Wesen, die davon abweichen. Darin unterscheidet sich Mittelerde nicht von unserer realen Welt, bei der allerdings wir Menschen alle Funktionen übernehmen, die der großartigsten Elben wie die der bösartigsten Dämonen.

Langlebigkeit, Unsterblichkeit und Wiedergeburt in Tolkiens Werk und Welt

erstmals erschienen in: Hither Shore Band 3:
»Die Entstehung einer Mythologie – History of Middle-Earth«
Das Jahrbuch 2006 der Deutschen Tolkien Gesellschaft e. V., hrsg. von Thomas Fornet-Ponse et. al., Scriptorium Oxoniae, Düsseldorf 2007, S. 122 – 136

Die Lehre von der Wiederkehr
ist zweifelhaften Sinns.
Es fragt sich sehr, ob man nachher
noch sagen kann: »Ich bin's.«
Wilhelm Busch (1832 – 1908)

Einleitung

Zu den umstrittensten Änderungen in der filmischen Interpretation von *Der Herr der Ringe* durch Peter Jackson gehört, dass und wie Arwen für Aragorn ihre »Unsterblichkeit« aufgibt. Nun sind die Ausführungen zu diesem Thema in Tolkiens zu Lebzeiten veröffentlichtem Werk wirklich nicht sehr umfangreich, dennoch hätte es genügt, den Herrn der Ringe komplett zu lesen, inklusive der Anhänge[1]. Denn gerade in dieser Hinsicht steht alles Wesentliche im *Herrn der Ringe* selbst.[2]

Anders ist es mit Tolkiens Vorstellungen zu Wiedergeburt, Körper und Seele (bezogen natürlich stets auf Mittelerde, nicht auf unsere Primärwelt); hierzu finden wir im veröffentlichten Werk kaum etwas. Kein Wunder: Insbesondere bezüglich der Wiedergeburt gab es in Tolkiens Leben immer wieder Umbrüche und Widersprüche.

Ich behandele zunächst Sterblichkeit und Unsterblichkeit, in einem zweiten Teil stelle ich die Entwicklungen und Konzepte zur Wiedergeburt vor, um schließlich meine Schlussfolgerungen zu ziehen.

1 Für Tolkien waren die *Anhänge* untrennbarer Bestandteil des *Herrn der Ringe*. Jahrelang versuchte er, seine Mythologie im *Silmarillion* gemeinsam mit dem *Herrn der Ringe* zu veröffentlichen. Auch wenn viele Leserinnen und Leser die *Anhänge* nicht oder nur flüchtig lesen: Ihr Inhalt gehört zum *Herrn der Ringe*!

2 Siehe hierzu Da Jackson im Vorfeld mehrfach betonte, dass er Tolkiens ganzes Werk und die Briefe berücksichtigen wolle und die *History of Middle-Earth* komplett gelesen habe, muss er Tolkiens Auffassung kennen und hat sich demnach bewusst dagegen und für die »Hollywood«-Lösung entschieden.

Sterblichkeit und »Unsterblichkeit«

Was wissen wir, wenn wir uns auf das zu Lebzeiten veröffentlichte Werk beschränken?

ELBEN sind prinzipiell »unsterblich«. Sie sterben nur durch Gewalt oder Kümmernis (»Weltmüdigkeit«) – oder wie Lúthien, die als einzige Elbin ihre Unsterblichkeit aufgibt:

> *»Sie aber wählte die Sterblichkeit und wollte die Welt verlassen, damit sie ihm folgen könne ... und nach einer kurzen Zeit wandelten sie wieder lebendig in den grünen Wäldern, und vereint überschritten sie vor langer Zeit die Grenzen dieser Welt. So kam es, dass Lúthien Tinúviel als einzige des Elbengeschlechts gestorben ist und die Welt verlassen hat ...«* (*Der Herr der Ringe* 223)

In den Anhängen erfahren wir, dass die Unsterblichkeit der Elben eine beschränkte ist (was Tolkien später, wie wir sehen werden, gerne als Langlebigkeit bezeichnet), es ist *»Unsterblichkeit innerhalb des Lebens der Welt«* (*Der Herr der Ringe*, Anhänge, 1140).

MENSCHEN sind sterblich. Es gibt aber sehr unterschiedliche Lebensspannen, wie wir an Aragorn sehen. In den Anhängen steht, worauf dies zurückzuführen ist: Elros als Halbelbe entschied sich einst, Mensch zu werden[3], und seine Nachfahren haben eine längere (wenn auch über die Generationen tendenziell abnehmende) Lebensdauer (*Der Herr der Ringe*, Anhänge, 1139 f.) sowie »das Vorrecht, nach ... Belieben zu gehen und die Gabe zurückzugeben« (*Der Herr der Ringe*, Anhänge, 1175).[4]

HALBELBEN müssen sich entscheiden, das gilt nicht nur für Elrond und Elros (und Earendil), sondern auch für Elronds Kinder, insbesondere also auch für Arwen (*Der Herr der Ringe*, Anhänge, 1139). Dass sie bis ans Ende die Wahl hat, geht aus Aragorns Worten auf seinem Totenbett hervor: *»Die letzte Entscheidung liegt vor Euch: zu bereuen ... oder aber das Schicksal der Menschen auf Euch zu nehmen«* (*Der Herr der Ringe,* Anhänge, 1175). Unklar bleibt, bis wann sie sich umentscheiden könnte, eindeutig aber ist: Sie hat die Entscheidung noch nicht endgültig gefällt![5]

In seinen Briefen geht Tolkien auf die Thematik ausführlicher ein und erläutert Einzelheiten (in der *History of Middle-Earth* finden wir wenig Erhellendes dazu, da das prinzipielle Konzept ziemlich gleich blieb über die Jahre). Die Briefe kann man in ge-

3 Zu den biologischen und genetischen Aspekten der Elben-Menschen-Beziehungen und den Auswirkungen auf die Nachfahren siehe S. 24 ff.

4 Über Túor, den einzigen »unsterblich« werdenden Menschen, erfahren wir im veröffentlichten Werk nichts!

5 Es bedarf also nicht der später zu zitierenden Ausführungen Tolkiens in den Briefen zur Einmaligkeit von Lúthiens Schicksal, es genügt, die *Anhänge* zu lesen!

wisser Hinsicht auch zum veröffentlichten Werk zählen, da sie, wenn auch (damals) nicht in Buchform, »nach außen« gingen, Tolkiens Aussagen darin also zumindest prinzipiell bekannt sein konnten.[6]

Zunächst unterscheidet Tolkien zwischen der »echten« Unsterblichkeit der »Götter«, also der Valar und Maiar[7], und der auf die Dauer der Welt begrenzten der Elben, der »Langlebigkeit«:

> *In dieser mythischen »Prähistorie« gehörte Unsterblichkeit, genauer gesagt, Langlebigkeit über die ganze Lebensspanne von Arda, zu den Gaben, die der Natur der Elben verliehen waren; über das Ende hinaus wurde nichts offenbart. Sterblichkeit, das heißt, eine kurze Lebensspanne ohne Beziehung zur Dauer von Arda, wird als die gegebene Natur der Menschen bezeichnet.*
>
> (*Briefe* 374, Nr. 212, 1958)

Tolkien erläutert auch die unterschiedliche Lebensspanne der Menschen genauer:

> *Elros entschied sich, ein König und zwar »longaevus«, aber sterblich zu werden, darum sind alle seine Nachkommen sterblich und von besonders edlem Stamm, aber bei abnehmender Langlebigkeit: so Aragorn (der aber immer noch eine größere Lebensspanne hat als seine Zeitgenossen, die doppelte, wenn auch nicht wie bei den ersten Númenórern die dreifache der Menschen).*
>
> (*Briefe* 253, Nr. 153, 1954)[8]

Dass die Langlebigkeit der Ringträger eine Ausweitung der individuell möglichen Lebensspanne ist und keine prinzipielle Änderung, wird in Bilbos Klage deutlich: »... *komme ich mir ganz dünn vor, gewissermaßen ausgemergelt, wenn du weißt, was ich meine: wie Butter, die auf zu viel Brot verstrichen wurde.*« (*Der Herr der Ringe* 49 f.)

Tolkien erläuterte das schon vor dem Erscheinen des *Herrn der Ringe* in einem Brief:

---

6 Das gilt zumindest für diejenigen Briefe, die abgeschickt wurden; einige aussagekräftige Briefe, die auch in der Literatur immer wieder herangezogen werden, brachte Tolkien nie auf den Weg. Im Einzelfall muss man differenzieren zwischen Briefen an die Öffentlichkeit (Zeitschriften etc.), an Verleger, an die Familie, an Leserinnen und Leser sowie nicht abgeschickten Entwürfen. Wenn dies von Bedeutung ist, weise ich darauf hin.

7 Und selbst dies könnte fragwürdig sein: Was wurde aus Sauron und Saruman? Sind sie wirklich vergangen (»tot«), oder nicht eher nur aus unserer Welt, aus Arda, gewichen, halten sich in irgendeiner Form außerhalb auf und werden einst bei der zweiten Musik der Ainur mitsingen? Wenn ich Tolkiens Aussagen über die Unsterblichkeit der »Götter« berücksichtige, seinen Glauben an die prinzipielle Erlösbarkeit *aller* Wesen und seine Äußerungen über Gnade sowie an Ilúvatars Ansprache an Melkor in der Ainulindale denke, halte ich dies für wahrscheinlich (mehr dazu siehe Schneidewind, *Biologie, Abstammung*, 52 – 55).

8 Zu den biologischen Grundlagen siehe S. 37 ff.

Es besteht die Ansicht ..., daß jede »Gattung« eine natürliche Lebensspanne hat, die ihrem biologischen und spirituellen Charakter gemäß ist. Diese kann nicht wirklich qualitativ oder quantitativ vergrößert werden; so daß zeitliche Verlängerung nur wie das immer straffere Anspannen eines Drahtes oder immer dünneres Verstreichen von Butter wirkt – sie wird zu einer unerträglichen Qual. (*Briefe* Nr. 131, S. 206)

Niemand innerhalb der Welt kann aus den gesetzten Grenzen heraus. Die grundlegende Eigenschaft »Sterblichkeit« können auch die Valar nicht verändern, dies bedürfte eines Eingriffes durch Ilúvatar. Daher war der Angriff der Númenórer auf die Unsterblichen Lande von vornherein umsonst: Dort ändert sich nichts an der Sterblichkeit der Besucher, auch Frodo, Gimli und die anderen werden sterben:

... die zugrunde liegende mythische Idee ist, daß dies für Sterbliche, weil ihre »Art« nicht für immer verändert werden kann, eigentlich nur eine zeitweilige Belohnung ist: eine Heilung und Wiedergutmachung von Leiden. Sie können nicht für immer verweilen, und wenn sie auch nicht in die sterbliche Welt zurückkehren können, so können und werden sie doch »sterben« – aus freien Stücken – und die Welt verlassen. (*Briefe* Nr. 154, S. 262)

Nur zwei Ausnahmen gibt es, bei denen die »Art« der Person verändert wird:

Weil Unsterblichkeit und Sterblichkeit je die besonderen Gaben Gottes für die Eruhíní sind (an deren Idee und Erschaffung die Valar überhaupt keinen Anteil hatten), muß man annehmen, daß keine Änderung ihrer grundsätzlichen Artung auch nur in einem einzigen Fall bewirkt werden könne: Die Fälle von Lúthien (und Túor) und die Stellung ihrer Nachkommen waren ein direkter Akt Gottes. (*Briefe* Nr. 153, S. 256 f.)

Anders bei denen, die Eigenschaften von beiden Eltern geerbt haben:

»Die Halbelben wie Elrond und Arwen können wählen, zu welcher Art und welchem Schicksal sie gehören wollen: die Wahl gilt ein für allemal.« (*Briefe* Nr. 154, S. 262)

Dies ist aber nicht nur eine Wahl, es ist auch eine Pflicht:

Elrond entschloß sich, unter den Elben zu leben. Seine Kinder ... **müssen** *sich wiederum entscheiden. Arwen ist keine »wiedergeborene« Lúthien ... sondern eine Nachkommin, die ihr im Äußeren, im Charakter und Schicksal sehr ähnlich ist. [...] ... daß die Halbelben die Befugnis zu einer (unwiderruflichen) Ent-*

scheidung haben, **die sie eine Weile, aber nicht für immer hinausschieben können***, welches Sippenschicksal sie teilen wollen.«*

(*Briefe* Nr. 153, S. 255, 1954, Hervorhebungen FS)

Jahre später hat Tolkien dies insbesondere in Hinblick auf Arwen noch einmal bestätigt:

Arwen war keine Elbin, sondern gehörte zu den Halbelben, die auf ihre elbischen Rechte verzichtet hatten. (*Briefe* Nr. 345, S. 551, 1972)

Wiedergeburt

Im *Hobbit* und im *Herrn der Ringe* findet man kaum Aussagen zu diesem Konzept. Wir erfahren, dass die Zwerge an die Wiedergeburt ihres Ahnherren Durin glauben (*Der Herr der Ringe,* Anhänge, 1186). Ob dies aber wirklich so ist oder doch nur eine Legende, die sich um die Ähnlichkeit der Nachfahren rankt, lässt Tolkien dort offen, erst um 1972/73 bestätigt er dieses Konzept, wie wir später sehen werden.

Manche interpretieren Gandalfs Aussage über Glorfindel so, als sei dieser wiedergeboren: *»Ja, du hast ihn einen Augenblick so gesehen, wie ihn die andere Seite sieht: als einen der Mächtigen unter den Erstgeborenen. Es ist ein Herr der Elben aus einem Fürstenhaus.«* (*Der Herr der Ringe* 253)

Diese Interpretationen sind aber erst entstanden, nachdem *The History of Middle-Earth* erschienen war, und wir werden später sehen, dass Tolkien zumindest bei der Entstehung des *Herrn der Ringe* von zwei verschiedenen Elben namens Glorfindel ausging.

In den Briefen gibt es zum Thema Wiedergeburt nur Äußerungen in nicht abgeschickten Entwürfen:

Wenn sie »getötet« werden, ... entkommen sie nicht aus der Zeit, sondern bleiben in der Welt, entweder ohne leibliche Hülle oder durch Wiedergeburt.

(*Briefe* Nr. 181, S. 311, 1956)

Sie wurden wiederhergestellt und wiedergeboren und erlangten schließlich alle Erinnerungen aus ihrer Vergangenheit wieder: Sie blieben »identisch«.

(*Briefe* Nr. 212, S. 373, 1958)

Es mag sein, dass Tolkien seine Ideen zur Wiedergeburt nicht veröffentlichen wollte. Zumindest war er sich der Problematik des Konzeptes bewusst, wie er in einem Entwurf zu einem (nicht abgeschickten) Brief klarstellt. Dieser ist die Antwort auf ein Schreiben von Peter Hastings, Leiter einer katholischen Buchhandlung, der die Idee der Wiedergeburt kritisiert hatte (Tolkien hatte ihm davon erzählt):

Gott hat dieses Verfahren in keiner seiner Schöpfungen, von denen wir Kenntnis haben, angewendet, und mir scheint die Position eines Nebenschöpfers überschritten zu werden, wenn man es als eine tatsächlich wirksame Sache hervorbringt, denn wenn ein Nebenschöpfer die Beziehungen zwischen Schöpfer und Geschaffenem behandelt, sollte er diejenigen Kanäle benutzen, von denen er weiß, daß auch der Schöpfer sie schon benutzt hat. (*Briefe* Nr. 153, S. 248, 1954)

Tolkien sah wohl »*die gewaltigen weltanschaulich-religiösen Probleme, die sich mit der Reinkarnationsidee stellen*« (Adler/Aichelin), in seinem Entwurf auf die oben zitierten Vorwürfe schrieb er: »*Die ›Wiedergeburt‹ mag schlechte Theologie sein ...*« (*Briefe* Nr. 153, S. 249 f., 1954)

Exkurs: Begriffe und Einschätzung

Schon die Termini sind verwirrend und werden je nach kulturellem und religiösem Hintergrund unterschiedlich verwandt: Wiedergeburt bedeutet »*Auferstehung, Palingenese*[9], *Reinkarnation*«, das »*Wiedergeborenwerden des Menschen, der menschlichen Seele*« sowie (im Christentum) »*das Neuwerden des gläubigen Menschen durch die Gnade Gottes*«. Die Reinkarnation ist nach der selben Quelle der »*Übergang der Seele eines Menschen in einen neuen Körper u. eine neue Existenz; Seelenwanderung*« und auch die »*Wiederverkörperung von Gestorbenen*«.[10] Wissenschaftliche Belege gibt es für keines dieser Phänomene (Schmid, Thiede).

Milliarden Hindus und Buddhisten glauben aber an Seelenwanderung und Wiedergeburt, und auch im westlichen Kulturraum nimmt die Anzahl der daran Glaubenden zu:

---

9 Palingese bedeutet Reinkarnation, wird aber auch in der Biologie verwandt für das Auftreten von Merkmalen stammesgeschichtlicher Vorfahren während der Keimesentwicklung (z. B. die Anlage von Kiemenspalten beim Menschen) und in der Geologie für die Aufschmelzung eines Gesteins und Bildung einer neuen Gesteinsschmelze.

10 Duden, Deutsches Universalwörterbuch, Mannheim [5]2003. Etwas ausführlicher: Wiedergeburt ist die »*Wiederverkörperung, die in vielen Religionen verbreitete Vorstellung der Seelenwanderung oder Wiederkehr der Seele eines Verstorbenen in einem Neugeborenen; im übertragenen Sinn innere Erneuerung. Allgemein ist der Glaube an Wiedergeburt in den indischen Religionen Hinduismus, Buddhismus und Jinismus; die Art der Wiedergeburt richtet sich nach dem Karma, d. h. der moralischen Qualität der begangenen Taten.* [...] *Seelenwanderung, Metempsychose, Reinkarnation, in verschiedenen Religionen die Vorstellung von einer Wiederverkörperung der unvergänglichen Seele nach dem Tod des Leibes in einem menschlichen, tierischen oder pflanzlichen Körper. Der Seelenwanderungsglaube ist bei den Indern sittlich bestimmt: die Summe der guten oder bösen Taten des vergangenen Lebens bestimmt die Art der Wiederverkörperung der Seele im nächsten Dasein. Den Kreislauf der Seelenwanderung zu beenden ist das Erlösungsziel aller indischen Religionen.*« (Bertelsmann Universallexikon, CD, 2004)

Man kann im Grunde von einer ganz gut durchgehärteten Menge von etwa einem Fünftel bis maximal einem Viertel der Bevölkerung in den westlichen Kulturen unterstellen, dass sie von der Reinkarnationsvorstellung in irgendeiner Weise beeindruckt sind, dass es der Gedanke ist, der ihnen am naheliegendsten ist, wenn man sie fragt: »Was glaubst Du, kommt denn nach dem Tod?« [...] Erstaunlich aber ist, dass es nicht in erster Linie die östliche Auffassung von Reinkarnation ist, die Interesse weckt, sondern ... eine spezifisch westlich-europäische. [...] Seit der Neuzeit, seitdem wir dann in Europa auch überhaupt erst Reinkarnationsvorstellungen haben, denn im Mittelalter gibt es fast keine, seit der Neuzeit ist Wiedergeburt etwas Schönes, eine Chance im Leben, dass es attraktiv ist wiedergeboren zu werden. Die antike oder asiatische Vorstellung, dass es etwas Schlechtes ist, ist damit erledigt. Reinkarnation ist umkodiert von Strafe auf Chance.« (Rüdiger Sachau in *Pick*)[11]

Die großen christlichen Kirchen lehnen den Reinkarnationsglauben ab:

... moderne katholische Theologen ... haben ... kategorisch die These vertreten, daß aufgrund von Konzilsbeschlüssen und aufgrund klarer Aussagen des Lehramtes katholischer Glaube und Reinkarnationsidee auf keinen Fall zur Deckung zu bringen sind. (Adler/Aichelin)

Die Bibel äußert sich weder positiv noch negativ zur Frage nach der Reinkarnation. Biblisch besehen ist der Glaube an Reinkarnation deshalb weder falsch noch richtig, sondern einfach unnötig. Wir brauchen nicht mit Reinkarnation zu rechnen. Wir müssen diesen Reinkarnationsglauben aber auch nicht bekämpfen. Der christliche Glaube kennt andere Orientierungsmuster fürs menschliche Dasein. (Schmid)

Wir wissen nicht, ob Tolkien in unserer Primärwelt an die Reinkarnation glaubte; ich halte es aufgrund seines katholischen Glaubens für unwahrscheinlich. Er hat auf jeden Fall auch in dieser Sache Primär- und Sekundärwelt sauber auseinander gehalten:

Die »Wiedergeburt« mag schlechte Theologie sein ... in bezug auf die Menschheit ... Aber ich sehe nicht, wie selbst in der Primärwelt ein Theologe oder Philo-

11 Einen hervorragenden, im Netz einsehbaren Überblick bieten Adler/Aichelin, von Plato über Goethe und Lessing bis zu modernen Vertretern der Seelenwanderungslehre wie den Anthroposophen und Scientologen; eine gute Ergänzung bietet Pick. Viele zusätzliche Informationen siehe Schneidewind, *Lexikon von Himmel und Hölle.*

soph, sofern er nicht über das Verhältnis zwischen Leib und Seele sehr viel besser unterrichtet wäre, als es, wie ich glaube, irgendwer sein kann, die Möglichkeit der Wiedergeburt leugnen könnte, als eine Art der Existenz, die für bestimmte vernünftige und leibliche Geschöpfe geboten sein könnte.

(*Briefe* Nr. 153, S. 249 f., 1954)

Dass die Idee aber auch in Mittelerde Probleme mit sich brächte, räumte er immer wieder ein, etwa bei den Überlegungen zur Entstehung der Orks aus Elben.[12]

Frühe Ideen

In der 1918/20 entstandenen *Music of the Ainur* ist die Langlebigkeit der Elben schon angelegt wie später in *Der Herr der Ringe* und dem *Silmarillion*: Sie sterben nur durch Gewalt oder durch Kummer. Sie werden aber in ihren Kindern wiedergeboren: *»... und nach dem Tode werden sie in ihren Kindern wiedergeboren, so daß sich ihre Zahl weder vermindert noch vergrößert«* (*Verschollene Geschichten* 1, 75). Eine clevere Art der Bevölkerungskontrolle ...

In anderen Texten aus jener Zeit finden sich ähnliche Vorstellungen; sie variieren vor allem darin, wie lange es dauert bis zur Zeit der Wiedergeburt und wer von den Valar über diese Wartezeit entscheidet. Einmal aber finden wir eine Konzeption, die zumindest bezüglich der Menschen der späteren Mythologie zutiefst widerspricht und später wieder verworfen wurde; hier werden die Menschen nach ihrem Verdienst eingeteilt! Da diese Passage auch die Ähnlichkeit in den die Elben betreffenden Konzeptionen zeigt, wird sie hier ausführlicher zitiert:

> *Am wichtigsten in der Passage über Mandos ist die klare Aussage über das Schicksal der Elben, die sterben: Sie warten in den Hallen von Mandos, bis Vefántur* [= Mandos] *ihre Freilassung verfügt, damit sie in ihren Kindern wiedergeboren werden. Diese Vorstellung findet sich bereits in der* Musik der Ainur *(S. 75), und sie blieb viele Jahre lang unverändert die Konzeption meines Vaters von der »Unsterblichkeit« der Elben; in Wahrheit hat sich die Vorstellung, daß die Elben nur an Schlachtwunden oder Kummer sterben konnten, nie verändert. ...* [...] *Mit der Beschreibung von Fui Nienna jedoch stoßen wir auf Ideen, die zum zentralen Gedanken der späteren Mythologie in tiefem Gegensatz stehen ... Hier erfahren wir, daß Nienna die Richterin der Menschen ist und ihre Hallen ihren eigenen Namen* Fui *tragen; einige läßt sie in der Gegend von*

12 siehe S. 32 f.

*Mandos wohnen (wo ihre Halle ist), während der größere Teil das schwarze Schiff Mornie besteigt, das diese Toten die Küste entlang nach Arvalin, wo sie in der Dunkelheit bis zum Ende der Welt umherwandern. Aber dagegen werden andere vertrieben, von Melko gepackt und verschleppt und müssen in Angamandi »unheilvolle Tage« erdulden (in welchem Sinne sind sie tot oder sterblich?); und es gibt eine ganz kleine Zahl, die (was am ungewöhnlichsten ist) in Valinor unter den Göttern leben darf. Hier sind wir weit entfernt von dem Geschenk Ilúvatars, durch das die Menschn nicht an die Welt gebunden sind, sondern diese verlassen, und niemand weiß, wohin sie gehen**, *und dies ist der wahre Sinn des Todes (denn für die Elben gibt es nur einen »scheinbaren Tod«, siehe* Das Silmarillion, *S. 51: das letzte und unabwendbare Ende.*

**Vgl.* Das Silmarillion, *S. 119: »Manche sagen, auch* [die Menschen] *begeben sich in Mandos' Hallen, warten dort aber nicht am gleichen Ort wie die Elben, und wohin sie gehen nach der Zeit der Sammlung in jenen stillen Hallen am Außenmeer, das weiß von allen unter Ilúvatar bis auf Manwe nur Mandos allein.« Und S. 207: »Denn auf Lúthiens Geheiß wartete Berens Geist in Mandos' Hallen, nicht gewillt, die Welt zu verlassen, ehe nicht Lúthien ihm ein letztes Lebwohl sagte an den dunklen Ufern des Außenmeeres, auf das die Menschen hinausfahren, wenn sie sterben, um nie wiederzukehren.«*

(*Verschollene Geschichten* 1, 107 f.)

Einige Jahre später finden wir in The Earliest Silmarillion (1926/30) eine ähnliche Konzeption bzgl. der Elben: Nach ihrem »Tod« warten sie in den Hallen von Mandos:

Slain or fading their spirits went back to the halls of Mandos to wait a thousand years, or the pleasure of Mandos' according to their deserts, before they were recalled to free life in Valinor, or were reborn, it is said, into their own children.

(*The Shaping of Middle-Earth,* 121)

Die Wiedergeburt ist also eine Alternative zum »freien Leben« in Valinor; letzteres ist eine ganz andere, nie weiter ausgeführte Idee als später das Warten in Mandos' Hallen.

Eine Anmerkung zeigt Tolkiens Unentschlossenheit, ob nun die Zahl der Elben wachsen soll oder nicht, alle wiederkehren sollten oder nicht; er änderte oft seine Meinung, aber immer noch waren es ihre Kinder, in denen die Elben wiedergeboren wurden.

Der Fall Beren und Lúthien

Über den oben ausgeführten »Sonderfall« Lúthien war Tolkien sich in den 20er-Jahren noch nicht klar. In *The Tale of Tinúviel* (um 1925) sind Lúthien und Beren Elben, und beide werden sterblich, wie Mandos ihnen erläutert:

»Hört denn, O Elben, kein Leben vollkommener Freude ist es, in das ich euch entlasse ... und so wisset denn, daß ihr sterblich sein werdet, genau wie die Menschen. und wenn ihr wieder hierher kommt, wird es für immer sein, es sei denn, die Götter riefen euch tatsächlich nach Valinor.« (*Verschollene Geschichten* 2, 55)

Da ist noch nichts zu erkennen von der Besonderheit der Abstammungslinie durch die Vereinigung von Elben und Menschen, und auch nichts vom Eingriff Ilúvatars.

Gesetze und Bräuche bei den Elben

Während der Entstehungszeit des Herrn der Ringe ist Tolkien sich noch über vieles im Zusammenhang mit der Wiedergeburt unklar. So schreibt er in der Ainulindalë D, um 1948 (da war *Der Herr der Ringe* praktisch fertig): *»often they return and are reborn among their children«* (*Morgoth's Ring*, 37).

Erst in den späten 50er-Jahren, als *Der Herr der Ringe* schon einige Jahre auf dem Markt ist, erarbeitet er sich eine einigermaßen klare, wenn auch in manchen Punkten abweichende, Konzeption. Diese schlägt sich nieder in zwei Werken: *Laws and Customs among the Eldar* (späte 1950er, *Morgoth's Ring* 207 – 253) und *Athrabeth Finrod ah Andreth* (wohl 1959, *Morgoth's Ring* 301 – 366).

In den »Gesetzen und Bräuchen bei den Elben« erfahren wir, kurz zusammengefasst: Am Anfang, nach ihrem Erwachen, wussten die Elben nichts von ihrem Schicksal, sie erfuhren es erst in Aman von den Valar; vorher dachten sie, der Tod sei endgültig. Nun lernten sie, dass ein Elbe oder eine Elbin bei der Geburt direkt von Eru, von außerhalb von Ea, einen neuen *fëa* erhielt (was ungefähr dem Geist oder der Seele entspricht), der sich mit dem *hroa* (auch *hrondo*) verband (entspricht dem Körper).

Die Elbenkinder altern langsamer als Menschenkinder; mit 50 bis 100 Jahren sind Elben erwachsen. Sie heiraten dann i. d. R. früh und nur einmal[13] und bekommen bald Kinder. Der *fëa* des Kindes wird im Mutterleib »gepflegt« und »genährt« durch den Geist beider Eltern, dies ist ebenso wichtig wie physische Nahrung. Deshalb versuchen sie, jede Trennung zu vermeiden, und bekommen keine Kinder in Gefahren- oder Kriegszeiten. Elben können anderen Elben ansehen, ob diese verheiratet sind oder nicht.

13 Im *Herrn der Ringe* und auch im *Silmarillion* lernen wir hauptsächlich Elben kennen, die sich nicht an diese Regel halten: Arwen ist bei ihrer Heirat 3.019 Jahre alt, Legolas seit Jahrhunderten unverheiratet, Galadriel hat spät geheiratet, Finrod hat eine Geliebte, die er in Aman zurücklässt.

Ehebruch gibt es nicht, und eine Vergewaltigung durch einen Elben würde eine Elbin nicht überleben.[14]

Der *fëa* ist unzerstörbar, er bleibt nach Zerstörung des *hroa* in Arda, geht in die Hallen von Mandos ein. Solche »unbehausten« (houseless, exiled) *fëar* können in einem neuen Körper wiedergeboren werden – aber nur freiwillig, nach einer Wartezeit nach dem Willen der Valar, und nur mit Erus Erlaubnis (ein Gnadenakt!). Die Wiedergeburt erfolgt als Kind durch eine neue Geburt, im selben Geschlecht, manchmal sogar bei den eigenen (Erst-)Eltern. Die zweite Kindheit, während der langsam die Erinnerung an das erste Leben wächst, bringt eine doppelte Erinnerung und dadurch mehr Erfahrung, Wissen und Weisheit: *»double joy of childhood, and also an experience and knowledge greater then the years of he body«* (*Morgoth's Ring* 221).

Insgesamt sind die Wiedergeborenen bevorzugt und haben mehr Freude:

> *For the Re-born are twice nourished, and twice parented, and have two memories … Their life is, therefore, as if a year had two springs and though a untimely frost followed after the first, the second spring and all the summer after were fairer and more blessed.* (*Morgoth's Ring* 222)

Welch ein schönes poetisches Bild!

Eine Wiedergeburt ist unmöglich, wenn der Partner oder die Partnerin wieder verheiratet ist; die ausführlich dargestellte Diskussion um Finwe und Miriel (*Morgoth's Ring* 254 – 270) führt deshalb zu speziellen Regeln in einem solchen Fall.

»Unbehauste« (houseless) *fëar*, die den Ruf von Mandos ablehnen, können als Geister bzw. Gespenster zu einer Gefahr werden, wenn sie etwa andere Elben zu beherrschen oder ihren *hroa* zu übernehmen suchen (Besessenheit; über einen Exorzismus erfahren wir bei Tolkien nichts). Solche *fëar* können auch von Nekromanten kontrolliert und in ihren Dienst gezwungen werden; die gefährlichsten Nekromanten waren Melkor und Sauron.

Diese Ideen und Konzepte über die Elben sind reizvoll, haben aber wenig zu tun mit dem, was wir im *Herrn der Ringe* und auch im *Silmarillion* vorfinden, ja sie widersprechen den Konzepten dort teilweise. Was etwa ist noch besonders tapfer an den heldenhaften Kämpfern der Elben, wenn diese wissen, dass sie bald wiederkommen?

14 Durch andere Wesen schon, wie das Beispiel von Elronds Frau zeigt, die von Orks missbraucht wird – und über andere geschlechtliche Konstellationen, etwa gleichgeschlechtliche Liebe oder gleichgeschlechtlichen Missbrauch, schreibt Tolkien nichts.

Die »Athrabeth Finrod ah Andreth«

Dieses Werk stellt Alexandra Wolf an anderer Stelle in *Hither Shore III* ausführlich vor[15], deshalb beschränke ich mich auf die Aussagen, die zu meinem Thema wichtig sind. Bei dem ausführlichen Diskurs zwischen dem Elbenfürsten Finrod Felagund und der weisen Menschenfrau Andreth, die einst verliebt war in Finrods Bruder Aegnor (Aikanáro), geht es um das Schicksal der Elben und Menschen allgemein, um Tod, Wiedergeburt und Hoffung.

Den oben erwähnten Brauch der Elben, in Krisenzeiten keine Kinder zu bekommen, erweitert Finrod: Elben heiraten nicht im Krieg, sondern sie bereiten sich auf den Tod oder die Flucht vor. (Damit begründet er, dass Aegnor Andreth fallen ließ.)

Es entwickelt sich ein Disput, in dem Andreth alte Überlieferungen ihres Volkes wiedergibt, die den bisher bekannten Konzepten von Sterblichkeit/Unsterblichkeit und Wiedergeburt widersprechen: Auch die Menschen seien einst unsterblich gewesen (d.h. langlebig bis zum Ende von Arda); sie hätten sich aber mit Melkor eingelassen, und ihre Sterblichkeit sei die Strafe Erus wegen des Abfalls von ihm und für die Verehrung Melkors.

Finrod widerspricht zunächst, ist aber später bereit, einzuräumen, dass an der menschlichen Überlieferung etwas dran sein könnte. Dann scheinen ihm zwei Schlussfolgerungen möglich, zwei »Synthesen« aus den unterschiedlichen Konzepten und Überlieferungen.

Die erste mögliche »Synthese«: Die Menschen waren einst potenziell unsterblich, die »Gabe Erus« war die Freiheit der Menschen, Arda auf Wunsch zu verlassen – mit *hroa* und *fëa*, also als »ganze«, »heile« Wesen. Die Strafe Erus ist die »unnatürliche« Trennung von *hroa* und *fëa*, von Geist/Seele und Körper, beim Sterben, unter Zurücklassung des Körpers (*Morgoth's Ring* 318).

Die zweite »Synthese« eröffnet den Elben (!) neue Hoffung: Wenn die Überlieferung der Menschen stimmen sollte, dass dereinst der *fëa* des Menschen seinen Körper wieder mitnehmen könne aus Arda (*»uplift the hroa«*), nämlich dann, wenn Arda vom Einfluss Melkors befreit werde (*»healed … of the taint of Melkor«*), dann werde Arda vielleicht auch von anderen bekannten Einschränkungen befreit (*»released … from the limits …«*) und es entstehe etwas Neues: nicht die alte, »verderbte« Welt, sondern eine bessere, geheilte: *»Arda Healed shall not be Arda Unmarred, but a third thing and a greater.«*

15 Wolf, Alexandra: »Die *Athrabeth Finrod ah Andreth* oder Das Menschenbild in Tolkiens Mythologie. Thomas Fornet-Ponse et. al. (Hg.): *Die Entstehung einer Mythologie – History of Middle-Earth,* Hither Shore III, Düsseldorf: Scriptorium Oxoniae, 2007, S. 137 – 150

Und dann könnten wahrscheinlich auch die Elben weiter existieren, über das ihnen bestimmte Ende von Arda hinaus: »*Eldar completed but not ended … for ever.*« (*Morgoth's Ring* 318 f., ähnlich 250 f.).

Eingedenk der Tatsache, dass Tolkien beim Schreiben der *Athrabeth Finrod ah Andreth* 67 Jahre alt und entweder schon im Ruhestand war (ab Sommer 1959) oder kurz davor stand, wundert es mich nicht, dass das Werk hoffnungsvoll und in mehrfacher Hinsicht versöhnlich angelegt ist. Tolkien gibt den Elben eine neue Hoffnung, er söhnt sich und seinen christlichen Glauben aus mit deren eher nordisch-heidnischem Schicksal, und er verbindet seine alte Idee der zweiten Musik der Ainur mit der christlichen Vision von einem neuen Himmel und einer neuen Erde.

Elbenfürst und Zwergenkönig: Späte Schriften

Die in dem letzten Band der *History of Middle-Earth* versammelten späten Schriften sind etwas problematisch, wie auch Christopher Tolkien einräumt, der manchmal »*clear evidences of confusion*« erkennt (*The Peoples of Middle-Earth* 377). Dies sollte niemanden verwundern, sind diese Texte doch zum großen Teil in den letzten Monaten vor Tolkiens Tod entstanden – und ein Mann von 80 Jahren hat jedes Recht, zu erklären, »*my memory is no longer retentive*« (*The Peoples of Middle-Earth* 377). Erstaunlich und bewundernswert ist eher, wie klar und schlüssig Tolkien noch zu schreiben vermag!

An zwei Punkten nimmt Tolkien wesentliche Änderungen vor: bei den Zwergen und bei Glorfindel.

Bei der Wiedergeburt von Durin geht er nun von einer »echten« Wiedergeburt aus und notiert hierzu zwei Möglichkeiten: Es handele sich beim Wiedererscheinen von Durin entweder um eine Wiedergeburt im neuen Körper, bei der die Erinnerungen vorhanden seien, oder aber um eine Wiederbelebung des Körpers, zu dem der Geist zurückkehre: »*… the reappearance … is not … one of rebirth, but of the preservation of the body of a former King Durin* [say] *to which at intervals his spirit would return*« (*The Peoples of Middle-Earth* 383 f.). Mehr erfahren wir nicht über Tolkiens Versuch, sein Wiedergeburts-Konzept auch für die Zwerge anzupassen.

Der Fall Glorfindel ist verzwickt, und auch Christopher Tolkien sieht keine klare Linie.

Während der Entstehung des *Herrn der Ringe* ging Tolkien davon aus, dass es zwei Glorfindels gab: den im Kampf gegen den Balrog gefallenen Elbenfürsten aus Gondolin und den Glorfindel, den Frodo in Bruchtal kennenlernt (siehe *The Return of The Shadow*

214, 1938). 32 Jahre später ist er zum Schluss gekommen, dass dies nicht sein könne, da zwei Elben niemals den selben Namen haben könnten.[16]

Ohne dass wir wissen, warum, verwirft Tolkien die Idee der Wiedergeburt als Neugeborenes (»re-birth«) als falsch bzw. erklärt sie zu einer falschen Überlieferung: *»noted as a false notion, probably of Mannish origin«* (*The Peoples of Middle-Earth* 390). Nun wird die »reincarnation« im Sinne von »Wiederherstellung des Körpers«[17] zu einem Recht (zumindest einiger) Elben, denn es ist *»duty of the Valar to restore them ... to incarnate life, if they desired it«* (*The Peoples of Middle-Earth* 378). Nach Vergebung der Rebellion gegen die Valar, an der er beteiligt war, wird Glorfindel *»released from Mandos and became himself again«* (*The Peoples of Middle-Earth* 378) – eher eine »Wiederauferstehung« oder »Wiederherstellung« als eine Wieder-»Geburt«.

Es gibt zwei Texte über Glorfindel mit verschiedenen Thesen. Nach Text I fährt er als besonderer Freund von Olorin (Gandalf) mit diesem nach Mittelerde, nach Text II tut er dies schon erheblich früher, Mitte des Zweiten Zeitalters, evtl. sogar schon vor dem Schmieden der Ringe, um dort den Kampf der Istari gegen Sauron vorzubereiten.

Laut dem *Silmarillion* wussten allerdings von den Elben nur Galadriel, Elrond und Cirdan um Gandalfs Herkunft und Macht; nun müsste Glorfindel auch Bescheid wissen. Ebenfalls laut dem *Silmarillion* sind die Istari die einzigen Gesandten, über die die Valar Einfluss nehmen in Mittelerde; nun gehörte Glorfindel auch dazu. Wieso hält er sich dann aber im Ringkrieg so zurück?

Schlussfolgerungen

Für unser Bild von Mittelerde müssen wir uns entscheiden, ob wir nur das zu Lebzeiten veröffentlichte Werk heranziehen, ob wir auch das *Silmarillion* und/oder die Briefe berücksichtigen und ob und wieweit die große Zettelsammlung *History of Middle-Earth*. Jede dieser Entscheidungen ist legitim.

16 Zumindest bei Elben und Menschen hat er dies aber toleriert. Beispiele sind Haldir aus Lothlórien (der im Film eine große Bedeutung erlangt) und Haldir, Sohn von Halmir von Brethil, Führer der Haladin, der in der Nírnaeth Arnoediad fiel, oder Haleth, der älteste Sohn von König Helm Hammerhand, aber auch eine gewählte Führerin der Haladin im Ersten Zeitalter, und Beleg, als Beleg Cúthalion der berühmteste elbische Bogenschütze, als Beleg I. der zweite König von Arthedain, Vorfahr von Aragorn.

17 Im Deutschen wie im »normalen« Englisch gibt es diesen Unterschied sprachlich nicht in dieser Eindeutigkeit – wahrscheinlich weil die meisten Reinkarnations-Vorstellungen eine Wiedergeburt im Sinne von »rebirth« vorsehen (siehe Fußnote 10).

Bezüglich der »Unsterblichkeit« der Elben und der Sterblichkeit verfolgt Tolkien ein klares Konzept über die Jahre hinweg (mit Ausnahme der *Athrabeth Finrod ah Andreth*), das zudem auch naturwissenschaftlich erklärbar ist, über die Mythologie hinaus.[18] Auch die Sonderstellung der Halbelben und die Geschichten von Lúthien und Arwen sind schlüssig und ziemlich durchgängig, und beides ist auch im veröffentlichten Werk zu finden.

Die Konzepte von Tolkien zur »Wiedergeburt« sind widersprüchlich und wechselnd, bringen viele Probleme mit sich und tauchen nicht im veröffentlichten Werk auf; ich streiche sie deshalb aus meinem Mittelerdebild. Denn sonst müsste ich viele der Taten im *Herrn der Ringe* und vor allem im *Silmarillion* neu bewerten.

Was riskiert Finrod wirklich, wenn er sich für Beren opfert, was Fingolfin, wenn er gegen Melkor antritt, wenn beide wissen, dass sie irgendwann wiederkommen werden? (Mal ganz abgesehen von den Problemen, die dies für die Thronfolge mit sich bringen würde!) Und der »Sündenfall« der Elben, der Sippenmord von Alqualonde, würde erheblich an Bedeutung verlieren und könnte kaum jene dramatischen Folgen nach sich ziehen.

Die Wiedergeburtsidee taucht bei Tolkien früh auf, aber er hat sie nie in seinem veröffentlichten Werk aufgenommen; ich folge ihm hierin.[19]

Ich sehe in den verstärkten Bemühungen Tolkiens ab den späten 50er-Jahren, die Mythologie mit seinem christlichem Gedankengut in Übereinstimmung zu bringen, den Versuch, im Herbst seines Lebens sich und sein Werk mit seinem Glauben in Einklang zu bringen; nach dem diesem Artikel zu Grunde liegenden Vortrag wurde im Publikum der Begriff »Restauration« laut, den ich für zutreffend halte.[20]

---

18 siehe hierzu S. 24 f.

19 Das Argument, es müsse zählen, was ein Autor *zuletzt* zu seinem Werk gesagt oder geschrieben habe, akzeptiere ich nicht. Zunächst wissen wir nicht, was Tolkiens letzte Meinung war; vielleicht hat er kurz vor seinem Tod alles zur Wiedergeburt widerrufen auf einem Butterbrotpapier, das nie gefunden wurde! Und nicht alles, was man aufschreibt, ist ernst gemeint, es mag nur Gedankenspielerei sein, bald wieder verworfen werden. Speziell im Fall der *History of Middle-Earth* können wir dies häufig nicht bewerten, hinzu kommt, dass wir es mit einer Auswahl und Bearbeitung durch einen Dritten zu tun haben. (All dies ist auch wichtig bei der Diskussion um die Rolle und Geschichte Galadriels.) Unabhängig von diesen Argumenten gilt: Mit einer Veröffentlichung ist ein Werk der Interpretation durch alle Rezipierenden frei gegeben; der Autor mag erläutern, was er meinte, aber wenn es ihm nicht gelungen ist, dies in seinem Werk zu verdeutlichen, ist seine Interpretation prinzipiell nicht mehr wert als jede andere – es sei denn, er überarbeitet sein Werk! Tolkien hat im *Herrn der Ringe* nie die Wiedergeburt eingebaut, also steht es uns frei, sie zu ignorieren!

20 Als historischer Fachbegriff bezieht sich Restauration auf Wiederherstellung eines (politischen) Zustandes, der im Zuge einer Revolution oder Reform beseitigt worden war, oder die Wiederherstellung einer legitimen Herrschaftsform. Auch wenn man Tolkiens Mythologie nicht als revolutionär begreift, passt der Begriff doch auf seine späten Versuche, diese seiner primärweltlichen »Herrschaftsform«, seinem Glauben, anzupassen.

In einer so späten Lebensphase ist der Versuch nur allzu verständlich, eine Übereinstimmung zwischen eigenem Werk und Glauben herzustellen. Doch ist es unsere Entscheidung, wie weit wir Tolkien dabei folgen.

Erbgedächtnis und angeborene Sprache

erstmals erschienen in: Hither Shore Band 3:
»Die Entstehung einer Mythologie – History of Middle-Earth«
Das Jahrbuch 2006 der Deutschen Tolkien Gesellschaft e. V., hrsg. von Thomas Fornet-Ponse et. al., Scriptorium Oxoniae, Düsseldorf 2007, S. 235–238

Beim Seminar[1] wurde wie im Jahr zuvor mehrfach auf Tolkiens Vorstellungen von Erbgedächtnis und angeborener Sprache hingewiesen (*native language*, »Heimatsprache«).[2] Ich fasse hier die derzeit in der wissenschaftlichen Gemeinschaft diskutierten Vorstellungen zu diesen Themen zusammen.

In Wissenschaft und Literatur des 19. und frühen 20. Jahrhunderts war die Idee eines Erbgedächtnisses, wie sie auch bei Tolkien auftaucht, weit verbreitet[3]: Ein Mensch erinnert sich an Ereignisse aus dem Leben eines oder mehrerer Vorfahren.[4] Dies gilt heute als unmöglich.[5]

Nicht verwechseln darf man dieses Erbgedächtnis mit der seit einiger Zeit wieder diskutierten Möglichkeit, dass die Umwelt Einfluss auf das Erbgut und indirekt evtl. gar auf die Veranlagungen der Nachkommen haben könne. Seit der Mitte des 20. Jahrhunderts galt die Vererbbarkeit erworbener Eigenschaften (Lamarckismus[6]) als widerlegt; neue Möglichkeiten hierzu zeigt jedoch seit knapp 10 Jahren die Epigenetik[7] auf: Diese »*vergleichsweise neue Wissenschaft, die sich mit der vererblichen Veränderung der Genexpression beispielsweise durch Umwelteinflüsse wie veränderte Ernährung des Vaters beschäftigt*«, untersucht die »*vererbbaren Änderungen der Expression von Genen, die nicht durch Ände-*

---

1 Drittes wissenschaftliches Seminar der Deutschen Tolkien-Gesellschaft, 21.–23. April 2006, Universität Mainz. *Entstehung einer Mythologie – History of Middle-Earth*

2 Eine ausführliche Darstellung findet sich in Bachmann/Honegger.

3 Sie spielt u. a. eine zentrale Rolle bei Jack London und Leonard Cline und immer wieder in Werken von Arthur Conan Doyle, Edgar Allan Poe und H. P. Lovecraft, heute u. a. bei Frank W. Haubold.

4 Das »Erbgedächtnis«, wie man es in der Tierzucht findet, hat damit nichts zu tun; es ist ein unwissenschaftlicher Begriff für vererbte Verhaltensdispositionen oder allgemein das Erbgut/Genom. Beispiele: »*Instinkte sind angeborene, im Erbgedächtnis fest verankerte Verhaltensweisen*« (http://www.hundefreunde-waldblick.de/sites/lexikon_instinkt.htm, 23.06.2006) – »*Würde man es zulassen, würden sie Tag und Nacht weiterfressen. Ihr Erbgedächtnis ist nicht so schnell, das kann man von der Evolution nicht verlangen.*« (http://www.eselfreunde.ch/EselA-Z/P/PferdundEsel.html, 23.06.2006)

5 Es sei denn, man zieht parapsychologische oder spiritistische Erklärungen heran, die aber nicht als wissenschaftlich gelten.

6 s. S. 19

7 »aufsetzend auf Genetik, überlagerte Genetik«: im weiteren Sinne alle Vorgänge, die dazu führen, dass die in einem Gen festgelegte (kodierte) Information auch realisiert wird

rungen der DNA-Sequenz verursacht werden«[8]. Dabei geht es um Einflüsse der Umwelt, die das Aktivitätsmuster des Genoms durch drei Mechanismen generationenübergreifend beeinflussen, sie »prägen«: die DNA-Methylierung, die Modifizierung von Histonen (Eiweißmoleküle) und die Stilllegung von Genen durch kleine RNA-Moleküle. Manche erblichen Syndrome und einige Krebsarten werden durch Fehler bei der genomischen Prägung ausgelöst; diese kann aber weder erworbenes Verhalten noch ein »Erbgedächtnis« weitergeben![9]

Viele wissenschaftliche Disziplinen beschäftigen sich damit, ob und wieweit die Menschen von arttypischen unbewussten Strukturen gesteuert oder geprägt werden, u. a. Anthropologie, Ethologie, Evolutionspsychologie, Gehirnforschung, Kognitionspsychologie, Linguistik, Populationsgenetik, Psychiatrie, Soziobiologie und Traumforschung. Für solche Strukturen wurden Begriffe geprägt wie angeborene Auslösemechanismen, Archetypen/archetypische Strukturen, arttypische Programme, Darwinsche Algorithmen, epigenetische Regeln, Grundassoziationen, Instinkte, mentale Organe, psychobiologische Reaktionsmuster, tief homologe neurale Strukturen, Tiefenstrukturen und Verhaltenssysteme. In der analytischen Psychologie gibt es das Konzept des kollektiven Unbewussten, in einigen Disziplinen, u. a. Geschichts- und Kulturwissenschaft, wird ein kollektives Gedächtnis als gemeinsame Gedächtnisleistung einer Gruppe unterstellt. Bei all diesen Mechanismen geht es um Einstellungen, Dispositionen u. ä., etwa die Angst vor dem Dunkel, die biologisch, kulturell oder auf anderem Wege über die Generationen entwickelt oder übertragen werden sollen (Überblick und Wertung Vollmer 91 ff.). Niemals aber geht es um eine biologische Übertragung von Gedächtnisinhalten einzelner Personen an Nachfahren, also ein »Erbgedächtnis« im Sinne Tolkiens. Dieses ist nach aktuellem Kenntnisstand sowenig möglich wie die Vererbung erworbener Eigenschaften (Mayr 339).

8 http://www.neuro24.de/glossare.htm, 23.06.2006

9 Auch für Laien verständliche Informationen unter: http://www.3sat.de/nano/bstuecke/27746/index.html, http://www.aerztezeitung.de/docs/2004/08/26/151a1101.asp, http://www.wissenschaft.de/wissen/hintergrund/228254.html, http://www.uni-saarland.de/fak8/genetik/dfg/html/uberblick.html, http://www.erbschaftsforschung.de. Aktuell und sehr gut verständlich: »Traumata auf den Genen«, Interview mit Florian Holsboer, 01.06.2011, http://www.planet-wissen.de/natur_technik/forschungszweige/epigenetik/interview.jsp

»Native Language«

Ob die »Sprache« mancher Tiere (Schimpansen, Bienen ...) als solche zu bezeichnen und eine Sprache wie die der Menschen sei, ist ebenso umstritten[10] wie der Zeitpunkt, seit dem Menschen bzw. ihre Vorfahren die Fähigkeit zum Sprechen besitzen; die Hypothesen reichen von 30.000 Jahren bis zu *»mindestens fünf bis sieben Millionen Jahre*[n]*«* (Niemitz 322).

Seit Jahrhunderten sucht man vergeblich nach einer »Ursprache«. Um 1900 stellte Berthold Delbrück fest: *»Ob es eine Ursprache des Menschengeschlechts gegeben hat, wissen wir nicht; das aber wissen wir sicher, daß wir sie durch Vergleichung nicht wiederherstellen können«* (Pinker, 25).

Zum Erwerb von Sprache stehen sich zwei Positionen gegenüber. Die nativistische Auffassung geht davon aus, dass wesentliche strukturelle Aspekte der Sprache angeboren sind und dass Sprache anatomisch autonom repräsentiert ist, Stichwort Universalgrammatik. Wesentliche Vertreter sind Noam Chomsky und Steven Pinker. Die Auffassung der Epigenese, basierend auf Arbeiten von Jean Piaget und Conrad Hal Waddington, sieht Sprache *»als Resultat dynamischer Interaktionen zwischen genetisch enkodierten Informationen, neuronalen Veränderungen und äußerer Umwelt«* (Szagun 5).

So wichtig und spannend diese Kontroverse ist, bei der es vor allem um Nuancen in der evolutionären Einschätzung geht (Dennett 340 ff.), so ist sich doch die Fachwelt in einem einig: *»Die zutreffendste Behauptung ist wohl, dass die Möglichkeit, Sprache zu erlernen, vererbt wird, während die Fähigkeit, tatsächlich Sprache zu verwenden, erlernt werden muss«* (Herrmann 60).[11] *»Sprache ist also die im geschichtlichen kulturellen Lernprozeß erstellte Ausformung der anlagemäßigen Sprachfähigkeit«* (Oeser 81). Einig ist man sich auch: *»Ein Kind erlernt jede beliebige Sprache gleich gut«* (Herrmann 60) und *»als* ***wissenschaftlich irrig*** *gelten die Behauptungen«*, Ethnien, sog. Rassen, klimatische oder gesellschaftliche Zustände *»könnten den Sprachtypus gesetzmäßig bestimmen«* (Vollmer 151, meine Hervorhebung).

Die These von einer native language, einer »Heimatsprache« im Sinne Tolkiens kann heute als widerlegt betrachtet werden.

---

10 Es hängt stark von der Definition von Sprache ab (Überblick Herrmann 47 f.).

11 Bestätigt wird die genetische Determiniertheit von Sprachfähigkeit u. a. durch die Entdeckung von Genen für Sprachstörungen (inkl. Dyslexie/Legasthenie) und Untersuchungen, wonach *»Frauen bei Aufgaben zur Sprachflüssigkeit, zum verbalen Gedächtnis, zur Artikulationsgeschwindigkeit und zur Verwendung der Grammatik den Männern überlegen sind«* (Hermann 64 f.).

Tolkiens »kleine Leute« und die Evolution

erstmals erschienen in: »Von den kleinen Leuten.
Über Halblinge, Zwerge und andere (zu) kurz Gekommene«
Saarbrücken 2008, S. 129 – 134

Viele »kleine Leute« in Märchen, Mythen und Legenden sind Geister oder Elementargeister, stammen aus einer Anderswelt oder sind gar göttlicher Abstammung. Anders ist es in Tolkiens Welt, in Mittelerde.

Die Zwerge sind zwar eigenständig geschaffen, von ihrem eigenen »Zwergengott«, aber letztendlich ebenso »menschliche« Wesen wie die Elben. Und die Hobbits und die Drúedain sind schöne Beispiele dafür, wie Tolkien bei der Erschaffung seiner Welt seine naturwissenschaftlichen Kenntnisse einfließen ließ; sie sind Menschen, die sich im Rahmen einer ganz »normalen« Evolution (weiter-)entwickelt haben.

An dieser Stelle sind ein paar grundlegende Bemerkungen zur Evolution und zu den Begriffen »Art« und »Rasse« angebracht. Von *Rassen* (*Subspecies*) spricht man in der Biologie, wenn innerhalb einer *Art* (*Species*) eindeutig abgrenzbare morphologische oder physiologische Unterschiede auszumachen sind (taxonomische Einheiten).

Zumindest im Tierreich beinhaltet die biologische Definition einer Spezies, dass zwei Tiere dann zu einer Art gehören, wenn sie fruchtbar miteinander kreuzbar sind, also Nachkommen haben können, die wiederum fruchtbar sind. Rassen sind also genetisch offene Systeme, zwischen denen Genfluss möglich ist. Es müssen dabei nicht unbedingt alle Mitglieder einer Art miteinander fruchtbar kreuzbar sein; dieser Umkehrschluss wäre falsch. Bei der Möwe etwa gibt es einen Rassenkreis: Die nebeneinander lebenden Rassen können jeweils miteinander Nachkommen haben, die genetisch am weitesten auseinander liegenden Rassen treffen sich geographisch wieder (deshalb Kreis), sind aber so unterschiedlich, dass eine Kreuzung keinen Erfolg hat. Dennoch gehören sie zu einer Art, da sie jeweils über kreuzbare Formen verbunden sind.[1] Da alle rezenten (derzeit lebenden) Menschen in unserer »Primärwelt« miteinander Kinder haben könnten (Unfruchtbarkeit ausgenommen), gehören wir alle einer Art an: der des *Homo sapiens*. Heute ist umstritten, inwieweit der Begriff der Rasse auf Menschen angewandt werden sollte. Zumindest in der rein biologischen, taxonomischen Betrachtung, wenn der Mensch (auch) als Tier angeschaut und in die Entwicklungsgeschichte und Verwandtschaft eingeordnet wird, scheint mir diese Vorgehensweise sinnvoll und berechtigt, soweit daraus keine weiteren Schlüsse gezogen werden und man sich der Gefahren des Missbrauchs bewusst ist.

1 Natürlich ist das etwas komplizierter, siehe ausführlicher S. 17 – 22 sowie Mayr und Wuketits.

Auch wenn die Verbrechen des Dritten Reiches beim Erscheinen der Ringtrilogie schon einige Jahre zurücklagen, Rassismus und Rassenwahn allgemein bekannt waren und Tolkien sich auch mit Antisemitismus und Rassismus auseinandergesetzt hatte, kannte er als Geisteswissenschaftler wohl nicht die Diskussionen in der Fachwelt über den Begriff *Rasse* und die dahinter stehenden Auffassungen. Er wirft *Art* und *Rasse* immer wieder durcheinander; Wolfgang Krege hat dies in seinen Übersetzungen an manchen Stellen verbessert, nicht selten aber auch falsch übersetzt oder sogar »verschlimmbessert«:

> *Die Hobbits sollen natürlich eine besondere Menschen-Art sein [really meant to be a branch of the specifically human race] (nicht Elben oder Zwerge) – daher können sie auch mit anderen Menschen zusammenleben.*
>
> (Brief an Milton Waldman, wohl 1951, *Briefe* Nr. 131, S. 210)[2]

Tolkien verwendet den Begriff *race* relativ unspezifisch: für Hobbits (*»Bezüge zu Überlebenden dieser Rasse* [race] *in späteren Zeiten«*; *Nachrichten* 379/*Unfinished Tales* 287) und Drúedain (*»... sie wurden Drúedain genannt ..., um sowohl ihre Menschlichkeit ... als auch ihre rassische Verschiedenheit* [racial difference] *von den Völkern der Drei Häuser der Edain hervorzuheben«*; *Nachrichten* 502/385), für die Menschen, um sie von den Elben abzugrenzen *(» ... Gabe Gottes für die Zweite Rasse* [Second Race] *der Kinder ... «; Briefe* Nr. 153, 250/*Letters* 189) und sogar für die Maiar: *»Doch war er* [Sauron] *natürlich eine ›göttliche‹ Person (in den Bezügen dieser Mythologie; ein niederer Angehöriger der Rasse der Valar* [race of Valar]*)«* (*Briefe* Nr. 156, 271/205) und an anderer Stelle: *»Melian war eine Maia, vom Geschlecht* [race] *der Valar«* (*Silmarillion* 66/54).

Da Tolkien mit seiner eigenen Schöpfungsgeschichte, in der Elben, Menschen und Zwerge auf ganz unterschiedliche Art entstehen, die Biologie in seiner Sekundärwelt doch erheblich von unserer Primärwelt abgegrenzt hat (wo wir von einem gemeinsamen Ursprung aller Menschen ausgehen), gerät er zwangsläufig mit der Verwendung biologischer Begriffe in Schwierigkeiten. Wohl auch deshalb verwendet er in seinen literarischen Werken statt *Rasse* oder *Art* lieber andere Begriffe, insbesondere den der *Geschlechter*. Das englische *kindred* steht in erster Linie für Bluts- oder familiäre Verwandtschaft, kann figurativ aber auch für Seelen- oder Geistesverwandtschaft sowie Gleichgesinnte stehen – mit dieser Wahl umgeht Tolkien die Problematik der biologischen Begrifflichkeit.[3]

---

2 Auch Shippey bezeichnet die Hobbits als »Rasse«: *»hobbits and the other races of Middle-earth«* (*Author* 4; deutsch »Rasse«, *Autor* 44) und verweist darauf, dass der *Oxford English Dictionary* 1989 in der zweiten Ausgabe zu Hobbits vermerkt: *»a small variety of the human race«* (*Author* 2, Krege übersetzt: *»Abart der Menschen«*, *Autor* 42).

3 Näheres siehe S. 23 f. – Damit ist Tolkien sehr modern; heute versuchen viele, den Begriff »Rasse« im Zusammenhang mit Menschen zu vermeiden, auf die rein körperlich-evolutionsbiologische Betrachtung oder gar auf eine »Zuweisung« durch andere Menschen zu beschränken.

Während es Tolkien bei den Menschen und Elben meistens um das Konzept der Abstammungsgemeinschaft geht[4], beschreibt er bei den Hobbits ein typischen evolutionäres »Auslese-Szenario«:

> *Das viel später [nach dem Fall Númenors] einsetzende Abnehmen der Größe der Hobbits muß eine Folge ihrer veränderten Staatsform und Lebensweise gewesen sein; sie wurden ein flüchtiges und verschwiegenes Volk, das dazu getrieben wurde (als die Menschen, das Große Volk, immer zahlreicher wurden und die Lande, die fruchtbarer und bewohnbarer waren, in Besitz nahmen), im Wald oder in der Wildnis Zuflucht zu suchen: ein umherwanderndes, armes Volk, das seine Künste vergaß, ein gefährdetes Leben führte, ausgefüllt von der Suche nach Nahrung und voller Furcht, gesehen zu werden.* (*Nachrichten* 379)

Die Grundprinzipien der modernen Evolutionstheorie waren Tolkien als gebildetem Mann ziemlich sicher bekannt. Nach der heute in der Wissenschaft allgemein akzeptierten Auffassung entsteht evolutionäre Entwicklung durch ein Zusammenspiel zweier Mechanismen: Veränderung und Auswahl. Aus verschiedenen Gründen ändert sich die genetische Ausstattung von Lebewesen von Generation zu Generation: durch Mutation, das ist eine spontane oder induzierte Veränderung des Erbmaterials, und/oder durch Rekombination, eine Neuzusammenstellung der Gene (etwa der der Eltern im Kind bei der sexuellen Fortpflanzung). Durch diese Veränderungen sind Lebewesen unterschiedlich gut angepasst an die Lebens- und Umweltbedingungen. Da es in der Regel zu wenig Ressourcen gibt und zu viele Nachkommen für den vorhandenen Lebensraum, kommt es zu einem Ausleseprozess der Gene: Jene Lebewesen, die mehr überlebensfähige Nachkommen haben, geben ihre vererbbaren Eigenschaften an diese weiter.

Dieser Prozess einer natürlichen Auswahl, auch als Selektion oder Zuchtwahl bezeichnet, sorgt für das »survival of the fittest«, wie Charles Darwin es nannte: das Überleben des »Geeignetsten«, des »Tauglichsten« oder, besser, des »am (gerade hier und jetzt) besten Angepassten« (nicht des Stärksten, wie oft falsch übersetzt wird). Zusammen mit der Isolation und einigen weniger bedeutenden Faktoren führen diese beiden Hauptmechanismen der Evolution – Veränderung und Auswahl oder »Zufall und Notwendigkeit« – zu einer allmählichen Umbildung der existierenden sowie einer Herausbildung neuer Arten.

Die Selektion kann sowohl innerhalb einer Art greifen (intraspezifisch) wie zwischen Arten (extraspezifisch): Um denselben Lebensraum oder dieselben Beutetiere können sowohl zwei Leoparden rivalisieren wie ein Leopard mit einem Löwen. Dabei ist das

4 vgl. Schneidewind, *Biologie, Abstammung* … 44 – 46

Überleben für die Evolution irrelevant; für die weitere Entwicklung zählt nur die Weitergabe des Erbgutes. Ein Wolf, der stärker ist als ein Tiger und 1000 Jahre lebt, hinterlässt keine Spuren in der Zukunft, wenn er keine Nachkommen hat, denen er diese Eigenschaften vererben kann.

Zu Tolkiens Lebzeiten war zwar die Abstammungslehre ziemlich unumstritten, doch war die darwinistische Auffassung der Selektion noch keineswegs allgemein anerkannt. In weiten Kreisen der Wissenschaft wie vor allem bei Laien herrschte eher eine lamarckistische Auffassung vor.[5] Danach ist die Abänderung von Gestalt und Funktion der Organe eines Lebewesens in erster Linie durch Umwelteinflüsse bedingt; diese durch die Umwelt bewirkten Änderungen sind erblich. Neue Anlagen und Organe entstehen nach dieser Auffassung aus einem »Bedürfnis« des Lebewesens heraus, Organe degenerieren durch Gebrauch oder Nichtgebrauch oder werden bei Bedarf entwickelt. Solche im Laufe des Lebens erworbenen Veränderungen werden an die Nachkommen weitergegeben. Diese Lehre gilt heute als widerlegt, eine echte Vererbung erworbener Eigenschaften konnte in keinem Falle nachgewiesen werden. Doch bis in die Mitte des 20. Jahrhunderts (und in der Sowjetunion noch viel länger) war diese Vorstellung weit verbreitet.

Tolkien dürfte die Evolutionstheorie in der Ausprägung seiner Zeit zumindest in den Grundzügen bekannt gewesen sein. Wir können aber nicht einschätzen, welches der damals kursierenden Theoriengebäude (Neodarwinismus oder Lamarckismus) er genauer kannte und welche Ideen daraus mit seinen Überzeugungen konform gingen. Tolkiens Ideen von der Vererbung bei der Entstehung der Orks und von der Evolution der Hobbits und der Drúedain sind mit beiden gut vereinbar.

Nicht nur die Entwicklung der Hobbits kann man im Sinne der modernen Evolutionstheorie auslegen – die kleiner gewachsenen, geschickteren, besser schleichenden Mitglieder dieser Menschengruppe überlebten die Verfolgung eher und konnten mehr Kinder bis zur Geschlechtsreife durchbringen – Ähnliches gilt für die Drúedain, denen man im *Herrn der Ringe* als »wilden Menschen« oder Waldmenschen begegnet. Auch diese »kleinen Leute« sind Ergebnis einer evolutionären Anpassung. Sie nennen sich selbst »Drughu«, werden nur etwa 1,20 Meter groß und sind weder mit den Hobbits noch mit den Zwergen enger verwandt. Sie sind kräftig und schwer gebaut, mit klobigen Gesichtszügen, haben dünnes glattes Haar und tiefschwarze Augen. Nie zahlreich und sehr kurzlebig, sind sie hervorragende Jäger und unübertroffene Spurensucher mit einem

5 Jean-Baptiste de Monet, Chevalier de Lamarck (1744 – 1829), Begründer der Deszendenzlehre, der Abstammungslehre, wonach Tiere und Pflanzen von gemeinsamen Vorfahren abstammen und sich die Arten im Laufe der Generationen verändern, *»der erste Evolutionstheoretiker im engeren Sinne«* (Wuketits 21). Zu Tolkiens Vorstellungen zu Lamarck und dem Evolutionstheoretiker Ernst Haeckel (1834 – 1919) siehe Gee.

Geruchssinn fast wie der von Hunden. Zumindest einige von ihnen verfügen über eine eigene Art von Magie. Bei den Elben sind sie sehr beliebt, nicht zuletzt wegen ihres kräftigen Lachens. Sie kamen im Ersten Zeitalter zusammen mit den Haladin nach Ossiriand und lebten unter den Menschen bis ins Dritte Zeitalter, einige im Zweiten Zeitalter auch in Númenor. Sie wurden immer wieder von den »Großen Menschen« verfolgt und gequält und seit Beginn des Dritten Zeitalters zunehmend in die Wälder getrieben.

Ihre Entwicklung könnte sich ähnlich abgespielt haben wie die von Menschen in unserer Welt, die unter vergleichbaren Bedingungen leben, etwa der Pygmäen. Diese kleinwüchsigen Menschen leben als nichtsesshafte Wildbeuterstämme in den tropischen Regenwäldern Zentralafrikas und sind wie die Drúedain immer wieder bedroht durch Menschengruppen aus der Umgebung. Sie haben sich angepasst an den Wald und die Heimlichkeit, wie die Drughu in Mittelerde.

Im Oktober 2004 konnte man Schlagzeilen lesen wie *»›Hobbit‹ joins human family tree«* (BBC 27.10.) und *»Hobbits in Indonesien. Forscher entdecken neue Menschen-Art«* (Spiegel online 27.10.). Australische Forscher waren im September 2003 bei Ausgrabungen auf der Insel Flores auf das Skelett einer erwachsenen Frau von etwa 1,20 Meter Körpergröße gestoßen. Ob dieser kleine Mensch, der vor ca. 18.000 Jahren lebte, zu einer eigenen Art gehörte (»Homo floresiensis«) oder unter einer krankhaften Veränderung litt, war zunächst umstritten. Inzwischen hat man andere dieser kleinen Menschen gefunden, die dort von etwa 90.000 bis 12.000 Jahre vor unserer Zeit lebten und sich die Insel zum Schluss mit modernen Menschen teilten. Zu dem »Inselzwergwuchs« dürfte ein Prozess geführt haben, wie er auch bei den Drúedan oder den Hobbits stattgefunden haben könnte: Durch den Nahrungsmangel werden Lebewesen, die von der übrigen Population abgeschottet sind, im Lauf der Zeit immer kleiner. Bei den nur ein Meter großen Zwergelefanten, die man auf verschiedenen Inseln gefunden hat, hat diese Entwicklung nur 5.000 Jahre gedauert.

Wie man sieht, gab und gibt es »kleine Leute« also in der Realität wie in der Phantasie – und damit sind den Spekulationen Tür und Tor geöffnet …

Zwischen Genie und Wahnsinn: Gedanken eines Künstlers über Muschelklang und Elbenstern

erstmals erschienen in: Hither Shore Band 4: »Tolkiens ›kleinere‹ Werke«

Das Jahrbuch 2007 der Deutschen Tolkien Gesellschaft e. V., hrsg. von Thomas Fornet-Ponse et. al., Scriptorium Oxoniae, Düsseldorf 2008, S. 199–201

Am letzten Tag des Seminars[1] behandelten drei der vier Vorträge Tolkiens Gedicht »Muschelklang« (*The Sea-Bell*), alle unter dem Aspekt der Konfrontation von *Faërie* mit der Menschenwelt und der Gefahr, die diese mit sich bringt, alle drei im Vergleich mit Tolkiens letzter Geschichte, »Der Schmied von Großholzingen« (*Smith of Wootton Major*). Diese Geschichte war im Seminar schon vorher prominent vertreten; 6 der insgesamt 20 Vorträge behandelten sie explizit, und in einigen mehr spielte sie eine wesentliche Rolle. Ich habe sie oft gelesen und mag sie sehr, und doch wurde mir während der Vorträge schlagartig erstmals deutlich: Beide Texte schildern auch (Extrem-)Positionen des Umgangs mit der eigenen schöpferischen Kraft, Phantasie und Kreativität.

Maria Raffaela Benvenuto und Margaret Hiley zeigten in ihren Vorträgen auf, dass die beiden Protagonisten sehr verschiedene Erfahrungen im *Faërie* machen und unterschiedlich »heil« zurückkehren: Der Erzähler in »Muschelklang« fühlt sich fremd, ja abgestoßen im »Vergessenen Land«; nach seiner Rückkehr ist er, traumatisiert, auch zu Hause ein Fremder, ein Ausgestoßener. Der Schmied hingegen erlebt zwar Zurückweisungen, aber auch freundliche Aufnahme, und kann sein heimisches Leben erfolgreich fortführen, wenn auch leicht entfremdet von Gesellschaft und Familie.

Nicht mit Elbenschiffen oder durch Elbensterne, wohl aber durch unsere Phantasie und Kreativität können auch wir erleben, dass »one reality is exchanged for another« (Hiley): Dies ist das tägliche Brot derer, die künstlerisch tätig sind. Tolkien bebildert in den zwei Texten Extremformen, damit umzugehen, bebildert die schon sprichwörtliche »Grenze zwischen Genie und Wahnsinn«.[2]

---

1 Viertes wissenschaftliches Seminar der Deutschen Tolkien-Gesellschaft, 4. bis 6. Mai 2007, Universität Jena: *Über Mittelerde hinaus: Tolkiens »kleinere« Werke*. Dieser Text erschien leicht gekürzt im Tagungsband.

2 Schon Platon bezeichnete den Zustand »Mania« (Besessenheit) als *»Geschenk der Götter, das Künstler zu ihren Werken befähigt«*. Rilke lehnte eine Psychoanalyse ab, an weil sie zwar helfen würde, mit sich im Reinen und geordnet zu sein, dies aber wäre für seine Kreativität schlimmer als die *»vollkommene Unordnung«*, in der er lebe, die Vertreibung der Dämonen gehe einher mit der Vertreibung der Engel. *»Denn das Schöne ist nichts als des Schrecklichen Anfang, den wir noch gerade ertragen.«* (1. Duineser Elegie). Im Katalog zur Ausstellung *»Melancholie. Genie und Wahnsinn in der Kunst* (Paris und Berlin, 2005/06) sind viele weitere Beispiele zu finden.

Dass künstlerisch veranlagte Menschen diese Grenze gerne überschreiten, ist fast ein Gemeinplatz; man denke an Nietzsche, Hölderlin, Maupassant, Schumann, van Gogh.[3] Und dafür kann »Muschelklang« als Gleichnis dienen – während der Schmied ein Beispiel ist für eine gelungene Integration der eigenen kreativen Potenziale.

Ist diese Betrachtungsweise zulässig? Sicher, und gleich aus zwei Gründen. Zum Ersten: Die Begegnung mit *Faërie* – Anderswelt, Elbland, vergessene Lande –, die uns Menschen verändert – und sei es nur durch die Entscheidungen, die wir in diesem Zusammenhang treffen –, kann ich interpretieren als Begegnung mit dem Transzendenten im religiösen oder spirituellen Sinne, aber auch im Sinne von Kreativität; die eigenen schöpferischen Kräfte haben immer auch etwas Transzendentes. Im Sinne Tolkiens wäre dies wohl allemal, war doch für ihn die Kraft des Menschen zur Zweitschöpfung eine von Gott verliehene. Und auch diejenigen unter uns, die nicht an übernatürliche Kräfte oder Gottheiten glauben, begegnen in ihrer eigenen Schöpfungskraft dem Transzendenten.[4] In diesem Sinne ist *Faërie* allen Kunstschaffenden in unserer Primärwelt stets gegenwärtig, und Tolkiens Geschichten mögen zum Umgang mit ihr Hinweise geben. In der Übertragung und Anwendbarkeit auf mein Leben als Autor und Musiker finde ich in ihnen gleich zwei jener »Lektürewohltaten«, die Tolkien von einer *fairy-story* erwartet: Erholung/Wiederherstellung und Trost (*Recovery* und *Consolation*, *Über Märchen* 111 – 127).

Zum Zweiten: Dass Tolkien mit seinen Geschichten über *Faërie auch* über Kunst schrieb *und dies wusste*, ergibt sich aus seinen Briefen:

> *Natürlich heißt das in Wirklichkeit bloß, daß meine »Elben« nur eine Deutung oder Darstellung eines Teils der menschlichen Natur sind …*
>
> (*Briefe* Nr. 131, S. 198)

Dies ist der künstlerische, geistigere Teil unserer Natur:

---

3 Die WHO gibt an, dass jeder Vierte oder gar Dritte irgendwann in seinem Leben unter einer seelischen Störung leide. Eine Garantie für schöpferische Kreativität ist eine solche aber nicht; die Mehrheit psychisch Kranker ist nicht berühmt geworden.

4 Die wohl häufigste Frage an Kunstschaffende ist: »Woher haben Sie nur Ihre Ideen?« Und die häufigste (ehrliche) Antwort lautet: »Ich weiß es nicht!« – Bis in die Neuzeit wurde die schöpferische Kraft der Menschen als gottgegeben betrachtet: Sie wurden von Musen geküsst oder von geheimnisvollen Mächten getrieben. Goethe und Thomas Mann schrieben dem Teufel einen kreativen Anstoß zu (*Faust I*: Prolog im Himmel; *Doktor Faustus*: Kapitel XXV). Ab 1890 beschäftigte sich Francis Galton mit der »schöpferischen Begabung« als Konstrukt und versuchte, diesen Begriff zu fassen. Heute wird Kreativität (lat. *creare*: erschaffen) unterschiedlich definiert, meist als Fähigkeit, Neues zu erfinden, Bekanntes in einen neuen Zusammenhang zu stellen und von hergebrachten Denk- und Verhaltensschemata abzuweichen, und in Zusammenhang gebracht mit Originalität, Flexibilität, Sensitivität und Nonkonformismus.

Ihre »Magie« ist Kunst, aber von vielen menschlichen Beschränktheiten entbunden: müheloser, schneller, vollständiger ... Und ihr Zweck ist Kunst und nicht Macht, Zweitschöpfung und nicht Bezwingen und tyrannisches Re-Formieren der Schöpfung.« (*Briefe* Nr. 130, S. 194)

Nicht alle von uns, die wir *Faërie* begegnen, tun dies freiwillig – es gibt Menschen, die werden von ihrer Schöpfungskraft ge-/bezwungen, ja tyrannisiert. Die meisten aber springen, wie in »Muschelklang«, gerne und freiwillig auf das Schiff, wenn sie es denn am Strand entdecken, lassen sich davontragen in unbekannte Gefilde. Oder sie wandern gerne mit dem Elbenstern ins Elbland. Und dann müssen sie entscheiden, wie sie umgehen mit diesen fremden Einflüssen, wie sie sich verhalten in diesem fremden Land. Manche versuchen sich zum »Herrscher« aufzuschwingen und bekommen keine Antwort: *»Warum bleibt ihr alle vor mir, eurem König, stumm?«* (*Abenteuer des Tom Bombadil* 80). Sie müssen feststellen, dass ihre Schöpfungskraft sich ihnen verweigert, sie am Ende gebrochen davonschleichen und sogar in ihrer Heimat nicht mehr heimisch werden.

Für die Primärwelt gesprochen: Nicht alle können sich mit ihrer Kreativität arrangieren, manche kämpfen mit ihrer künstlerischen Ader und einige zerbrechen daran – oder verfallen gar dem Wahnsinn.

Man kann sich der Erkenntnis natürlich auch verweigern, die eigene Begabung verleugnen, so wie Nokes die Existenz des Transzendenten leugnet. Das ist sicherer, ungefährlicher, aber auch trocken und langweilig.

Mit dem Schmied weist Tolkien uns den richtigen Weg, den einer sich befruchtenden Ko-Existenz zwischen »normalem« Mensch-Sein und künstlerischem Da-Sein. Auch die Reisen in das fremd-eigene Ich mit dem Elbenstern entfremden von Familie und Gesellschaft – dafür gibt es genügend Beispiele in der Primärwelt –, dafür aber werden Arbeit und Kunst im »richtigen« Leben bereichert und befruchtet. Wem es gelingt, wie der Schmied die nötige Ehrfurcht vor der Kunst und der eigenen Schöpfungskraft zu bewahren, sich wenn nötig klar zu entscheiden und rechtzeitig den Stern weiterzugeben, der kann nach Tolkiens Erzählung auch und gerade als künstlerisch begabter und tätiger Mensch glücklich werden; er findet Erholung/Wiederherstellung (*Recovery*).

Am Ende ist dem Schmied der Weg nach Elbland verwehrt. Tolkien schrieb die Geschichte 1967, es war seine letzte. Anna Slack und Heidi Steimel wiesen in ihren Vorträgen auf die autobiografischen Züge der kleinen Werke bei Tolkien hin; Steimel betonte, dass Tolkien den »Schmied« am Ende seines kreativen Lebens geschrieben habe. Sie findet den Schluss der Geschichte schmerzvoll und traurig; es sei starkes

Bedauern für den Schmied zu spüren, wenn auch abgemildert durch die Hoffnung, die Schöpfungskraft an die nächste Generation weiterzugeben.

Ich lese die Geschichte anders: als (stark autobiografisch geprägte) Darstellung eines Mannes, bei dem die Fackel der Kreativität zwar verloschen ist, der aber weiß, was er geleistet hat und damit zufrieden ist – und weiß, dass er auch in Zukunft immer noch schön singen wird! Nicht alle können bis in den Tod kreativ und künstlerisch tätig sein wie etwa George Tabori, der seinen Elbenstern erst am Todestag abgab.

Tolkien zeigt uns, dass es auch ein Leben nach den Besuchen in *Faërie*, in Elbland, gibt, auch ohne den Elbenstern. Das ist der Trost in der Geschichte (*Consolation*). Ich möchte gerne glauben, dass Tolkien auch auf sich bezog, was der Schmied am Ende denkt: »So ist alles gut.« (*Geschichten aus dem gefährlichen Königreich, Schmied*, 296)

Gewalt und Gewaltdarstellung bei Tolkien im Vergleich mit zeitgenössischen Gewalt- und Aggressionstheorien

erstmals erschienen in: Hither Shore Band 6: »Gewalt, Konflikt und Krieg bei Tolkien«

Das Jahrbuch 2009 der Deutschen Tolkien Gesellschaft e. V., hrsg. von Thomas Fornet-Ponse et. al., Scriptorium Oxoniae, Düsseldorf 2010, S. 58 – 69

Einleitung

Immer wieder wird diskutiert, ob und wie weit Tolkien in seiner Darstellung von Krieg und Gewalt durch seine persönlichen Erfahrungen, etwa im Krieg, beeinflusst wurde oder durch politische und soziale Ereignisse während jener Zeit, in der er *Der Herr der Ringe* schrieb: In Deutschland gab es eine nationalsozialistische Schreckensherrschaft, während einiger Jahre herrschte Krieg. Für mich als Biologen und Anthropologen stellte sich jedoch schon beim ersten Lesen 1976 die Frage, welches Menschenbild (wenn ich den Begriff Mensch hier einmal ganz weit fasse) Tolkien in seiner Beschreibung von Mittelerde als Grundlage diente. Die Lektüre des *Simarillion* drei Jahre später bot mir nicht nur die Möglichkeit, dieser Frage vertieft nachzugehen, sondern auch ein besonderes Erlebnis: Genau zu diesem Zeitpunkt hielt ich nämlich ein Referat in einem Anthropologieseminar zum Thema »Die Aggressivität des Menschen – Trieb oder reaktives Verhalten?« und reflektierte natürlich auch in diesem Zusammenhang das, was ich über Mittelerde las. Es war mir eine besondere Freude, fast auf den Tag genau 30 Jahre später in Hannover auf dem Tolkien-Seminar[1] einen Vortrag halten zu dürfen, in dem ich das Thema von damals aufgreifen und einer breiteren Öffentlichkeit darlegen konnte.

Warum sollte es interessant sein, ob Tolkien die zu seiner Zeit verbreiteten Theorien zu Aggression und Aggressivität kannte, was er davon hielt? Weil die Entscheidung für eine der beiden Hauptrichtungen, die es in dieser Diskussion gibt, mit entscheidend ist für das Welt- und Menschenbild und Grundlage für die Handlungsmuster der beschriebenen Personen.

Auch heute machen sich viele Menschen nicht ausdrücklich Gedanken darüber, welche Vorstellung von der Aggressivität der Menschen sie haben. Ihre Entscheidungen im

1 Sechstes wissenschaftliches Seminar der Deutschen Tolkien-Gesellschaft, 24. – 26. April 2009, Universität Hannover: *Gewalt, Konflikt und Krieg bei Tolkien*

Umgang mit anderen, bei der Wahl von Sanktionen oder auch von Politikrichtungen wird jedoch von dieser Vorstellung geprägt, sei sie dem oder der Einzelnen nun bewusst oder nicht.

Interessant ist in diesem Zusammenhang, dass die beiden Hauptvorstellungen über die Aggression des Menschen schon zur Zeit von Tolkiens Jugend bekannt waren und diskutiert wurden; während seiner aktiven Schaffensphase waren sie fast schon so ausgearbeitet wie heute und dürften gebildeten Menschen zumindest in den Grundzügen bekannt gewesen sein.

Ich werde im ersten Teil dieses Artikels die Begrifflichkeiten definieren und erläutern, im zweiten Abschnitt kurz die wichtigsten Theorien und Modelle vorstellen und im dritten Teil zeigen, dass Tolkiens Werk eindeutig eine bestimmte der beiden Hauptrichtungen widerspiegelt.

Aggression und Aggressivität

Aggressivität und Aggression sind gar nicht so leicht zu definieren, da schon in der Definition oft ein Erklärungsansatz verborgen liegt. Nicht einmal der Unterschied ist immer ganz klar. Schauen wir uns zunächst die »quasi-offizielle« Definitionen des Duden an:

> *Ag|gres|si|vi|tät, die; -, -en:*
> *1. <o. Pl.> a) (Psych.) mehr od. weniger unbewusste, sich nicht immer offen zeigende* ***aggressive Haltung eines Menschen:*** *seine A. beim Sport ausleben;*
> ***b) offen aggressive Haltung, aggressives Verhalten; Angriffslust.***
> ***2. einzelne aggressive Handlung***
>
> *Ag|gres|si|on, die; -, -en [lat. aggressio = Angriff, zu: aggressum, 2. Part. von: aggredi = angreifen]:*
> *1. (Völkerr.) rechtswidriger militärischer Angriff auf ein fremdes Staatsgebiet; feindliche, militärische -en gegen Nachbarstaaten.*
> *2. (Psych.) a)* ***durch Affekte ausgelöstes, auf Angriff ausgerichtetes Verhalten des Menschen, das auf einen Machtzuwachs des Angreifers bzw. eine Machtverminderung des Angegriffenen zielt;***
> ***b) feindselige, ablehnende Einstellung, Haltung:*** *jmd. ist voller -en ...*[2]

Das ist nicht sonderlich klar!

2 DUDEN Universalwörterbuch, CD-Rom, Mannheim: Duden-Verlag 2003. Hervorhebungen durch den Autor

Verbreitet ist heute folgende Definition:
Aggression ist

> *»jegliche Verhaltensform, die das Ziel hat, andere Lebewesen zu schädigen oder zu verletzen, welche motiviert sind, dem zu entgehen, oder Dinge zu beschädigen, bzw. zu zerstören, insoweit dies nicht ihre gesellschaftlich zugewiesene Aufgabe ist«* (Roberts 17)

Ein Mensch, der ein Auto verschrottet, ist damit nicht aggressiv, wenn er dies als gesellschaftliche Aufgabe, etwa als Angestellter in der Schrottpresse, erledigt, sehr wohl aber, wenn er dies im Rahmen einer Demonstration mit irgendeinem Auto am Straßenrand tut.

Schon darüber aber, nämlich inwieweit die gesellschaftliche Relevanz eine Rolle spielen soll, wird gestritten, noch mehr darüber, ob das Motiv einer Handlung gegenüber Menschen oder Tieren eine Rolle spielen soll. Ist Verteidigung, also beispielsweise Notwehr, Aggression? Die Meinungen gehen auseinander. Ist das Töten eines Tieres in jedem Falle eine Aggression? Manche Tierschützer würden zustimmen, Menschen hingegen, die Fleisch essen, werden wohl kaum geneigt sein, das Schlachten als Aggression zu betrachten. Über dieses Thema zu diskutieren ist kaum möglich, ohne moralische und/ oder soziale Aspekte mit einzubeziehen.

Heutzutage wird gerne unterschieden zwischen instrumenteller und emotionaler Aggression (Roberts 17) sowie negativer und positiver Aggression, ein paar Aspekte seien hier, ohne Anspruch auf Vollständigkeit, genannt:

Als negative Ausdrucksformen oder Aspekte von Aggression werden häufig genannt:

- offene Aggression gegenüber Lebewesen (physisch):
  körperliches Bedrohen, Schlagen, Verletzen, Töten ...
- offene Aggression gegenüber Sachen (physisch):
  Beschädigung, Zerstörung, Verunreinigung, Vernachlässigung ...
- offene verbale oder nonverbale Aggression:
  Beleidigen, Spott; Gestik, Mimik, Sprachstil, Umgangsformen ...
- indirekte Aggression:
  Entzug von Zuwendung, scheinbar sachliche Geringschätzung, Kränkung, Schikane, üble Nachrede, Mobbing (kann in direkte Aggression umschlagen) ...
- emotionale Aggression:
  Stress, Ärger, Wut, Groll, Hass, Neid (evtl. auch Autoaggression) ...
- verdeckte Aggression: Phantasien ...
- »motivierte« Aggression: Vergeltung, Rache ...

Heute wird Aggression aber oft auch positiv bewertet, besonders im Geschäftsleben, etwa in folgenden Zusammenhängen oder Ausdrucksformen:

- Wetteifern, spielerische Aggression
- selbstbewusstes Auftreten, Durchsetzungsfähigkeit, »In-Angriff-Nehmen«, »Kampfwillen«, »Killerinstinkt«
- »aggressives Vorgehen« in Werbung, Öffentlichkeitsarbeit/PR, Verkauf ...
- Schutz, Abwehr/Verteidigung, Notwehr/Nothilfe,
  Angriff »zur Verteidigung«/Präventivschlag
- Rangordnungs-»Kämpfe«
- im Tierreich: Wettbewerb um Rang, Ressourcen, Fortpflanzungsmöglichkeiten, Nahrungserwerb, Räuber-Beute-Beziehung; von manchen werden diese Ausdrucksformen auch Menschen zugeordnet, etwa Aggression gegenüber Tieren

In den letzten gut 100 Jahren gab es viele Theorien und Erklärungsversuche zur Aggression. Sie lassen sich alle im Wesentlichen in zwei grundlegende Auffassungen unterteilen:

- Aggressivität/Aggression basiert auf Trieb(en), ist affekt-induziertes Verhalten. In der Regel ist dieser Ansatz verbunden mit der Vorstellung eines inneren Bedürfnisses nach Aggression und führt zu verschiedenen Vorstellungen, wie dessen Ausleben verhindert werden kann.
- Aggressivität/Aggression ist ein reaktives Verhalten, auf innere wie äußere Anlässe und/oder Reize. In diesem Zusammenhang werden häufig Verhaltensmodelle entwickelt und/oder Vorstellungen, wie aggressives Verhalten (auch) durch die Beeinflussung der Umwelt vermieden oder vermindert werden kann.

Es ist hier weder der Platz noch die richtige Gelegenheit, weitergehend auf die verschiedenen Modelle und Theorien einzugehen. Hierzu sei auf die umfangreiche Literatur verwiesen.[3] Ich will aber einen kurzen Überblick geben über die wichtigsten Ansätze, die in einer breiteren Öffentlichkeit diskutiert wurden und wahrscheinlich zumindest in ihren populärwissenschaftlichen Ausprägungen auch Tolkien als gebildetem Mann bekannt gewesen sein dürften.

- Sigmund Freud (1856 – 1939) trat 1905 und später erweitert 1915 mit der These an die Öffentlichkeit, Aggression basiere auf dem Aggressionstrieb. Diesen sah Freud zunächst als Komponente der »Ich-Triebe« an, ab 1920 aber als eigenen (primären) Trieb, als Hauptvertreter des Todes- oder Destruktionstriebes (Zer-

3 insbesondere auf Bärsch, Hacker, Heinemann, Heitmeyer, Michaelis, Nolting und Selg

störungstrieb, »Thanatos«). Diesen stellte er der Libido, der sexuellen Triebkraft, dem Liebestrieb »Eros« als zweiten Hauptantrieb menschlichen Verhaltens und Antagonisten gegenüber.

Als Abwehrmechanismus dient laut Freud vor allem die Sublimierung oder Sublimation (von lat. *sublimare,* erhöhen): die Umwandlung, die Umleitung der Energie auf andere sozial anerkannte oder zumindest tolerierte Formen der Aktivität, auf unschädliche »Ventilsitten« wie Sport. Oder aber Gewaltbereitschaft und Zerstörungslust werden »neutralisiert«, indem sie mit erotischer Triebkraft verbunden werden.

Kulturelle Leistungen führte Freud vor allem auf Sublimierungen des Sexualtriebes zurück, die sich etwa in intellektueller Arbeit oder künstlerischer Betätigung äußerten, die Sublimation der Aggression, etwa von Wut, zeige sich eher in sinnvollen körperlichen Aktivitäten wie Holzhacken oder Putzen oder eben Sport. Es komme so zur Reduzierung des angestauten Druckes, zur Katharsis. Aggression stehe als Energiepotenzial zur Veränderung zur Verfügung.

- Konrad Lorenz (1903 – 1989) veröffentlichte 1937 die Theorie der Doppelten Quantifizierung und das psychohydraulische Instinktmodell. Eine innere spontan ansteigende Handlungsbereitschaft, eine endogene Energie, staut sich immer mehr auf (s. Grafik[4]). Durch einen Schlüsselreiz (häufig ein AAM, ein »angeborener Auslösemechanismus) wird ein »Abfluss« dieser Energie ermöglicht, die »Reizschwelle« überwunden, die Lorenz sich als zu überwindende zentrale Hemmung

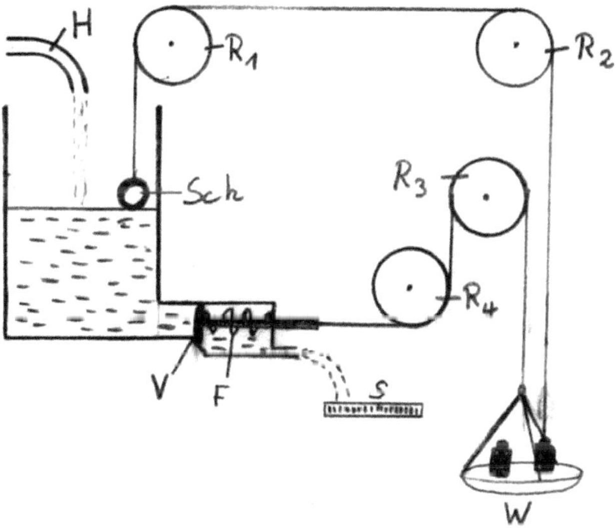

4 Diese Grafik habe ich für den in der Einleitung erwähnten Vortrag von 1979 angefertigt. H = Hahn, aus dem die endogene Energie strömt, V = Ventil, F = Feder, S = Skala zur Messung der Aggressivität, R = Rollen, W = Waagschale mit Gewichten, Sch = Schwimmer.

vorstellte (in der Grafik Ventil und Feder, der Schlüsselreiz wirkt als Gewicht): Es wird aggressives Verhalten ausgelöst, also Energie abgelassen. Wenn sich diese zu sehr anstaut, muss allerdings ebenfalls ein Ablauf erfolgen, da durch den Druck, den diese Energie ausübt, sonst irgendwann »der Kessel platzt«.

Durch Lorenz' 1963 veröffentlichtes populärwissenschaftliches Buch *Das sogenannte Böse* fand die These vom Aggressionstrieb oder gar -instinkt in der nichtwissenschaftlichen Öffentlichkeit breite Aufmerksamkeit. Wie Freud plädierte auch Lorenz für ein »Umleiten« der Aggression hin zu gesellschaftlich akzeptiertem Handeln.

Noch heute wird in Teilen der Verhaltensforschung und biologischen Anthropologie wie auch der Psychoanalyse ein eigenständiger Aggressionstrieb angenommen, nicht selten als wesentlicher primärer Aggressionstrieb. Zu den modernen Vertretern gehör(t)en u. a. der deutsch-amerikanische Psychoanalytiker, Philosoph und Sozialpsychologe Erich Fromm (1900 – 1980)[5], der österreichische Lorenzschüler und Begründer der Humanethologie Irenäus Eibl-Eibesfeldt (geb. 1928) und der amerikanisch-österreichische Psychiater, Psychoanalytiker und Aggressionsforscher Friedrich Hacker (1914 – 1989)[6].

In der modernen Biologie und Anthropologie wird die These vom Aggressionstrieb als endogener, stets sprudelnder Energiequell kaum noch vertreten. Der »Todestrieb« im Sinne von Freud ist aus evolutionsbiologischer und -theoretischer Sicht nicht haltbar, da kein natürlicher Selektionsmechanismus denkbar ist, der ihn hervorbringen könnte.[7]

---

5 Fromm führt Destruktivität (»bösartige Aggression«) zwar auch auf die gesellschaftlichen Umstände zurück, insbesondere den Kapitalismus, vor allem aber auf Charakterstrukturen. Neben Sadismus und Nekrophilie beschreibt er auch die »spontane Destruktivität«.

6 Aus der psychoanalytischen Tradition Freuds kommend, verband Hacker die Thesen von Lorenz zur angeborenen, triebhaften Natur der Aggression (»biologische Programmierung«) mit behavioristischen Thesen: *»Aggression ist eine Grundverhaltensform, die durch Schmerz, Angst, Wut, Provokation, Bedrohung der Stellung in der Rangordnung, Überfüllung und andere innere und äußere Reize ausgelöst, verstärkt oder vermindert und durch Lernerfahrung entscheidend beeinflusst werden kann.«* (Hacker 158) Und er empfiehlt das *»Bewusstwerden der eigenen Aggression«*, denn damit begännen *»jene Prozesse, die (zwar nicht automatisch, aber doch möglicherweise durch genaue und intime Kenntnis der Aggressionswandlungen und Aggressionsverwandlungen) Gewalteskalation unterbrechen«* (Hacker 418).

7 Die Evolution funktioniert über die Vermehrung, nur darüber lässt dich der »Erfolg« eines Individuums bzw. seiner Gene feststellen, nur so können letztere weiter gegeben werden. Dass sich ein Mechanismus, der Individuen dem Tode näherbringt, entwickelt, ist nur denkbar entweder, wenn dadurch die Vermehrungschancen verbessert werden (etwa wenn sich die Kinder von einem Elternteil ernähren) oder wenn es um das Sterben nach der fortpflanzungsfähigen Zeit geht, also im Alter. Beides passt nicht zum »Todestrieb«. (Übrigens gibt es auch keinen »Selbsterhaltungstrieb«, jedenfalls nicht im Sinne eines biologischen Triebes oder Instinktes.)

Dass die Vorstellung vom Aggressionstrieb aus sozialpsychologischer Sicht unzureichend ist, führte schon früh zu alternativen Modellen. John S. Dollard (1900 – 1981) und Neal E. Miller (1909 – 2002) stellten 1939 das Frustrations-Aggressions-Modell vor, nach dem Aggression immer eine Folge von Frustration ist: Auf Frustration kann (nicht muss!) Aggression folgen, auf Wunschversagung kann Verstimmung oder Angriff folgen. Aggressionen sind danach immer Frustrationsfolgen, abhängig vom Grad der Neigung zu Frustrationsreaktionen, vom Grad der Behinderung einer Reaktion, von der Zahl der frustrierenden Reaktionen und von der Zahl gelöschter nicht-aggressiver Reaktionen. Dieses einfache Modell wird heute nur noch selten vertreten[8], war aber zu Tolkiens Zeit bekannt und wurde viel diskutiert und kann als Grundlage aller folgenden Reaktionsmodelle der Aggression dienen.

Andere Modelle betonten in der Folge stärker das Bekräftigungslernen, beispielsweise das frühe S-O-R-Modell[9] von Edward Lee Thorndike[10] (1874 – 1949), einem der »Väter« des Behaviorismus, und das Modell der operanden Konditionierung von Burrhus Frederic Skinner (1904 – 1990): Die Anwendung von aggressiven Verhaltensmustern bringt Erfolg, diese »Erfolgsbelohnung« lässt in Zukunft erneut aggressiv handeln. Das Verhalten wird spontan »emittiert« und anschließend durch seine Konsequenzen geformt (»selection by consequences«). Heute werden auch zahlreiche andere Hypothesen vertreten, die sich keineswegs alle widersprechen, sondern zum großen Teil ergänzen.[11]

Während das Triebmodell außerhalb der Psychoanalyse nur noch wenig Anerkennung findet, gilt die Reaktionshypothese als gut begründet. Die Kontroverse allerdings, ob Aggression eher als Frustrations- und/oder Angstfolge zu begreifen oder doch eher lerntheoretisch zu erklären ist, gilt als noch nicht entschieden.

---

8 Kritisiert wird u. a, dass in diesem Modell die Zuschreibung von Kausalität eine Rolle spiele: Frustration führe nur dann, und selbst dann nicht immer, zu Aggression, wenn ihr Ursprung einer anderen Person oder einer Sache zugeschrieben werde(n könne). Diese Kritik allerdings unterschlägt wiederum Auto-Aggressionen oder Übersprungshandlungen.

9 S = (Umgebungs-)Reiz (*stimulus*), R = Reaktion (*reaction*), O = Konsequenz, Verstärker (*outcome*)

10 In seiner Lerntheorie stellte er 1898 u. a. das Gesetz der (Aus-)Wirkung vor (*law of effect*) über Lernen als Prozess aus Versuch und Irrtum und Lerneffekte durch Bildung von Assoziationen zwischen Reizen/Stimuli und befriedigenden Konsequenzen (Belohnung). Mit John B. Watson einer der Begründer des Behaviorismus und Vorläufer von Frederic Skinner.

11 Für erwähnenswert halte ich insbesondere das Angst-Aggressions-Modell des Tübinger Philosophen und Psychoanalytikers Rolf Denker (1923 – 1999), das kognitiv-neoassoziationistische Modell von Leonard Berkowitz (1962), einem der schärfsten Kritiker der Katharsis-Hypothese, das Lernen am Modell oder Beobachtungslernen (bekanntester Vertreter dieser Theorie ist der kanadische Psychologe Albert Bandura, geb. 1925), die daraus weiterentwickelte Skripttheorie von L. Rowell Huesmann (1988) und die rational-funktionalistisch ausgerichtete sozial-interaktionististische Theorie von Tedeschi und Felson (1994), nach den drei Motiven für Aggression – Kontrolle/Soziale Macht, (Wiederherstellung von) Gerechtigkeit, Soziale Identität/Positive Selbstdarstellung – auch das 3-Motiv-Modell genannt. Siehe zu den letzten drei Modellen die Foliensammlung von Hallfahrth.

Der deutsche Philologe und Psychologe Wolfgang Michaelis (geb. 1939) stellte 1974 ein ausgeklügeltes und nach meiner Auffassung schlüssiges systemtheoretisches Modell der Aggression vor. Danach entscheidet sich der Organismus jeweils für ein ihm angemessen erscheinendes Verhalten zur Erhaltung und/oder (Wieder-)Herstellung seiner Homöostase (oder Homoiostase: hier verstanden als subjektives Wohlbefinden, auch bei Wesen, die kein Bewusstsein haben). Dies kann die Flucht sein oder eben auch Aggression: Handlung(en) auf Kosten und/oder gegen den Widerstand eines anderen Organismus oder im weiteren Sinne auch einer Sache.

So sehr sich in den letzten 60 Jahren auch die Vorstellungen und Modelle im einzelnen verändert haben: Die grundlegenden Richtungen, die beiden wesentlichen Alternativen, nämlich Aggression als trieb- oder reaktionsbegründetes Verhalten zu verstehen, waren zu der Zeit, als Tolkien *Der Herr der Ringe* schrieb, schon ausgebildet und wurden diskutiert. Es bleibt zu untersuchen, ob Tolkiens Werk Hinweise darauf liefert, welcher Vorstellung von Aggression und Aggressivität Tolkien anhing.

Aggressionsvorstellungen bei Tolkien

Es gibt keine klare und eindeutig Aussage von Tolkien zu Aggressionsmodellen oder -theorien. Beim einzigen Mal, wo der Begriff Aggression auftaucht, geht es um Frodo und sein Verhältnis zu den Ringgeistern. Dieses kann man laut Tolkien

> *... mit der Situation eines kleinen tapferen Mannes mit einer fürchterlichen Waffe gegenüber acht grimmigen Kriegern vergleichen, die von großer Stärke und Beweglichkeit und mit vergifteten Klingen bewaffnet sind. Die Schwäche des Mannes war, daß er seine Waffe noch nicht zu gebrauchen wußte* ***und von Temperament und Erziehung her der Gewalt abgeneigt war.***«
>
> (Brief Nr. 246 vom September 1963, *Briefe* 433, Hervorhebung FS)

Dies zeigt, dass Tolkien zumindest in diesem Fall davon ausging, dass Aggressivität sowohl durch Veranlagung wie durch Erziehung gesteuert wird, dies entspricht einem eher reaktiven Modell.

Ein einziges Mal beschreibt Tolkien in seinem veröffentlichten Werk ein Wesen als »angriffslustig« (»aggressive«), dieses Wesen aber ist erstens eine Sache, nämlich das Schwert Caudimordax (Tailbiter/Schwanzbeißer/Schweifschläger), und zweitens so angriffslustig auch nur gegenüber einer bestimmten Species, nämlich Drachen, weshalb sich der Drache Chrysophylax zu Recht fragt:

»Und wie, um alles in der Welt, verhält man sich gegenüber einem tollkühnen Bauern und einem so ruhmreichen und angriffslustigen Schwert?«
(*Geschichten aus dem gefährlichen Königreich, Bauer Giles*, 44)

Anderen Wesen gegenüber ist das Schwert harmlos, also haben wir selbst hier eine Reaktion und kein triebhaftes Verhalten.

Doch schauen wir uns das Hauptwerk an. Wenn wir es wirklich mit einem Aggressionstrieb zu tun hätten, wie von Freud oder Lorenz angenommen, müssten die Personen entweder andauernd aggressiv sein oder aber sublimieren. Wie oben erwähnt, ist Frodo beispielsweise *»von Temperament und Erziehung her der Gewalt abgeneigt«* (*Briefe* 433). sowohl er wie Sam kämpfen nur, wenn es um das nackte Überleben geht und/oder als (auch emotionale) Reaktion, wie in Moria:

> *Plötzlich und zu seiner eigenen Überraschung fühlte Frodo einen heißen Zorn in seinem Herzen aufflammen. »Das Auenland!« rief er, sprang neben Boromir, bückte sich und hieb mit Stich auf den abscheulichen Fuß.*
> (*Der Herr der Ringe 364*)

Auch Sam kämpft gegen Gollum und dann gegen Kankra in deren Höhle (*Der Herr der Ringe* 799 ff), weil er muss. Erst später *»sah er rot vor Wut«* (*Der Herr der Ringe* 800). Und die Wut ist es, die es ihm ermöglicht, Kankra zu besiegen:

> *Dann griff er an. Kein wütenderer Ansturm war je in der wilden Welt der Tiere gesehen worden, wo selbst ein verzweifeltes kleines Geschöpf, mit winzigen Zähnen bewaffnet, einen Turm aus Horn und Fell anspringen wird, der über seinem gefallenen Gefährten aufragt.* (*Der Herr der Ringe* 801)

Das ist die literarische Umsetzung verschiedener Reaktionsmodelle, hier findet sich nahezu Michaelis' systemtheoretischer Ansatz pur.

Ein Paradebeispiel für einen Kämpfer aus Reaktion und nicht aus Trieb ist Faramir: ein tapferer Krieger, der aber nur kämpft, wenn und weil er muss, nicht aus Freude am Kampf oder zur Triebbefriedigung, und auch nicht gerne tötet: *»Aber ich erschlage Mensch oder Tier nicht ohne Not, und auch nicht gern, wenn es nötig ist.«* (*Der Herr der Ringe* 732) Später erläutert er Sam und Frodo:

> *Krieg muss sein, solange wir unser Leben verteidigen gegen einen Zerstörer, der sonst uns alle verschlingen würde; aber das blanke Schwert liebe ich nicht um*

seiner Schärfe willen, den Pfeil nicht um seiner Schnelligkeit willen, den Krieger nicht um seines Ruhmes willen. Ich liebe nur das, was sie verteidigen.
(*Der Herr der Ringe* 740)

Selbst den Gegnern wird der blinde Aggressionstrieb abgesprochen, im Buch drückt Sam dies so aus:

> *Er fragte sich, wie der Mann wohl hieß und wo er herkam und ob er wirklich ein böses Herz gehabt hatte, oder welche Lügen oder Drohungen ihn zu dem langen Marsch von seiner Heimat veranlasst hatten; und ob er nicht in Wirklichkeit lieber in Frieden dort geblieben wäre.* (*Der Herr der Ringe* 728)

In der Verfilmung hat Peter Jackson diesen klugen Satz leider gestrichen. Er taucht nur in der *Extended Version* auf und wird dort Faramir in den Mund gelegt.

Schließlich haben viele der Angreifer, auch wenn sie von Sauron missbraucht werden, durchaus nachvollziehbare eigene Gründe für ihren Angriff auf Rohan und Gondor, wurden sie doch teilweise wie etwa die Dunländer von den Rohirrim früher von ihrem Land verdrängt!

Es gäbe noch viele Stellen, die man zitieren könnte, um zu belegen: Gewalt stellt in *Der Herr der Ringe* keine oder nur eine unbefriedigende oder unzureichende Lösung dar! Auch das spricht sehr für ein Reaktions-Verständnis von Aggression bei Tolkien, denn nur dann lässt sie sich vermeiden![12]

In *Der Hobbit* sieht es ähnlich aus. Die Hobbits agieren nur »aggressiv«, wenn es nötig ist. Sogar der »Bösewicht« des Buches, der Drache Smaug, verzichtet auf unnötige Gewalt. Er lässt die Seestadt in der Regel in Ruhe und frönt nicht irgendwelchen Aggressions- oder Zerstörungstrieben. Er ist es zufrieden, solange er in Ruhe auf seinem Schatz liegen und ab und zu jagen kann. Erst als er sich angegriffen wähnt und bestohlen, wird er aggressiv und greift die Seestadt an.

Die »Monster« in *Bauer Giles von Ham* sind nicht aggressiv aus purer Angriffslust oder ohne Grund. Der Riese kommt in die Heimat des Bauern, weil er sich bei einem »Spaziergang« verirrt (*Geschichten aus dem gefährlichen Königreich, Bauer Giles*, 14), und der Drache Chrysophylax, weil er auf fette Beute hofft in einem Land ohne Gefahren, wie es der Riese ankündigt: »... *massig zu futtern* ...« – und das ohne gefährliche Menschen oder gar Ritter (*Bauer Giles* 25). Chrysophylax

12 Dies wird durch die Ergebnisse einer Untersuchung von Frank Weinreich: »Violence in The Lord of the Rings«. Thomas Fornet-Ponse et. al. (Hg.): *Gewalt, Konflikt und Krieg bei Tolkien*, Hither Shore IV, Düsseldorf: Scriptorium Oxoniae, 2010, S. 10–26

scheut wenn möglich den Kampf, er kämpft nur als Reaktion, zur Verteidigung seines Revieres oder seines Schatzes:

> *Ohne Warnung oder Förmlichkeit stürzte er zum Kampf hervor. Er überfiel sie mit Getöse und Gebrüll. Weitab von seinem Heim hatte er sich nicht allzu kühn gezeigt, trotz uralter kaiserlicher Abstammung. Doch jetzt packte ihn ein heiliger Zorn; denn er kämpfte nun gleichsam vor seiner eigenen Haustür, und sein ganzer Schatz war zu verteidigen. Hinter einem Bergrücken schoss er wie eine Tonne voller Donnerkeile hervor mit dem Sturmestoben und Wolkenbö voll roter Blitze.* (*Bauer Giles* 58)

Und nachdem er besiegt und gefangen wurde, wird er zahm:

> *Chrysophylax blieb lange in Ham, sehr zum Vorteil von Giles; denn der Mann, der einen zahmen Drachen besitzt, ist natürlich geachtet.* [...] *So geschah es nach einigen Jahren, als Giles sich nach allen Seiten gesichert fühlte, dass er den armen Wurm nach Hause ziehen ließ. Sie schieden unter vielen Beteuerungen gegenseitiger Wertschätzung und nach Abschluss eines beiderseits bindenden Nichtangriffspakts. Im Grunde seines schlechten Herzens fühlte der Drache für Giles eine so freundliche Zuneigung, wie sie ein Drache überhaupt für jemanden fühlen kann.* (*Bauer Giles* 72 + 75)

Wir haben es hier klar mit reaktivem Verhalten zu tun, nicht triebgesteuertem, wie auch beim Zauberer Artaxerxes, der den Hund Rover in einen Spielzeughund verwandelt, nachdem er von ihm angegriffen und verletzt wurde (*Roverandom* 11 f.) oder bei den Koboldkriegen in *Die Briefe vom Weihnachtsmann* (1933).

Schlussbemerkung

Wohin wir in Tolkiens Werk auch schauen: Stets finden wir eine moderne Auffassung von Aggression und Aggressivität als Reaktion auf persönliche und/oder gesellschaftliche, familiäre oder soziale Situationen oder Bedrohungen, und nur selten Wesen, die »einfach so« aggressiv sind.

In *Der Herr der Ringe* und allgemein in Tolkiens Werk haben wir »... *ein geradezu modernes und sehr humanes Verständnis von Ethik* ...« (Weinreich, *Ethos in Arda* 9) und eben auch ein modernes Verständnis von Aggression und Aggressivität.

Holzschnitt »Gottfried und Richilde auf dem Altan« (1842)

von Ludwig Richter (1803 – 1884)

Stimmen die Stimmen?
Dokumentation eines Scheiterns

erstmals erschienen in: »Music in Middle-earth«
Steimel, Heidi; Schneidewind, Friedhelm (eds), Cormarë Series No. 20, Walking Tree Publishers, Zollikofen/Schweiz und Jena, 2010, S. 303–308
und in »Musik in Mittelerde«
Verlag der Villa Fledermaus, Saarbrücken 2011, S. 233–237

Dieser kleine Beitrag sollte ursprünglich ein ausgewachsenes Kapitel dieses Buches werden. Doch leider war ich nicht in der Lage, genügend Material zusammenzutragen, das ein solches gerechtfertigt hätte.

Ich hatte mir ein ehrgeiziges Ziel gesteckt: Ich wollte herausfinden, ob es aufgrund der Beschreibung der verschiedenen Humanoiden in Tolkiens Werk möglich sein könnte, auf ihre Stimmlagen Rückschlüsse zu ziehen. Ich wollte eine Art Katalog erstellen, dem zu entnehmen sein sollte, ob etwa Bilbo im Tenor, Galadriel im Sopran und Durin oder Thorin in tiefen Bass singen müssten.

Sicher haben sich die meisten Menschen, die Gedichte von Tolkien vertont haben, darüber ihre Gedanken gemacht. Das gilt für die offiziellen und legal veröffentlichten Vertonungen[1] wie auch für diejenigen, die im stillen Kämmerlein entstanden sind und nur im engsten Kreis zu Gehör gebracht werden können.[2]

Zunächst stellte ich fest, dass es keine einheitliche Auffassung zu geben scheint darüber, welche Stimmlage welchen Wesen zuzuordnen sei. Das Spektrum etwa bei Hobbits reicht vom tiefen Bass bis zum Knabensopran. Die Elben werden zwar häufig mit Tenören oder gar Contratenören besetzt, gerne auch mit Frauenstimmen, es gibt aber auch Stücke für tiefe Männerstimmen. Die Zwerge werden häufig tief besetzt, aber auch Tenöre sind zu hören. Gerade diese Bandbreite brachte mich, neben den Überlegungen für meine eigenen Vertonungen, auf die Idee, ob es hier nicht möglich sein könne, auf-

1 Ich beziehe mich hier insbesondere auf die Verfilmung von Peter Jackson, die beiden Hörspiele zu *The Lord of the Rings* von BBC (1981) und SWR/WDR (Deutschland 1991/92), das deutsche Hörspiel »Der Hobbit« (WDR 1980) und auf die bekannten Vertonungen durch Donald Swann (1965 ff), das Tolkien-Ensemble (1997-2006) und die Gruppe »The Starlit Jewel« um Marion Zimmer Bradley (1996).

2 Es ist erlaubt, Texte und Gedichte von Tolkien zu vertonen. Es ist jedoch nicht erlaubt, diese ohne Genehmigung der Rechteinhaber zu veröffentlichen, das schließt die öffentliche Aufführung ein. Ich kenne zahlreiche Musiker und Gruppen, die Tolkiens Gedichte vertont haben, ohne diese öffentlich darbieten zu dürfen. Es wäre spannend und vielleicht die Aufgabe für ein neues Projekt, einen Austausch über sowohl die musikalischen Formen wie auch die Wahl der Stimmlagen herbeizuführen. Zu ersterem mag der Beitrag von Fabian Geyer in diesem Buch einen Anstoß geben.

grund der Biologie[3] der verschiedenen Sänger und Sängerinnen Schlussfolgerungen zu ihrer Stimmlage zu ziehen.

Als Arbeitshypothese ging ich davon aus, dass es möglich sein könne, denen ja doch durch unterschiedliche körperliche Attribute, nicht zuletzt Größe und Gewicht, klassifizierbaren Gruppen[4] in Mittelerde zumindest einen Stimmbereich zuzuordnen, beispielsweise den Zwergen eine tiefe Stimmlage.

Ich scheiterte jedoch an gleich zwei Punkten. Zunächst ist es nämlich gar nicht einfach, aufgrund der körperlichen Konstitution eines Menschen auf dessen Stimmlage zu schließen. Diese wird bestimmt durch zu viele Parameter. Das sind zum einen rein körperliche Attribute. Zumindest für die Menschen von Mittelerde inklusive der Hobbits5 (dies sind Menschen, vgl. Kapitel 2) ist anzunehmen, dass sie uns im Wesentlichen gleichen, da Mittelerde unsere Welt ist (s. Kapitel 1). Für Eltern und Zwerge ist es plausibel, muss aber keineswegs in allen Details so sein.

Die menschliche Stimme wird durch das Zusammenwirken der beiden Stimmbänder im Kehlkopf, dem oberen Abschluss der Luftröhre, mit dem Ansatzrohr erzeugt, dem so genannten Vokaltrakt, der aus den lufthaltigen Räumen oberhalb der Stimmlippen besteht: Rachen, Mund- und Nasenraum. Die Tonhöhe des Grundtons einer Stimme liegt in unserer westlichen Kultur im Schnitt bei Männern bei etwa 125 Hz, für Frauen bei etwa 250 Hz, bei Kindern vor dem Stimmbruch bei etwa 440 Hz. Dies ist bedingt durch die unterschiedliche Größe des Kehlkopfes und die davon abhängige verschiedene Länge der Stimmlippen. Diese werden während des Stimmbruchs dicker und länger, die mittlere Sprechstimmlage sinkt bei Jungen um etwa eine Oktave, bei Mädchen um rund eine Terz.

Der Stimmumfang liegt dann im Schnitt bei etwa zwei Oktaven und kann bis zu drei Oktaven reichen[6], doch ist bei den meisten Menschen nicht der ganze Bereich für das Singen nutzbar. Der Bereich, in dem ein Mensch Töne klangschön in der notwendigen

---

3 Zur Biologie der verschiedenen Gruppen vgl. das zweite und vierte Kapitel dieses Buches

4 Zur Bezeichnung der verschiedenen Gruppierungen als Rassen oder Spezies sowie ihren Verwandtschaftsgraden, biologischen Gemeinsamkeiten und Unterschieden vgl. Kapitel 2, den Vorwurf des Rassismus gegenüber Tolkien und seinem Werk widerlege ich in Kapitel 3 und in Schneidewind, *Biologie, Abstammung …*

5 Dies sind Menschen, siehe Kapitel 2, und zwar praktisch uns gleich, denn »Mittelerde ist unsere Welt«, vhl. Kapitel 1.

6 Der gesamte Stimmumfang ab dem tiefsten, gerade noch erreichbaren Ton (»phonisch Null«, Fischer 114) umfasst bei Berufssängern und -sängerinnen in der Regel 2 ½ bis über 3 Oktaven (Fischer. 73). Der Bereich der üblichen menschlichen Gesangsstimmen geht von C (profunder Bass, russische Sänger sollen noch eine Oktave tiefer kommen) bis zum c‴ (c^3, Sopran). Typische Bereiche (je nach Stimmfach schwankt dies nach unten oder oben): Bass C–d^1/E–f^1, Bariton G–fis^1/B– a^1), Tenor A–b^1/c–d^2, Countertenor/Kontratenor/Alto e–e^2/g–g^2, Alt f–a^2/g–b^2), Mezzosopran g–b^2, Sopran c^1–c^3

Lautstärke erzeugen kann, ohne physiologische Schäden zu erleiden, wird Tessitur[7] genannt und reicht meistens von einer Quinte über dem tiefsten physiologisch möglichen Ton bis etwa eine Quinte unter dem höchsten möglichen Ton. Es gibt aber auch kulturell oder technisch bedingte Abweichungen sowie Stimmen, die speziell auf Höhe oder Tiefe getrimmt sind, wie das Pfeifregister oder besonders tiefe (profunde) Bässe.[8]

Vor allem aber können sowohl kulturelle wie persönliche Eigenheiten die Stimmhöhe auf Dauer oder temporär verändern. Polnische und deutsche Männer sprechen im Schnitt höher als Amerikaner.[9] Die Stimme von Amerikanerinnen ist im Schnitt tiefer als die von Japanerinnen, die der Schwedinnen tiefer als die der Amerikanerinnen und noch tiefer sprechen die Niederländerinnen. Sie erreichen fast die Stimmlage der Männer, während japanische Frauen eine sehr hohe Stimmlage annehmen, um sich akustisch von Männern zu unterscheiden. Bei besonders höflicher Kommunikation erreichen Japanerinnen bis zu 450 Hz, bei Engländerinnen wurden nie über 320 Hz gemessen. Umgekehrt sprechen britische Männer manchmal fast so hoch wie britische Frauen, während Japaner in der Regel tiefer sprechen als britische Männer und niemals die Stimmlage der Frauen erreichen.

Im Laufe der Zeit wandelt sich häufig das Stimmempfinden und der Geschmack einer Gesellschaft. In den 1940er-Jahren sprachen Schauspielerinnen oft mit tiefer Stimme; Laureen Bacall musste monatelang eine tiefe Klangfarbe einüben, Barbara Stanwyck, Katherine Hepburn und viele andere durften forsch, schlagfertig und intelligent klingen, dazu gehörte eine tiefe Stimme.[10] In den 1950er-Jahren wurden die Frauenstimmen im Kino wieder höher. Insgesamt aber haben sich die Frauenstimmen in den letzten 50 Jahren gesenkt, in Europa im Schnitt um 23 Hz von 1945 bis 1993.

Auch die persönliche Stimmlage kann sich je nach Befinden ändern: Je entspannter die Stimmlippen sind, desto langsamer schwingen sie und der Grundton wird tiefer. Bei Anspannung schwingen die Stimmbänder schneller und der Ton wird höher. Dies zeigt sich u. a. daran, dass Menschen, wenn sie erregt sind, in aller Regel bis zu einer Oktave höher sprechen; man kann bei den meisten Menschen deutlich eine Informationsstimme

---

7 von ital.: *Tessitura*, Knüpfen, Weben, Flechten

8 Pfeif- oder Flageolettregister: das höchste Register der menschlichen Stimme, normalerweise eingesetzt für Töne ab e''' (e[3]), meistens von Frauen. Mit dem höchsten jemals von einem Mann gesungenen Ton steht Adam Lopez im Guinness-Buch der Rekorde, mit einem Cis''''' (Cis[5], 4435 Hz), das ist ein Halbton über dem höchsten Ton eines Klaviers.

9 Diese und die folgenden Beobachtungen sind ausführlich nachzulesen bei Karpf, die diesem Thema ein eigenes Kapitel widmet. Dort finden sich auch viele Literaturhinweise und Belege.

10 Liv Tyler, Darstellerin der Arwen in Peter Jacksons »Der Herr der Ringe«, erklärt in den Anhängen zur *Extended Version* der DVD, dass sie trainieren musste, mit tiefer Stimme zu sprechen, um eher wie eine nicht alternde Elbin zu klingen. Ihr Vater Steven Tyler habe ihre Stimme nicht erkannt, als er den Film sah, und gedacht, sie sei synchronisiert worden.

von einer Emotionsstimme unterscheiden, manchmal mitten in einem Satz.[11] Es gibt inzwischen Managementkurse für Frauen, in denen diese tieferes Sprechen lernen, da dies nach manchen Untersuchungen als weniger emotional, reifer und vertrauenserweckender gelten soll. Auch »seriöse« Nachrichtensprecherinnen werden oft auf tiefere Stimmen geschult, nicht nur in Europa: Die bekannteste japanische Fernsehsprecherin, Etsuko Komiya, senkte ihre Stimme zwischen 1992 und 1995 von durchschnittlich 223,4 Hz auf 202,6 Hz.

Schließlich gibt es kulturelle Beschränkungen: Weiße traditionelle amerikanische Männer beispielsweise beschränken traditionell ihre Stimme auf ein relativ geringes Spektrum, damit sie nicht zu sehr nach Gefühl klingen oder gar Fragen bezüglich ihrer Männlichkeit und sexuellen Ausrichtung auftauchen. Das erzeugt eine relativ ausdruckslose und emotionsfreie Sprache. In anderen Subkulturen wird der Stimmumfang häufig sehr viel stärker genutzt.[12]

Von einem hängt die Stimme in der Regel nicht ab: von der Gewichtsklasse! Es gibt schlanke und kräftige Sänger und Sängerinnen in allen Stimmlagen. Auch die Größe spielt keine wesentliche Rolle, man betrachte etwa den großartigen 132 cm großen Bassbariton Thomas Quasthoff!

Alle diese Variablen und Besonderheiten lassen es als ausgeschlossen erscheinen, aufgrund der körperlichen Eigenheiten bestimmter Volksgruppen vorherzusagen oder einzuschränken, welcher Stimmlage sie sich befleißigt haben dürften. Aufgrund der großen körperlichen wie kulturellen Variabilität scheint alles möglich, vom Hobbit mit profunden Bass bis zum Zwerg mit hohem Tenor, von der zierlichen Elbin mit kräftiger Altstimme bis zur Tochter des Flusses mit jubelndem Sopran.

Schon deshalb war mein Versuch zum Scheitern verurteilt.

Aber auch die Einschränkungen unseres Wissens über die Biologie der Wesen von Mittelerde machte mein Vorhaben unmöglich. Kann ich bei Menschen jener Zeit, inklusive Dúnedain, Hobbits und Drúedain, noch davon ausgehen, dass wir die gleiche Biologie haben, so wäre dies aufgrund ihrer Entstehungsgeschichte bei Elben und Zwergen eine reine Hypothese.[13] Es schien mir also geboten, den Versuch einer Katalogisie-

11 Bei einer Führung durch Schloss Sanssouci in Potsdam sprach die Schlossführerin tief und gelassen, sah dann plötzlich eine Kollegin und rief mit einer Art hohen jungen Mädchenstimme: »Hallo Susanne«, um dann in der ursprünglichen Stimmlage fortzufahren.

12 Man denke an Techniken wie Ober- und Untertongesang. Im sprachlichen Bereich haben viele Kulturen eine umfangreiche Tonhöhenveränderung in der Sprachmelodie. Manchmal spielt die Tonhöhe oder Wortmelodie sogar eine wesentliche Rolle für die Verständigung, wie im Chinesischen, wo sie die Bedeutung eines Wortes mitbestimmt.

13 vgl. Kapitel 2

rung oder klaren Zuordnung von Stimmlagen zu Gruppen oder Personen in Mittelerde aufzugeben.

Dennoch scheint mir dieser Versuch nicht vergebens. Denn nun kann ich mit Fug und Recht aufgrund meiner Untersuchung feststellen: Wir alle, die wir versuchen, Tolkiens Texte mit Musik zu unterlegen, ihnen eine in unseren Augen angemessene musikalische Form zu verschaffen oder sie musikalisch zu interpretieren, sind bezüglich Stimmlage und Tonumfang frei in unserer Entscheidung.

Holzschnitt »Frühlingsankunft« (1859)

von Ludwig Richter (1803 – 1884)

west-östliche Traditionen:
oben **Drachenschiffe mit Drachenköpfen** (aus dem Wandteppich von Bayeux, um 1070/80)
unten **chinesisches Drachenschiff** (Holzschnitt, 19. Jhdt.)

Farmer Giles of Ham: eine prototypische Drachengeschichte in humorvoller Tradition

erstmals erschienen in: Hither Shore Band 4: »Tolkiens ›kleinere‹ Werke«
Das Jahrbuch 2007 der Deutschen Tolkien Gesellschaft e. V., hrsg. von Thomas Fornet-Ponse et. al., Scriptorium Oxoniae, Düsseldorf 2008, S. 83 – 97 (dort leicht gekürzte Fassung ohne Bilder)
englische Fassung unter dem Titel »Farmer Giles of Ham: the Prototype of a Humorous Dragon Story« in: Margaret Hiley, Frank Weinreich (Eds.): »Tolkien's Shorter Works«, Walking Tree Publishers, Zollikofen 2008, sowie in: Krstović, Jelena O. (Ed.): »Short Story Criticism« (SSC). Vol. 156, Gale, Detroit et. al. 2011

»Lache nie über einen Drachen, solang er noch lebt.«
Bilbo in *Der Hobbit* (J. R. R. Tolkien)

Draco dormiens nunquam titillandus
– Kitzele niemals einen schlafenden Drachen! –
Motto von Hogwarts (Joanne K. Rowling)

1 Einleitung

Drachen haben Tolkien seit seiner Kindheit interessiert[1]. In den zu Lebzeiten veröffentlichten Geschichten um Mittelerde spielen sie zwar eine eher untergeordnete Rolle, aber sind durchaus prominent, und in anderen Werken Tolkiens tauchen sie öfter auf. Wie sehr er sich mit diesen Wesen beschäftigt hat, geht u. a. aus seinen Bildern hervor, so aus dem gut ausgeführten Gemälde »Glórund bricht auf, um Túrin zu suchen«[2] (1927, Hammond/Scull 51) und den eher amüsanten Zeichnungen »Drache und Krieger« (1928) und »Ringborta Heorte Gefysed« (1929, beide Hammond/Scull 52). 1923 veröffentlichte Tolkien eine erste Fassung des Gedichtes »Der Hort« (*Die Abenteuer des Tom Bombadil*, 74 – 77) mit einem ganz »traditionellen« Drachen[3]. Drachen tauchen auch in der Geschichte *Roverandom* auf und in einer der fünf Zeichnungen dazu (Hammond/Scull 81, Farbteil), entstanden wohl um 1927, wie auch jener »Brief vom Weihnachtsmann« (1927), in dem ein Drache eine Rolle spielt.

1 *»Ich verlangte nach den Drachen mit einer tiefen Sehnsucht. [...] ... eine Welt, die auch nur die Vorstellung von Fáfnir enthielt, war reicher und schöner, um den Preis jedweder Gefahr.«* (*Über Märchen* 95)

2 Glórund ist eine von mehreren Vorformen von Glaurung. Auch wenn dessen Geschichte erst sehr viel später, nach Tolkien Tod, im *Silmarillion*, veröffentlicht wurde, war sie doch schon in wesentlichen Zugen um 1919 fertiggestellt (als »Turambar und der Foalóke«, *Die Kinder Hurins* 11).

3 Zu den Inhalten der Geschichten und Eigenschaften der dort beschriebenen Drachen siehe Abschnitt 3: »Drachen bei Tolkien«.

Die tiefsinnig-humorvolle Geschichte *Farmer Giles of Ham*[4] entstand bereits 1936, da sie aber erst 1949 veröffentlicht wurde, ist der erste Drache, mit dem Tolkien bekannt wurde, Smaug aus *Der Hobbit* (1937). Kurz nach dem Erscheinen des Hobbit, am 1. Januar 1938, hielt Tolkien im Naturwissenschaftlichen(!) Museum einen Weihnachtsvortrag für Kinder über Drachen, bei dem er auch einige seiner Zeichnungen zeigte. Auch in seiner wissenschaftlichen Arbeit beschäftigte sich Tolkien hin und wieder mit Drachen, so in seinem Vortrag »Beowulf: The Monsters and The Critics«[5] und dem Essay »On Translating Beowulf«[6].

Der Schwerpunkt dieses Beitrags liegt auf *Farmer Giles of Ham*. Er beginnt aber mit einer kurzen Einführung in die Mythologie und Geschichte der Drachen im westlichen Kulturkreis, da sich Tolkien hauptsächlich auf diese bezieht, und einem Überblick über Drachen in Tolkiens Werk allgemein. Nach einem Überblick über die deutschen Ausgaben des *Farmer* und einer kurzen Inhaltsangabe der Geschichte werden die darin verwendeten Topoi und Motive aus Mythen, Sagen und Märchen beleuchtet sowie Tolkiens Humor in dieser Geschichte und die Tradition, in der er damit steht. Nach einer Betrachtung des Einflusses, den die Geschichte auf moderne Drachenstories hat(te), wird zusammenfassend gezeigt, in wie vielen Aspekten der *Farmer* prototypisch für Drachengeschichten ist und dass er in mehr als einer Hinsicht typisch ist für Tolkiens Erzählweise und Humor.

2 *Die westliche Tradition vor Tolkien*

Bei seinen Drachen hat Tolkien wie in anderen Bereichen auch verschiedene Mythologien und Sagen zusammengeführt. Schon seit Jahrtausenden gelten Drachen als mythische, oft geflügelte Wesen[7], die nicht selten auch mit Schlangen gleichgesetzt

4 Da es für diese Geschichte mehrere deutsche Titel und Ausgaben gibt (siehe Literaturverzeichnis), verwende ich hier i. d. R. den englischen Orignaltitel. Die Seitenzahlen beziehen sich auf die neueste deutsche Ausgabe in den *Geschichten aus dem gefährlichen Königreich*, Stuttgart: Klett-Cotta 2011.

5 gehalten 1936 vor der Britischen Akademie, veröffentlicht 1937 in den »Proceedings of the British Academy 22« (*Gute Drachen sind rar* 141 – 214)

6 »Prefatory Remarks on Prose Translation of Beowulf« zu *Beowulf and the Finnesburg Fragment: A Translation into Modern English Prose*, Neubearbeitung der Beowulf-Übersetzung von John R. Clark Hall (1911 von C. L. Wrenn, 1940« (*Beowulf: Die Ungeheuer …* 109 – 142)

7 Einen Überblick über die mythologischen Wurzeln mit vielen Bildern bietet meine Foliensammlung http://www.villa-fledermaus.de/drachen.pdf. Darin finden sich auch die verbreitetsten Theorien, wieso Drachen eine so wichtige mythologische Rolle spielen und in der einen oder anderen Form in den Mythen und Legenden fast aller Kulturen zu finden sind, und wie es zu diesen Mythen gekommen sein könnte. Auch die östlichen Traditionen (China, Japan …), auf die in diesem Beitrag verzichtet wird, finden dort Erwähnung. Ausführlich und mit erheblich mehr Bildern werden diese wie auch die westliche Mythologie vorgestellt in Schneidewind, *Drachen*, die Beziehung zwischen den Mythen in Schneidewind, *Von Babylon bis Eragon*.

werden. Häufig sind sie sehr mächtig. So war die Urgöttin Tiamat, die von Marduk erschlagen wurde, dem obersten Gott der Assyrer und Babylonier, Gott des Lichtes und des Lebens, eine große Drachin; laut dem Schöpfungsmythos »Enuma Elisch« schuf er aus ihrem Leichnam Himmel und Erde und aus ihrem Blut und Lehm die Menschen. In der hinduistischen Vorstellung ruht Vishnu mit seiner Gattin Lakshmi im »Milchmeer«, getragen von dem tausendköpfigen männlichen Drachen (auch Schlange) Ananta. der Verkörperung aller kosmischen Energien, die übrig geblieben war, nachdem Himmel, Erde und Unterwelt aus dem Urozean entstanden waren. Am Ende der Zeit wird Ananta giftiges Feuer spucken und die Schöpfung vernichten.

Weltumspannend ist die Midgardschlange der nordischen Mythologie Jörmungandr/Jormungand; unter ihrem altnordischen Namen Miðgarðsormr erwähnt Tolkien sie in seinem Beowulf-Vortrag (BUK 154); sie ist wie Hel und der Fenriswolf ein Kind von Loki. Dreimal kämpft Thor gegen sie, bei der Ragnarök werden sie sich gegenseitig töten. Nach der Ragnarök stirbt auch der meist als Drache beschriebene leichenfressende Nidhöggr (Neiddrache), der stets an der Wurzel der Weltenesche Yggdrasil genagt hat.

Der Kampf des Thor mit der Schlange des Midgard
Johann Heinrich Füssli, 1788

Die Schlange im ersten Buch Mose (Gen 3) wird in Judentum und Christentum sehr unterschiedlich interpretiert und keineswegs immer mit dem Satan gleichgesetzt. Die in der Hebräischen Bibel vorkommenden Drachen Leviatan[8] und Behemoth[9] spielten vor allem in mittelalterlichen Vorstellungen eine Rolle und werden in politischen und soziologischen Schriften auch im übertragenen Sinne genutzt.

8 auch *Leviathan*, von hebr. liwyatan (gewundenes Tier): Drache der altorientalischen Mythologie, in Ijob/Hiob 40 und 41 als schreckliches feuerspeiendes gepanzertes Ungeheuer beschrieben, Sinnbild des Chaos und der gottfeindlichen Weltmachte, wird von Gott erschlagen: *»An jenem Tag bestraft der Herr mit seinem harten, großen, starken Schwert den Leviathan, die schnelle Schlange, den Leviathan, die gewundene Schlange. Den Drachen im Meer wird er töten.«* (Jes 27,1; alle Bibelübersetzungen nach der Einheitsübersetzung von 1979).

9 laut Ijob 40,15-24 landbewohnendes pflanzenfressendes Gegenstück zum Leviatan, manchmal als Nilpferd interpretiert; im apokryphen 1. Buch Henoch (äthiopisches Henochbuch) männliches Gegenstück zum weiblichen Leviatan, mit diesem von Gott zur Züchtigung der Menschen gesandt und Herrscher der Wüste (1. Hen 59,7ff.; http://www.gutenberg.org/dirs/etext03/8ench10.txt); laut Talmud kommt es nach der Schlacht von (H)Armagedon zum Kampf Behemoths mit Leviatan, beide werden von Gott erschlagen; im Mittelalter gerne dargestellt als Dämon, Diener des Teufels und »Mundschenk und Kellermeister der Hölle«.

Die Geschichte von Daniel, der einen babylonischen Drachen(götzen) tötet, indem er ihn mit Fladen aus Pech, Fett und Haaren füttert (Dan 14, 23-27), kann als Gleichnis gelesen werden wie auch als Erzählung über einen sehr erfindungsreichen Propheten.

William Blake: The Great Red Dragon and the Woman Clothed in Sun – Der große Rote Drache und die Frau, mit der Sonne bekleidet (1805/10)
Bleistift und Tusche auf Aquarell/ Wasserfarbe und Kreide, 408 x 442 mm
The Brooklyn Museum of Art, New York

Das erste Bild aus dem Zyklus»The Great Red Dragon-Paintings«, spielt eine Rolle in »Roter Drache« (1981) von Thomas Harris und den beiden Verfilmungen von 1986 und 2002; Harris verwendet allerdings den Titel von Bild II und beschreibt Bild I, dieses hier, er lässt es auch in Brooklyn zerstören.[10]

Von großer Bedeutung für die christliche Mythologie und auch Tolkiens Vorstellungen von Drachen ist die *Offenbarung des Johannes*, in der der Drache mit Satan gleichgesetzt wird. Der Kampf des Drachen mit dem Engel weist deutliche Parallelen auf zum Kampf von Earendil mit Ancalagon (*Silmarillion* 278), auch darin, dass auf beiden Seiten ganze Heere kämpfen: »*Er wurde gestürzt, der große Drache, die alte Schlange, der Teufel oder Satan heißt und die ganze Welt verführt, der Drache wurde auf die Erde gestürzt, und mit ihm wurden seine Engel hinabgeworfen.*« (Offb 12,9) [10]

Neben dieser urchristlichen Überlieferung wurden die Drachenvorstellungen des Abendlandes stark geprägt von griechischen Sagen und Mythen. Herakles muss, um die goldenen Äpfel der Hesperiden zu erlangen, einen Drachen bezwingen (je nach Variante tut er dies selbst oder er schickt listigerweise einen anderen), und er erschlägt die siebenköpfige Lernäische Hydra, eine Drachenvariante. Typhoon, Sohn der Gaia und des Tartaros, wird oft als Riese mit hundert Drachen- oder Schlangenköpfen beschrieben; er konnte nicht getötet werden, sondern wurde von Zeus unter dem Ätna begraben, wo er heute noch manchmal Feuer spuckt. Perseus befreite Andromeda vor der Opferung an einen Drachen. Kadmos, Gründer und König von Theben, erschlug einen Drachen und pflanzte dessen Zähne in den Boden; daraus erwuchsen die fünf Stammväter der thebanischen Adelsgeschlechter. Nach seinem Tod wurde der Vater der Europa angeblich in einen Drachen verwandelt.

10 Es gibt wohl wenige biblische Bücher, die so unterschiedlich interpretiert werden (können). In der Kunst hat die Offenbarung des Johannes einen hohen Stellenwert. Zum Kampf des Drachen mit der Frau (Offb 12) hat William Blake mehrere berühmte Bilder gemalt, und die Apokalypse hat Hunderte von Filmen beeinflusst oder initiiert. Besonders schwierig zu interpretieren ist das Verhältnis des Drachen zu dem Tier, dessen Zahl 666 ist und das oft mit dem Antichristen gleich gesetzt wird (Offb 13).

Hie ficht Sewfrid auff dem Steyn mit dem Trachen

Holzschnitt, »Historie des hürnen Seyfrid«, Straßburg 1520 (evtl. schon 1479)

Ab dem frühen Mittelalter wuchsen alle diese Wurzeln zu verschiedenen Drachensagen und -vorstellungen zusammen, bei denen es meistens mehr um den Drachentöter als um den Drachen geht. Zu den bekanntesten literarischen Ausformungen gehören im deutschen Sprachraum das Nibelungenlied[11] und im englischen das Beowulf-Epos[12]. Im christlichen Kontext sind die vielen heiligen Drachentöter bedeutsam, unter denen besonders Georg hervorsticht.[13] Nur wenige gehen liebevoll mit Drachen um, so die heilige Martha, die im 12. Jahrhundert den Meeresdrachen Tarasque zähmte, weswegen man ihrer heute noch jährlich in Tarascon gedenkt.

---

11 von einem unbekannten Dichter Ende des 12. Jahrhunderts niedergeschriebenes Epos mit starken Einfluss auf moderne Kunst, u. a. auf Richard Wagner und Tolkien; hat zumindest bis in die Zeit der Völkerwanderung reichende mündlich überlieferte Wurzeln und wohl auch eine ältere schriftliche Version. Der historische Kern wird im 5. Jahrhundert um Worms angesiedelt; manche machen an der Drachentöter-Figur den Übergang von der Stein- in die Eisenzeit fest. – Die Geschichte war im Mittelalter gut bekannt und weit verbreitet. Siegfried taucht als Figur, wenn auch unter anderen Namen, viel früher auch in anderen Epen auf, so in der Edda als Sigurd, in der Thidreks-Saga und im »Beowulf«. Hier trägt ein Sänger ein Lied über einen Helden Sigmund vor, kurz berichtet er von dessen Neffen Fitela (= Siegfried) und deren gemeinsamen Kämpfen gegen Riesen, bevor er sich dem Hauptereignis jenes Liedes zuwendet: Sigmund tötet einen Drachen und erringt den Schatz, den das Untier bewachte. Im Beowulf wird Sigmund als »waelses eafara« (Nachkomme des Welsi) bezeichnet, und damit verweist das Beowulf-Epos auch auf die Wälsungen-Sage/Völsunga-Saga, die wohl im 13. Jhdt. entstand und um 1370 niedergeschrieben wurde, oder Geschichten wie die »Historie des hürnen Seyfrid«, gedruckt um 1500 in Straßburg. – Mindestens genauso bedeutsam, aber bei Laien viel weniger bekannt, ist die Geschichte des Drachen Fafnir, eines verwandelten Riesen, in der Edda, der von Sigurd erschlagen wird, und die sich in mehreren Sagas wieder findet. An ihr hat sich Richard Wagner stark orientiert. Fafnirs (später Sigurds) Schreckenshelm *Oegishjálmr* könnte Vorbild für Tolkiens Drachenhelm gewesen sein; Tolkien erwähnt Fafnir ausdrücklich als einen der wenigen wirklich bedeutenden Drachen in seinem Beowulf-Vortrag (*Beowulf: Die Ungeheuer ...* 154) und auch im schon erwähnten Drachenzitat (s. Fußnote 1).

12 Wie erwähnt, hat Tolkien sich mit diesem Werk stark auseinandergesetzt; für ihn als Spezialist für die angelsächsische Sprache war das Beowulf-Epos als stilbildendes Werk der englischen Literatur (der Titel wurde dem Text erst 1805 nach seiner Hauptfigur gegeben) sowohl Forschungsgegenstand wie auch seit frühester Jugend Inspirationsquelle. Es gilt als das bedeutendste altenglische Heldenepos, das umfangreichste erhaltene altgermanische Heldenlied und das erste große Versepos, das in einer germanischen Volkssprache verfasst und überliefert wurde. Es spielt später als das Nibelungenlied, im mittelschwedischen Gautenreich in der ersten Hälfte des 6. Jahrhunderts. Wahrscheinlich wurde die Mischung aus skandinavischer Geschichte, antiken Vorbildern, heidnischer Mythologie und christlichen Elementen im 8. oder 9. Jahrhundert von einem gebildeten Mönch niedergeschrieben. Beowulf tötet in seiner Jugend mehrere Drachen und stirbt nach langer Regierungszeit in hohem Alter nach dem Kampf gegen einen feuerspeienden Drachen, den er erschlagen hat, an dessen Gift. Im Beowulf findet man Teile der Siegfried-Sage des Nibelungenliedes vorgeprägt (s. Fußnote 11); der Held aber hat ein erheblich längeres und glücklicheres Leben.

13 Laut Markus Heitz stellte das österreichische Volkskunde-Museum in einer Ausstellung 83 verschiedene von der katholischen Kirche anerkannte Drachenheilige vor, die meisten Männer, und fast alle töteten die Drachen.

Nach vielen Vorstellungen sollen Drachen besonders gerne Jungfrauen fressen, die ihnen oft geopfert werden müssen; dies ist ja schon in der Antike so bei Perseus und Andromeda.

Schiller lässt die Drachen in seinem Gedicht »Der Taucher« im tiefen Abgrund hausen. Das Blut der Drachen soll laut einigen Mythen unverwundbar machen, man denke an Siegfried in der Nibelungensage. Sigurd in der Edda versteht, nachdem er davon gekostet hat, die Sprache der Vögel (der »hürnen Seyfried« muss dazu das Drachenherz verspeisen). Häufiger aber findet man Sagen, wonach das Blut giftig sein soll, so stirbt Beowulf weniger an der Wunde, die ihm der Drache geschlagen hat, als an dem Gift, das sich darin befindet. Hier hält sich Tolkien etwa bei Glaurung sehr eng an die Sagen[14], auch was den gefährlichen, evtl. bannenden Blick der Drachen betrifft. In diesem Punkt ist der Drache dem im Mittelalter sehr gefürchteten Basilisken verwandt[15].

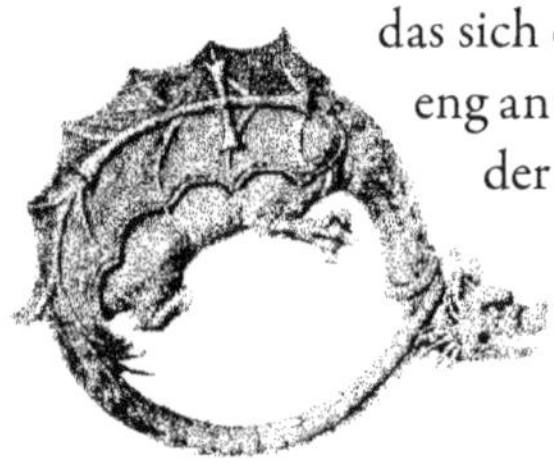

Der Uroboros
Hier das Wappen des Drachenordens[16]

Im Mittelalter ebenfalls bedeutend war der gekrümmte, sich selbst in den Schwanz beißende Drache (Ouroborus oder Uroboros), verwandt mit Okeanus und der Midgard-Schlange, als Symbol für die zyklische Natur des Universums. Er war auch das Zeichen des Drachenordens[16].

Bis ins frühe 19. Jahrhundert war es in der westlichen Welt Konsens, dass Drachen existierten. Nicht nur Conrad Gessner stellte sie in seinem berühmten »Schlangenbuch« (1589) vor, auch andere bekannte Zoologen, so Ulisse Aldrovandi in »Serpentum et Draconum historia« (1605) und der Autor des »Musaeum Hermeticum«

14 Und gleich ihm viele Autorinnen und Autoren: Bei den Gebrüdern Grimm überrascht und tötet das Gift im Drachenblut die Helden in mehreren Sagen, und J. K. Rowling stellt bei Harry Potter mindestens 12 verschiedene Anwendungsmöglichkeiten für Drachenblut vor.

15 »König der Schlangen« (gr. basileus = König), soll laut Hildegard von Bingen aus einem Schlangenei schlüpfen, das von einer Kröte bebrütet wird. Schon in der Antike erzählte man von seinem alles versteinernden Blick und dem Pestatem, der die Wüste schaffe. Getötet werden könne dieses manchmal geflügelte Ungeheuer mit Vogelkopf und Schlangenleib nur durch den Geruch eines Wiesels oder das Krähen eines Hahnes. Laut dem »Maleus maleficarum« von 1487 schlüpft der Basilisk aus dem Ei eines 7 oder 9 Jahre alten Hahnes, das von einer Kröte bebrütet wurde, und bringt Tod, Pest und Dürre. Er ist nur zu töten, wenn man ihm seinen tödlichen Blick mit Hilfe eines Spiegels zurück wirft. Das Monster in Terry Gilliams Film »Jabberwocky« ist eine Art Basilisk; der inzwischen wohl bekannteste Basilisk wird von Harry Potter in dessen zweiten Schuljahr in Hogwarts getötet.

16 Die »gesellschaft mit dem trakchen«, auch »ordo draconis« und »societas draconia/draconis«, wurde 1408 gegründet von Sigismund von Luxemburg (1368–1437, ungar. König ab 1387, dt. König ab 1411, Kaiser ab 1433) vor allem zur Bekämpfung der Ungläubigen (der Osmanen) und der »im Verborgenen wütenden Christen« (Hussiten); Motto: »O quam misericors est Deus justus et pius« (»O wie barmherzig ist Gott, wie gerecht und fromm.«). Über das Mitglied Vlad II. Dracul und dessen Sohn Vlad III. Tepes Draculea indirekt Namensgeber des Vampirs Dracula, ein weiteres bekanntes Mitglied war Oswald von Wolkenstein.

(1678). Der Lindwurmbrunnen in Klagenfurth (um 1590) ist nur ein Beispiel dafür, wie allgemein verbreitet Drachenvorstellungen waren, andere sind eine Belagerungsmaschine in Drachengestalt (um 1465) und die Darstellung der »Kriegsfurie« als Drache auf einem Kupferstich von Jacques Callot (um 1630). Das Wappen des Herzogs von Marlborough zeigt zwei Drachen, die Flagge von Wales einen. Ist es da ein Wunder, dass Drachengeschichten auch in der Literatur verbreitet sind und waren? Tolkien bewegte sich mit dem *Farmer Giles of Ham* in einer respektablen Tradition, zu der u. a. die humorvollen Drachengeschichten der bekannten englischen Kinderbuchautorin Edith Nesbit (1858 – 1924) gehören.[17]

Wappen des Herzogs von Marlborough Kupferstich, 18. Jhdt.

3 *Drachen bei Tolkien*

Betrachten wir zunächst die Drachen außerhalb von Mittelerde (außer natürlich jenem im *Farmer Giles of Ham*, den heben wir uns für später auf).

In der frühesten Veröffentlichung, in der ein Drache eine wesentliche Rolle spielt, im Gedicht »Der Hort«[18], erschlägt ein ganz typischer junger Drache einen Zwerg und übernimmt dessen Schatz, ist goldgierigund geizig und bewacht seinen Hort:

> *Er wußte, wo selbst der simpelste Ring*
> *unter der schwarzen Schwinge hing,*
> *und grübelte stets über Räuber und Diebe,*
> *die er schlagen wollte mit einem Hiebe …* (*Abenteuer des Tom Bombadil* 75)

Als alter Drache wird er von einem jungen Krieger erschlagen. Das Gedicht ist eine wunderschöne melancholisch-moralische Ballade über Gier und den Verlust von Magie

17 u. a. »Der letzte Drache«, »Die Befreier ihres Landes« und »Billy der König« (in. Nesbit). Die Autorin von über 40 Kinderbüchern (1858 – 1924) gilt als Klassikerin und Wegbereiterin der englischen Kinderliteratur; sie beeinflusste Tolkien (auf eine ihrer Figuren gehen die Psamathisten, die Sandzauberer, in »Roverandom« zurück) und ist neben C. S. Lewis das große Vorbild von Joanne K. Rowling. Nicht nur bzgl. der Drachen und ihres Humors stehen Nesbit, Tolkien und Rowling durchaus in einer Traditionslinie, siehe auch Fußnote 36.

18 erstmals 1923 veröffentlicht in anderer Fassung unter dem Titel »Iúmonna Gold Galdre Bewunden« in »The Gryphon« (New Series, Bd. IV No. 4, Januar 1923, S. 130, Leeds University, Swan Press, Leeds), dann 1937 unter dem gleichen Titel in »The Oxford Magazine« (Bd. LV No. 15, 4. März 1937, S. 473, Oxford, The Oxonian Press) und dann 1962 als 14. Gedicht mit dem Titel »The Hoard« in *The Adventures of Tom Bombadil and other verses from The Red Book*; 1970 noch einmal als »The Hoard« in *The Hamish Hamilton Book of Dragons* (hrsg. von Roger Lancelyn Green, S. 246–248, Hamish Hamilton, London).

und Schönheit in der Welt, der Drache ist wie alle anderen Protagonisten ganz bewusst eine klischeehafte Figur.

Der Weiße Drache in *Roverandom*[19] kommt vom Mond, wie laut dieser Geschichte alle weißen Drachen. Er lebte früher auf der Erde und kämpfte dort zu Zeiten von Merlin und Artus mit dem Roten Drachen von Caerdragon (»Schloss der Drachen«); hier greift Tolkien die alte Legende auf, wonach der rote Drache der Kelten durch den weißen Drachen der Angelsachsen besiegt wurde. Der weiße Drache auf dem Mond kann rotes und grünes Feuer spucken und färbt damit auch schon mal den Mond rot oder verfinstert ihn durch seinen Rauch; wenn es zu einer solchen Mondfinsternis kommt, muss der Mann im Mond dies mit starken Zaubersprüchen in Ordnung bringen. Nachdem er von den Mondhunden Rover und Roverandom geweckt wurde und diese über den halben Mond gejagt hat, bringt ihn der Mondmann mit einem Zauber zum Absturz. Von diesem behält der weiße Drache schwarze Flecken auf dem Bauch, weshalb er nun auch das Marmorierte Monster genannt wird (*Roverandom* 43 – 46).

Man sieht hier wie immer wieder in »Roverandom«, wie gerne Tolkien Geschichten spinnt, die Reelles duch Mythisches oder Märchenhaftes erklären, Phänomene der Primär- durch Geschehnisse oder Bedingungen in der Sekundärwelt. Dies finden wir später wieder beim *Farmer Giles of Ham.*[20]

Und dies ist auch ein Kennzeichen der »Briefe vom Weihnachtsmann«. 1927 erklärt Tolkien in einem solchen, wie es zu einer Mondfinsternis kam: Der Mann im Mond hatte den Weihnachtsmann am Nordpol besucht, zu viel gegessen und getrunken und die rechtzeitige Rückkehr verschlafen. Die Drachen auf dem Mond trauten sich hervor und verursachten durch zuviel Rauch eine Mondfinsternis.

Sieht man von den wissenschaftlichen Arbeiten über Beowulf und »On Fairy-Stories« ab, gibt es außer dem Drachen im »Farmer« keine weiteren außerhalb von Mittelerde. Deshalb nun ein kurzer Blick auf die dort beheimateten Drachen. Diese sind durchaus beachtenswert, weil Tolkien mit ihnen ein ausgereiftes Gesamtkonzept entwickelt hat. Während die bisher betrachteten Drachen, meist für Kinder gedacht, eher etwas Komisches, Unterhaltsames haben (mit Ausnahme von »Der Hort«, wo der Drache eine prototypische Funktion erfüllt), sind sie in Mittelerde sehr ernst zu nehmen und sowohl mythologisch wie biologisch und literarisch sozusagen »voll ausgereift«.

19 Diese Geschichte erzählte Tolkien 1925 seinen Kindern, um seinen Sohn Michael zu trösten, der seinen schwarz-weißen Spielzeughund aus Blei in den Sommerferien am Strand verloren hatte. Aufgeschrieben spätestens 1927; 1936 George Allen & Unwin angeboten, der Verlag lehnte ab; erschien erst 1998.

20 Und natürlich kann der ganze *Herr der Ringe* auch so gelesen werden. Auf diese Art spielen auch viele andere Autorinnen und Autoren gerne, schon seit der Antike. Nesbit war eine Meisterin in dieser Vorgehensweise, Arthur Conan Doyle liebte dieses Spiel, und Rowling beherrscht es perfekt; siehe hierzu Abschnitt 4.2.

Drachen sind auch heute beliebt:

Geschnitzter Drache an einem neuen Haus in altem Stil in der Tradition der Wepsen, einer südöstlichen Gruppe der westfinnischen Völker, in Mandroga (»Kiefern auf dem Sumpf«), einem Dorf am Swir in Russland

Tolkien entwickelte eine ausgedehnte in sich schlüssige Entwicklungsgeschichte der Drachen von Mittelerde. Diese wurden von Melkor in Angband erschaffen, durch Zucht und Kombination verschiedener Wesen, u.a. gefangener Adler, und magische Beeinflussung.[21]

Die ersten Drachen in Mittelerde waren die flügellosen Urulóki (»Feuerschlangen«), die aussahen wie riesige Echsen; der mächtigste war ihr Stammvater, Glaurung der Goldene. Sie konnten magisches Feuer speien; wie in vielen Sagen waren ihre Ausscheidungen und ihr Blut giftig (*Silmarillion* 243, 248). Sie waren intelligent, eitel, boshaft und konnten sprechen, einige verfügten auch über Magie: Glaurung etwa konnte Túrin und Niënor durch seinen Blick verzaubern (*Silmarillion* 238 f., 243, 249). Ob sein Beiname »Vater der Drachen« wörtlich zu nehmen ist, muss dahingestellt bleiben, möglicherweise waren die anderen Drachen tatsächlich seine Nachkommen.[22]

Später züchtete Melkor zwei weitere Drachenvarianten: Kaltdrachen konnten hervorragend fliegen, aber kein Feuer speien, während die geflügelten Feuerdrachen (wie Smaug) sich eher unbeholfen in der Luft bewegten und an riesige Fledermäuse erinnerten. Ihr Feuer war magisch und so stark, dass es wahrscheinlich sogar die Ringe der Macht hätte zerstören können mit Ausnahme des Herrscherrings.[23]

21 *»... die Menschen lebten im Dunkel, verfolgt von den vielen Unheilsdingen, die Morgoth in den Tagen seiner Herrschaft gezüchtet hatte: Dämonen und Drachen und Ungeheuer und den unreinen Orks, welche ein Spottbild der Kinder Ilúvatars sind.«* (*Silmarillion* 286) – Mehr zu Biologie und Entwicklungsgeschichte der Drachen S. 32 ff.

22 Glaurung wird in »Die Kinder Húrins« zwar ausführlicher vor- und dargestellt als im »Silmarillion«, aber im Wesentlichen gleich.

23 *»Es hieß einmal, dass Drachenfeuer die Ringe der Macht schmelzen und verzehren könnte, aber jetzt gibt es auf der Welt keinen Drachen mehr, in dem das alte Feuer heiß genug wäre; überdies hat es noch nie ein Drache vermocht, nicht einmal Ancalagon der Schwarze, dem Einen Ring, dem Beherrschenden Ring, Schaden zuzufügen, denn Sauron selbst hat ihn gemacht.«* (*Der Herr der Ringe* 81) – Krege übersetzt das *»who could have harmed«* (*The Lord of the Rings* I, 70) etwas genauer, denn Ancalagon starb ja am Ende des Ersten Zeitalters, Sauron schuf die Ringe aber erst im Zweiten Zeitalter: *»... kein Drache, den es je gab, nicht einmal Ancalagon der Schwarze, hätte den Einen Ring, den Herrscherring, beschädigen können ...«* (*Der Herr der Ringe* 79)

Der mächtigste der Feuerdrachen war Ancalagon der Schwarze, der in der letzten Schlacht des Ersten Zeitalters von Earendil erschlagen wurde.[24] Im Zweiten und Dritten Zeitalter gab es immer noch Kaltdrachen[25] und Feuerdrachen wie Smaug.[26]

4 *Farmer Giles of Ham*

Schon der Untertitel zeigt in Sprache und Darstellung, dass wir es mit einer humorvollen Geschichte zu tun haben:

Aegidii Ahenobarbi Julii Agricole de Hammo
Domini de Domito
Aule Draconarie Comitis
Regni Minimi Regis
et Basilei mira facinora
et mirabilis

or in the vulgar tongue

The Rise and Wonderful Adventures
of Farmer Giles, Lord of Tame,
Count of Worminghall
and King of the Little Kingdom

oder auf deutsch

Der Aufstieg und die wunderbaren Abenteuer
des Bauern Giles, Herrn von Tame,
Grafen von Würmlingshausen
und Königs des Kleinen Königreiches[27]

---

24 In seiner letzten Schlacht gegen die Valar ließ Morgoth *»den letzten verzweifelten Ansturm, den er vorbereitet hatte, auf seine Feinde los, und aus den Grüften von Angband stiegen die geflügelten Drachen auf, die man noch nie zuvor gesehen hatte«* (S 278). Diese Schlacht erinnert, wie schon erwähnt, an die *Offenbarung des Johannes* Kap. 12.

25 Fram, Stammesführer der Rohirrim, erschlug im 21. Jahrhundert des Dritten Zeitalters den Drachen Scatha (*Der Herr der Ringe* 1177); Dáin I., König der Zwerge, wurde 2589 DZ mit seinem zweiten Sohn Frór vor den Türen seines Palastes in den Ered Mithrin von einem großen Kaltdrachen erschlagen (*Der Herr der Ringe* 1187 f.).

26 Es heißt, *»Smaug der Goldene«* war *»der größte der Drachen seiner Zeit«* (*Der Herr der Ringe* 1187). Also muss es zumindest zum Zeitpunkt der Vertreibung der Zwerge vom Erebor, etwa 250 Jahre vor dem Ringkrieg, noch mehr Drachen gegeben haben. Tolkien dachte auch über die Möglichkeit nach, dass Drachen über das Dritte Zeitalter hinaus überlebt haben könnten: *»Drachen. Sie hatten nicht aufgehört; weil sie ja viel später, fast bis in unsere Zeit, noch aktiv waren.* [...] *... meine ich, daß es immer noch Drachen gibt, wenn auch nicht mehr vom vollen, urtümlichen Wuchs.«* (*Briefe* S. 235). Wenn Feuerschlangen, Feuerdrachen und Kaltdrachen überlebt haben und es auch noch Kreuzungen gab, erklärte das alle Formen in Mythen und Legenden – womit wir wieder ein Beispiel für Tolkiens Geschick haben, primärweltliche Phänomene sekundärweltlich zu erklären.

27 in Darstellung und Aufteilung ein wenig manchen deutschen Ausgaben nachempfunden. Die letzte Zeile heißt in der Klett-Cotta-Ausgabe etwas anders: »Königs *im* Kleinen Königreich«.

Tolkien hat diese Geschichte wohl 1936 niedergeschrieben und sie 1937 Allen & Unwin angeboten; der Verlag lehnte sie ab. 1938 überarbeitete er sie für eine Lesung vor einem Studenten-Club, in dieser Form wurde sie vom Verlag angenommen. Wegen des Krieges und der folgenden Wirtschaftsflaute und Papierknappheit sowie wegen Unstimmigkeiten bzgl. der Illustrationen wurde die Geschichte aber erst 1949 veröffentlicht, ein Jahr später in den USA, 1955 in Deutschland bei Reclam (auf Englisch). Es folgten zahlreiche Nachdrucke und Übersetzungen: Schwedisch (1961), Polnisch (1965), Hebräisch (1968), Holländisch (1971), Italienisch (1975), Französisch (1975) und Japanisch (1975).

Die erste deutsche Ausgabe erschien 1970 zweisprachig, übersetzt von Angela Uthe-Spencker, unter dem Titel *Die Geschichte von dem Bauern Giles und dem Drachen Chrysophylax* beim Verlag Langewiesche-Brandt, es folgte 1974 eine Lizenzausgabe bei dtv als *Farmer Giles of Ham – Die Geschichte vom Bauern Giles und dem Drachen* (dtv brachte 1992 und 1999 Neuausgaben mit jeweils leicht verändertem Titel heraus). Bei Klett-Cotta ist die Geschichte als »Bauer Giles von Ham« in dem Sammelband *Fabelhafte Geschichten* (1975) zu finden in einer Bearbeitung der ursprünglichen Übersetzung durch Karl A. Klewer, in den *Geschichten aus dem gefährlichen Königreich* (2011) in der ursprünglichen Übersetzung von Angela Uthe-Spencker.[28]

4.1 *Inhalt, Topoi und Motive*

Wie in »Der Hort« sind ein Drache und ein Schatz zwei wichtige »Zutaten« in dieser tiefsinnig-humorvollen Geschichte, ergänzt um den titelgebenden Landmann und viele mit spitzer Feder beschriebene Protagonisten. Tolkien schreibt diese »mock-heroic tale«, als handele es sich um die wenn auch fragwürdige Wiedergabe einer mittelalterlichen Familienchronik, was schon am bombastischen Untertitel deutlich wird und durch die häufige Verwendung lateinischer Wörter in der Erzählung unterstrichen wird. Und in einem pseudowissenschaftlichen Vorwort untermauert er das:

> *Von der Geschichte des Kleinen Königreiches sind uns nur wenige Bruchstücke überliefert, doch durch Zufall ist uns ein Bericht über seine Entstehung erhalten geblieben: Eher vielleicht eine Sage als ein Bericht; denn es ist offensichtlich eine späte Zusammenstellung, von vielerlei Fabelwerk durchsetzt, eine Erzählung, die*

28 Sowohl das dtv-Buch wie die *Fabelhaften Geschichten* und die *Geschichten aus dem gefährlichen Königreich* sind lieferbar. Wenn es nur um den *Farmer* geht, empfehle ich die zweisprachige und fast um die Hälfte billigere dtv-Ausgabe. Sehr empfehlenswert ist auch das kurzweilige Hörbuch, 1984 für den NDR gelesen von Hans Paetsch (1909 bis 2002); der Hamburger Schauspieler galt schon zu Lebzeiten als Märchenerzähler par excellence und läuft in der Inszenierung von Henning Venske (dem bekannten Kabarettisten) zur Hochform auf.

nicht aus zuverlässigen Quellen schöpft, sondern aus volkstümlichen Liedern ... [...] ... möglicherweise nach den Tagen König Coels, doch vor Arthur oder den Sieben Königreichen der Engländer, müssen wir die hier berichteten Ereignisse ansetzen; ihr Schauplatz ist das Tal der Themse mit einer Abweichung nach Nordwesten bis zu den Wällen von Wales.

(*Geschichten aus dem gefährlichen Königreich, Bauer Giles,* 9 + 11)

Dort lebt also, wohl im 5. Jahrhundert, Bauer Giles mit seiner Frau und dem treuen, wenn auch feigen Hund Garm zufrieden in seinem kleinen Dorf, als eines Nachts ein tollpatschiger schwerhöriger Riese, der sich verlaufen hat, aus Versehen eine seiner Kühe tot trampelt. Von Garm alarmiert, verpasst Giles dem Riesen eine Ladung aus seiner vorher noch nie abgefeuerten Donnerbüchse mitten ins Gesicht. Der Riese findet die hier vorkommenden Insekten lästig und kehrt nach Hause zurück in seine Berge.

Durch diese Tat wird Giles zum Helden der Region, und sein Ruf erreicht auch den Hof des Königs des Mittleren Königreiches, in dem er lebt. Dieser schickt Giles ein Schreiben voller Lobsprüche und ein altes, unmodisches, für ihn völlig wertloses Schwert. Auf den bombastischen Namen des Ex-Bauern als König wurde schon hingewiesen, sein königlicher Widerpart steht ihm da nicht nach: Er unterzeichnet mit *Augustus Bonifacius Ambrosius Aurelianus Antonius Pius et Magnificus, dux, rex, tyrannus et basileus Mediterranearum Partium*.

Unterdessen hat sich ein mächtiger, wenn auch etwas feiger, alter, feuerspeiender, geflügelter reicher Drache von uralter kaiserlicher Abstammung in das Mittlere Königreich aufgemacht. Schließlich soll es laut den Geschichten des Riesen hier viel zu futtern geben, und keine Menschen, nur ein paar stechende Insekten. Chrysophylax Dives[29] beginnt, das Land zu verwüsten. Garm entdeckt ihn und warnt seinen Herrn, doch der Drache ist zu weit weg, um sich aufzuregen, und schließlich gibt es ja die Ritter des Königs. Die aber lassen ihren Herrn und das Land schmählich im Stich; schließlich ist bald Weihnachten, es naht das Turnier, und danach verspeist man wie seit vielen Jahren einen Drachenschwanz – aus Backwerk, denn echte Drachen gibt es ja nicht mehr ...

Als der Drache immer näher kommt, wenden sich die Dörfler an Giles, der natürlich nicht kämpfen will. Da entdeckt der Pfarrer, das Giles' Schwert das berühmte Drachentöterschwert *Caudimordax* ist (*Schweifschläger*, bei Klett-Cotta *Schwanzbeißer*, im Original *Tailbiter*). Doch der Bauer will nicht kämpfen ohne Rüstung. Daraufhin bastelt ihm der stets pessimistische Hufschmied eine Art Kettenhemd auf Leder zusammen, und am Dreikönigstag reitet Giles auf seiner alten klugen grauen Stute los.

29 »der reiche Wächter des Goldes«, von den griechischen Bezeichnungen *chryso* für Gold und *phylax* für Wächter und dem lateinischen *dives*, reich (wie im Sprichwort »dives qui sapiens est – reich ist, wer weise ist«).

Als er eher zufällig auf den Drachen trifft, gelingt es ihm – nein, seinem Schwert –, den Drachen zu verletzen und ins Dorf zu treiben. Chrysophylax gibt sich geschlagen und darf erst davonfliegen, nachdem er hohe und heilige Eide geschworen hat, acht Tage später mit riesigem Lösegeld zurückzukehren.

Drachenkampf: **Siegfried tötet den Drachen.**
Holzschnitt von Ludwig Richter (1803 – 1884) für einen Kalender von 1838

Natürlich ist dann der König da und will seinen Anteil (worüber sich die Dörfler sehr ärgern). Und natürlich kommt der Drache nicht (worüber sich der König sehr ärgert).

Nun muss Giles auf königlichen Befehl die Ritter zur Drachenhöhle begleiten (worüber sich die Ritter und auch Giles sehr ärgern). Der Drache macht mit den Rittern kurzen Prozess, einige werden von ihm erschlagen, der Rest vertrieben – aber mit Schweifschlägers Hilfe bezwingt Giles Chrysophylax ein zweites Mal und zwingt ihn, einen großen Teil seines Schatz zum Dorf schleppen[30]. Giles ist dabei klug genug, Chrysophylax genug von dessen Hort zu lassen, um ihn nicht zur Verzweiflung und zur Weißglut zu treiben.

Ins Dorf zurückgekehrt, mit Schatz und Drache, neu verpflichteten Reisigen und Knappen, wird Giles schnell zum Helden. Als der König kommt, um sich den Schatz unter den Nagel zu reißen, wird er von Giles und dem Drachen schmachvoll vertrieben. Chrysophylax bleibt noch lange in Ham. Giles als Herr des Dorfes zahlt noch eine Zeit lang Tribut an den König, doch nachdem aus dem Herrn Giles der Graf Giles und dann der Fürst Julius Aegidius geworden ist, stellt er die Zahlung ein, und schließlich wird er König seines eigenen kleinen Königreiches: Aegidius Draconarius, bekannter als Alter Giles Würmling (Old Giles Worming). Nach einigen Jahren lässt er Chrysophylax frei, und nachdem dieser einen jungen Emporkömmling aus seiner Höhle vertrieben hat, wäscht er dem Riesen wegen dessen Fehlinformationen kräftig den Kopf.

30 Was bei einem Tolkien-Quiz mal zu der Frage führte, wie denn der königliche Möbelwagen heiße …

Diese Erzählung gehört zum Besten, was Tolkien geschrieben hat. Sie ist nicht nur voller Humor und überbordender Phantastie, sondern teilweise auch voll Ironie und manchmal Sarkasmus. Diese »fairy-story« im tolkienschen Sinne[31] ist zugleich eine sehr gelungene »klassische« Fantasy-Story (nach der Definition von Weinreich), ein Kunstmärchen[32], eine politische Parabel, eine Satire und ein soziales Lehrstück[33] – und nicht zuletzt ein sprachwissenschaftliches Spiel und ein höchst vergnüglich zu lesendes Stückchen Literatur.

Tolkien verwendet in dieser Erzählung zahlreiche bekannte mythologische, legendäre und literarische Topoi.

Da ist zunächst der »Held«, wie in vielen Märchen und Sagen zunächst ein »Tumber Tor«, naiv, aber ausgezeichnet mit einem gehörigen Portion Bauernschläue (man denke an Gulliver oder Simplicissimus). Gutmütig, traditionell und eher feige, wird er im Verlauf der Geschichte klüger, ja nahezu weise und zeigt einen »rühmlichen Scharfblick« (*Bauer Giles* 64) – eine geradezu prototypische Entwicklung in vielen Märchen.

Die magische Waffe ist so verbreitet in Mythen, Märchen und Fantasy, dass sie schon als Klischee gilt und nicht selten parodiert wird. Conan und Artus und viele andere gewinnen dank ihrer magischen Schwerter erst zahlreiche Kämpfe und dann das Königtum. Speziell erwähnenswert im Zusammenhang mit Drachen sind Gram, das Schwert von Sigurd (bei Richard Wagner Notung/Nothung), und Siegfrieds Schwert Balmung.

Tolkien parodiert das Schwert nicht, er legt Wert darauf, seine eigene Anforderung an eine *fairy-story* zu erfüllen: *»Wenn die Geschichte etwas Satirisches enthält, muß die*

---

31 Und sie bietet alles, was Tolkien von einer *fairy-story* erwartet: Phantasie, Erholung/Wiederherstellung, Flucht und Trost (*»Fantasy, Recovery, Escape and Consolation«*, *Fairy Stories* 101 – 127). Für den letzten Punkt sind insbesondere die politisch-sozialen Aspekte wichtig (siehe Fußnote 33).

32 Wikipedia erwähnt Tolkien sogar ausdrücklich in dem Eintrag »Kunstmärchen«: *»Auch J. R. R. Tolkien verfasste mehrere humorvolle Märchen (z. B. Bauer Giles von Ham).«* (http://de.wikipedia.org/wiki/Kunstm%C3%A4rchen, 24.07.2007). Sowohl nach der in Knaurs-Literaturlexikon wie der in Wikipedia gegebenen Definition (wonach es Kunstmärchen schon in der Antike gab) ist »Farmer Giles« ein Kunstmärchen, ebenso nach der der Encarta-Enzyklopädie. Laut dieser ist ein Kunstmärchen eine *»literarische Sonderform des Märchens, die im Gegensatz zum anonymen, zunächst mündlich tradierten und in zahlreichen Varianten existierenden Volksmärchen von einem bestimmten Autor verfasst wurde und in ihrer Textgestalt eindeutig fixiert ist«* (Microsoft Encarta Enzyklopädie Professional 2003). Tolkien findet sich hier in bester Gesellschaft neben Goethe, Hauff, Novalis, Wieland, E. T. A. Hoffmann, Chamisso, Tieck, Brentano, Hesse, Handke, H. C. Andersen, George Sand, Oscar Wilde, Mark Twain und Saint-Exupéry.

33 Da geht es u. a. um Gier, Macht und Ausbeutung, um Feigheit und Egoismus, um Bürokrati(smus) und Gruppenzwang, um Gerechtigkeit und die moralische Legitimation von Herrschaft und schließlich um eine nahezu friedliche »Revolution von unten« – vieles davon mag »Trost« im Tolkienschen Sinne bieten. – Politische und soziale Aspekte sind in der phantastischen Literatur ja nichts Neues, man denke etwa an Swift, Mark Twain und Orwell oder aktuell an die Bartimäus-Trilogie von Jonathan Stroud und die Harry-Potter Romane von J. K. Rowling.

Magie selbst von der Verspottung unbedingt ausgenommen bleiben« (*Über Märchen* 61). Der Bauer, der König, die Ritter, ja selbst der Drache mögen komisch sein, niemals aber ist es das magische Schwert!

Wichtig ist natürlich auch der Gegner. Tolkien hat in seinem Beowulf-Vortrag ausgeführt, wie wichtig ein mächtiger, überzeugender Gegner für den Helden ist; ja man kann überspitzt sagen, dass der ganze Vortrag im Grunde dieser Aussage dient (er heißt ja nicht umsonst »Die Ungeheuer und ihre Kritiker«). Erst der richtige Gegner macht aus einem »gewöhnlichen« einen »besonderen« Helden:

> *Aus ein und demselben heroischen Handlungsvorwurf können gute und schlechte Gedichte, gute und schlechte Sagas entstehen. Das Rezept für die zentralen Vorgänge in solchen Geschichten ist schließlich, wenn man nur die Zusammenfassungen vergleicht, ebenso »schlicht« und »gemeinplätzlich« wie das der Volksmärchen. Jedenfalls, Helden gibt es viele; gute Drachen sind rar.*[34] [...] *Wir sehen jemanden vor uns, der etwas mehr zu bedeuten hat als ein Normalheld, einen Mann angesichts eines bösartigeren Feindes, als jeder menschliche Gegner seines Hauses oder Reiches es sein könnte, der aber dennoch eingelassen bleibt in seine heroisch-historische Zeit ...* (*Beowulf: Die Ungeheuer ...* 162 f.)

Das gilt für Beren und für Túrin, für Earendil und für Gil-Galad, für Aragorn und Frodo: Erst durch ihre Gegner (die auch die Umstände oder ein Ring sein können) und die Anstrengungen, diese zu überwinden, werden sie zu wirklich außergewöhnlichen Heldengestalten. Und es gilt für Giles, der, den Drachen vor sich hertreibend, sofort als Lichtgestalt (und potenzieller Arbeitgeber) wahrgenommen, bejubelt und beklatscht wird (*Geschichten aus dem gefährlichen Königreich, Bauer Giles,* 66).

Natürlich ist der klassische Drache der ideale und höchstens noch von einer Gottheit oder ähnlichem zu überbietende Gegner, im Mythos wie auch in der *fairy-story* (was viele neue Romane belegen):

> *Wie manche Menschen noch heute, hielt der Dichter die Drachen in Ehren, weil sie ebenso selten wie schrecklich sind. Er wußte sie zu schätzen – als Dichter ...* [...] *Was den Drachen angeht, so wissen wir, wenn wir über diese alten Dichter überhaupt etwas wissen, zumindest dies eine: Der höchst denkwürdige Fürst unter den Helden des Nordens ... war ein Drachentöter. Und seine größte Ruhmestat ... bestand darin, den Fürsten unter den sagenhaften Würmern zu erschlagen.* [...]

34 Dies ist inzwischen zu einem geflügelten Wort geworden; nicht nur ein Tolkien-Sammelband bei Klett Cotta heißt so (1983), sondern auch ein wissenschaftlicher Sammelband, hrsg. 2009 von Fanfan Chen und Thomas Honegger: *Good Dragons are Rare. An Inquiry into Literary Dragons East and West*

Holzschnitt »Wigolais erschlägt den Drachen« von Ludwig Richter (1803 – 1884) für einen Kalender von 1849

Ein Drache ist kein leerer Wahn. Von welchen wirklichen oder erfundenen Geschöpfen er auch abstammen mag, in der Sage ist der Drache eine starke Schöpfung menschlicher Phantasie, mit einem Reichtum an Bedeutung, den alles Gold in seiner Höhle nicht aufwiegt.« (*Beowulf: Die Ungeheuer …* 154 + 160 + 161)

Und Chrysophylax ist, wie Smaug, der ja nahezu gleichzeitig entstand, ein fast perfekter prototypischer Drache: mächtig, stark und mutig – er tötet und vertreibt eine ganze Ritterschar –, feuerspeiend und geflügelt, klug und gewitzt, erfahren und trickreich, hinterlistig und ein wenig feige, zumindest vorsichtig.

Er ist nicht wirklich »böse«, was auch immer das sein mag, sein Verhalten ist eher den Umständen geschuldet. So wird er am Ende zum Verbündeten gegen die unfähigen bürokratischen Vertreter eines ausbeuterischen Regimes und erlaubt dem »Helden«, moralisch integer davon zu kommen, ohne sich die Hände schmutzig zu machen.[35] Am Ende ist er mächtig genug, einen Jungdrachen zu vertreiben und einem Riesen die Meinung zu geigen – ein Happy End auch für ihn. Chrysophylax ist also der perfekte Gegner für eine ziemlich unblutige aber spannende Geschichte!

Zu den klassischen Topoi in Mythen und Märchen gehören natürlich der dumme, unfähige, selbstsüchtige, gierige und ausbeuterische Herrscher/Politiker und die feigen, unfähigen Ritter. Der Kontrast zwischen den »einfachen Menschen« und dem Adel, zwischen der Arbeit in Haus und Hof und dem höfischen Getue, ja der Dekadenz der Oberklasse, ist für viele Märchen typisch und hat oft auch eine politische Aussage. Und wie in vielen Volksmärchen wird nicht das System als solches hinterfragt oder gar

35 Das wirft weitere interessante Fragen auf. Ab wann darf man sich gerechterweise gegen ein Regime wehren? Wann schlägt das »gesunde Volksempfinden« um in seinerseits gefährliche Ungerechtigkeiten? Tolkien bietet im Gewand einer scheinbar harmlosen Geschichte viel Stoff zum Nachdenken!

gewechselt, hier die mehr oder weniger aufgeklärte Monarchie mit Adels-/Rittersystem, sondern es werden (schlechte) Herrschende durch andere (bessere?) Herrschende ersetzt. Was allerdings verschwindet, sind die – schön karikierten – dekadenten Verhaltensweisen und die überbordende Bürokratie.

Zwei Charaktere spiegeln klassische literarische und mythologische Figuren wieder: Der Pfarrer, der das Geheimnis des Schwertes entdeckt, ist der kluge Berater, belesen und auch mit fremden Sprachen und Schriftzeichen vertraut. Er ist mehr als nur der weise und magisch oder wissenschaftlich gebildete Ratgeber, wie Nestor oder Dumbledore, sondern als Pfarrer zugleich geistlicher Berater; er erfüllt somit eine Doppelfunktion wie Merlin, der zumindest nach verbreiteter Legendenbildung als Druide sowohl politisch wie wissenschaftlich und religiös tätig war.

Die männliche »Kassandra«, der Unheilsverkünder, ist der Schmied, *»ein schwerfälliger, düsterer Mann, gemeinhin als Sonniger Sam bekannt, obwohl sein richtiger Name Fabricius Cunctator war«* (*Geschichten aus dem gefährlichen Königreich, Bauer Giles*, 36). Anders als Kassandra behält er mit seinen Unglückswarnungen allerdings unrecht. Sein lateinischer Zuname ist der eines berühmten vorchristlichen römischen Generals, Konsuls und Diktators[36].

Die kluge graue Stute erinnert an viele Pferde, die bedeutende Rollen spielen in Mythen und Märchen, vom achtbeinigen Ross Sleipnir des Gottes Odin bis zu den vielen sprechenden Rössern in vor allem osteuropäischen und orientalischen Märchen. Oft verwandelt sich eine scheinbar alte, meistens vergessene oder verwahrloste, Mähre für den Helden in ein rassiges Pferd. Dies tut die graue Stute zwar nicht, aber sie wird immer mutiger und macht sich viele Gedanken.

Garm, der sprechende etwas feige Hund, ist als Begleiter und Wächter eher eine Parodie. Benannt nach dem riesigen, vieräugigen Hund der nordischen Totengöttin Hel, der am Fluss Gjöll den Eingang zur Unterwelt bewacht und bei der Ragnarök im Zweikampf mit Tyr sterben wird, diesen dabei ebenfalls in den Tod reißend, ist des Bauern Garm das Gegenteil einer furchterregenden Gestalt und eher der komische Sidekick.

36 Quintus Fabius Maximus Verrucosus (verrucosus: lat., warzig), um 275 – 203 v. Chr., General der römischen Republik, fünfmal Konsul und zweimal Diktator, bekämpfte Hanibal im Zweiten Punischen Krieg; wurde wegen seiner defensiven Kriegsführung *Cunctator* genannt, der Zögerer – zunächst als Beschimpfung, nach der Niederlage von Cannae 216 v. Chr. als Ehrentitel. Wurde später zum Muster des bedächtig-zähen Römers stilisiert, nach ihm sind der Fabianismus und die *Fabian Society* benannt, zu deren Gründungsmitgliedern Edith Nesbit gehörte (s. Fußnote 17). Dass die Fabian-Society als sozialistische intellektuelle Bewegung (und Vorläuferin der Labour Party) die Gesellschaft evolutionär in Richtung eines reinem und einfachen Lebens entwickeln wollte, passt zur Entwicklung im Kleinen Königreich.

4.2 *Humor in »guter« Tradition*

Die Erklärung realwirklicher Phänomene durch im weitesten Sinne phantastische Ideen und nicht selten Transzendenz ist wahrscheinlich so alt wie die Menschheit. Wir finden sie im Bereich der Religion und der Mythen – man denke etwa an die griechischen Geschichten zur Erklärung der Blitze und des Donners, der Vulkane und des Echos – wie in der Philosophie. Aber auch literarisch gab es schon früh Versuche, Reelles duch Mythisches oder Märchenhaftes zu erklären oder, um in Tolkiens Begrifflichkeit zu bleiben, Phänomene der Primär- durch Geschehnisse oder Bedingungen in der Sekundärwelt. Man kann schon das Gilgamesch-Epos dazu zählen.

Wir betrachten nun aber speziell den Bereich der humorvollen Interpretation oder Erklärung, wie sie beim *Farmer Giles of Ham* vorliegt. Dass sich Tolkien hier in einer langen und ehrenwerten Tradition bewegt, wird an den folgenden Beispielen deutlich.

Schon Aristophanes (um 448 bis um 385 v. Chr.), einer der bedeutendsten Vertreter der griechischen Komödie und des griechischen Theaters, aus dessen Werken manche noch heute üblichen Redensarten stammen wie »Eulen nach Athen tragen«, stellte die mythischen Erklärungen der Naturgewalten parodistisch dar. In der Komödie *Eirene* (421 v. Chr., *Der Frieden*) fliegt ein Winzer auf einem Mistkäfer in den Olymp, um Zeus zum Krieg zu befragen, und erfährt, der Donner entstehe, wenn Zeus einen fahren lasse.

Die Gebrüder Grimm versuchten sich manchmal an humorvollen Erklärungen; einige ihrer Sagen sind parodistisch angehaucht und erklären so seltsame Phänomene.

In der modernen Fantasy findet die humorvolle Erklärung unserer Welt breiten Raum, wobei oft nicht zu trennen ist zwischen der Erklärung allgemein anerkannter Phänomene und selbst wieder »erfundenen« Beschreibungen. Edith Nesbit und Arthur Conan Doyle wurden schon erwähnt, von den neueren Autoren seien nur Robert Lynn Asprin und Roger Zelazny genannt.

Tolkien selbst erklärt in *Roverandom* und *Die Briefe vom Weihnachtsmann* immer wieder Geschehnisse unserer Welt wie die bereits erwähnten Mondfinsternisse oder auffällig große Nordlichter: Der Nordpolarbär Karhu, Helfer des Weihnachtsmanns, lässt sämtliche Nordlichter für die nächsten zwei Jahre los. Dadurch bricht ein Riesen-Feuerwerk aus, der Mond zerbricht in vier Teile, und der Mann im Mond fällt in den Küchengarten des Weihnachtsmanns (1926).

Besonders kurios ist Tolkiens Beschreibung der Erfindung des Golfspiels. 1147 nach Auenland-Zeitrechnung (2747 Drittes Zeitalter) griff eine Bande Orks unter ihrem

Häuptling Golfimbul das Auenland an und wurde bei Grünfeld im Nordviertel von den Hobbits besiegt. Angeführt wurden diese von

> *Bullenraßler Tuk, dem Urgroßonkel des Alten Tuk, der ein solcher Hüne war (für einen Hobbit), dass er auf einem Pferd reiten konnte. Der drang in der Schlacht bei Grünfeld in die Reihen der Orks vom Gramberg ein und schlug ihrem König Golfimbul mit einer Holzkeule glatt den Kopf ab, dass der hundert Schritte weit durch die Luft flog und in ein Kaninchenloch fiel. Auf diese Weise wurde die Schlacht gewonnen und das Golfspiel erfunden.* (*Hobbit* 34)

Auch im *Farmer Giles of Ham* finden wir eine solch humorvolle Erklärung, die die phantastische, die Sekundärwelt, an unsere Primärwelt anknüpfen lassen. Hier aber ist besonders Tolkiens Spezialgebiet betroffen, die Sprachwissenschaft. Im Vorwort gibt er als »*Rechtfertigung für die Übertragung dieser seltsamen Geschichte … , dass sie uns einen flüchtigen Blick in das Leben eines dunklen Zeitraums der Geschichte Britanniens gewährt, ganz zu schweigen von dem Licht, das sie auf den Ursprung einiger sonst schwer zu erklärender Ortsnamen wirft.*« (*Geschichten aus dem gefährlichen Königreich, Bauer Giles,* 10 f.) Und gegen Ende der Erzählung erklärt er (wobei zu beachten ist, dass die Themse im englischen River Thames heißt):

> *Wer auch jetzt noch im Gebiet des Kleinen Königreiches lebt, dem wird in dieser Geschichte die wahre Bedeutung der Namen aufgegangen sein, die einige seiner Städte und Dörfer in unserer Zeit tragen. Die Fachgelehrten unterrichten uns nämlich, dass Ham, nun die Hauptstadt des neuen Reiches, dank einer natürlichen Vermischung von »Herr von Ham« und »Herr von Tame« unter dem letzten Namen bekannt wurde, den es bis in unsere Tage behalten hat; denn Thame mit einem h ist eigentlich eine bodenlose Narretei. In Erinnerung an den Drachen wiederum, auf den sich ihr Ruhm und Glück gründeten, bauten sich die Draconarii ein großes Haus, vier Meilen nordwestlich von Tame, an der Stelle, wo Giles und Chrysophylax sich zum erstenmal begegneten. Dieser Ort wurde überall im Königreich bekannt als Aula Draconaria, oder in der Umgangssprache als Würmlingshausen, so benannt nach dem König und seiner Fahne.*
>
> *Das Gesicht des Landes hat sich seit jener Zeit verändert, und Königreiche kamen und gingen; Wälder schwanden und Flüsse änderten ihren Lauf, und nur die Hügel sind geblieben, ein wenig abgeflacht durch Regen und Wind. Doch immer noch gibt es jenen Namen; obwohl die Leute es jetzt Wurmli nennen (wurde mir jedenfalls gesagt); denn die Dörfer haben ihren Stolz verloren.*

> *Doch in der Zeit, da diese Erzählung spielt, war es Würmlingshausen und Königssitz, und die Drachenfahne flatterte über den Bäumen; und alles verlief gut dort und glücklich, solange es Schwanzbeißer gab.* (*Bauer Giles* 74 f.)[37]

Netterweise räumt Tolkien im Vorwort ein, dass die Erzählung auch lesenswert sein könne für jene, die an seinen Sprachspielereien weniger Interesse haben: »*Manche mögen auch den Charakter und die Abenteuer ihres Helden für sich allein reizvoll finden.*« (*Bauer Giles* 10).

Tolkiens Erklärungen zu Mondfinsternissen, Flussnamen und zum Golfspiel sind so herrlich absurd, dass sie sich durchaus messen können mit dem, was andere Größen auf diesem Gebiet in den letzten Jahren produzierten, allerdings nicht im Umfang. Lobend erwähnt (und ihre Werke zu lesen empfohlen) seien hier: Douglas Adams mit »Per Anhalter durch die Galaxis« und den vier Folgebänden, Eoin Colfer mit bisher fünf Büchern um Artemis Fowl und Joanne K. Rowling, die allerdings die witzigsten Welterklärungen nicht in den Harry-Potter-Romanen verstaut hat, sondern in dem hübschen Pseudoschulbuch »Quidditch im Wandel der Zeiten«. Diese drei mögen stellvertretend dafür stehen, dass Tolkien sich mit dem Humor im *Farmer Giles of Ham* in einer guten, langen und fortgesetzten Tradition befindet.

4.3 Einfluss auf moderne Drachenstories

Tolkiens Chrysophylax ist so prototypisch und sein Einfluss als Autor so gewaltig, dass er starken Einfluss auf später geschriebene Drachengeschichten hatte. Gemeint sind hier nicht die zahlreichen Hommagen oder Pastiches, auch nicht die Ge-

37 Hier ist wegen der Wortspiele auch mal ein Originalzitat angebracht: »*Now those who live still in the lands of the Little Kingdom will observe in this history the true explanation of the names that some of its towns and villages bear in our time. For the learned in such matters inform us that Ham, being made the chief town of the new realm, by a natural confusion between the Lord of Ham and the Lord of Tame, became known by the latter name, which it retains to this day; for Thame with an h is a folly without warrant. Whereas in memory of the dragon, upon whom their fame and fortune were founded, the Draconarii built themselves a great house, four miles north-west of Tame, upon the spot where Giles and Chrysophylax first made acquaintance. That place became known throughout the kingdom as Aula Draconaria, or in the vulgar Worminghall, after the king‹s name and his standard. The face of the land has changed since that time, and kingdoms have come and gone; woods have fallen, and rivers have shifted, and only the hills remain, and they are worn down by the rain and the wind. But still that name endures; though men now call it Wunnle (or so I am told); for villages have fallen from their pride. But in the days of which this tale speaks Worminghall it was.*«

schichten, die bewusst an den »Farmer« anknüpfen bis hin zum Namen des Drachen, etwa jene von Kerstin Gier, in der der Drache Brunophylax heißt.

Während Nesbit in den erwähnten Geschichten eher komische oder untypische Drachen beschrieb, war Tolkien der erste, der einem typischen, gefährlichen Drachen positive Aspekte verlieh (im Hobbit war es noch ganz anders!) und eine Art »Gentlemen's Agreement« oder »friedliche Koexistenz« beschrieb.

Seither gibt es zahlreiche Werke, in denen Drachen stark, positiv, weise sind, nicht nur in fremden Welten, wo die Drachen eine ganz andere Herkunft haben, wie etwa im Zyklus über die Drachenreiter von Pern von Anne McCaffrey. Zu den Höhepunkten der Drachenliteratur gehören die Drachenbücher von Barbara Hambly um den schwarzen Drachen Morkeleb und die Erdsee-Romane von Ursula K. Le Guin.

Ganz in der Tradition des *Farmer Giles of Ham* bewegen sich Roger Zelazny, der in »Der Drache und die Jungfrau« mal die Verhältnisse umdreht, und Isaac Asimov mit der herrlichen Parodie »Prinz Wunderbar und der Drache, der kein Feuer speien konnte«. Tolkiens Einfluss mit Chrysophylax und Smaug kann in der Drachenliteratur wie in der Fantasy überhaupt kaum überschätzt werden.

5 *Schlussbetrachtung*

Der *Farmer Giles of Ham* ist eine prototypische Drachengeschichte. Tolkien schildert einen ganz »klassischen« Drachen und eine ganz klassische Drachentöterstory, die er allerdings parodistisch wendet. Es kommt alles vor, was für eine solche Erzählung nötig ist, und Tolkien setzt typische literarische und mythologische Topoi ein, auch in dieser Hinsicht ein Vorbild für moderne AutorInnen wie etwa Rowling.

In mehr als einer Hinsicht ist die Geschichte typisch für Tolkien: Sie zeigt seinen Humor, der auch im »Hobbit« und anderen Werken aufscheint und mit dem er in einer guten Tradition steht, und seine Freude am Spiel mit der Geschichte und mit der Sprache sowie seine Leidenschaft dafür, realwirkliche Phänomene zu erklären mit literarischen, erfundenen, »sekundärweltlichen« Gegebenheiten.

So zeigt uns diese Geschichte wie andere seiner so gerne unterschätzten »kleineren Werke« auch Tolkien von seiner humorvollen, lockeren Seite, als Meister der kleinen Form, der gut unterhalten kann.

Die Wahrheit über die Nibelorks

Teil I erstmals erschienen in: »Mittelerde ist unsere Welt. Wie es ›wirklich‹ war«
Hg. von Friedhelm Schneidewind und Frank Weinreich, EDITION STEIN UND BAUM Band 2, Verlag der Villa Fledermaus, Saarbrücken 2006, S. 187–195

Teil I: Das braune Buch

Ein Buch aus den Tiefen der Geschichte und den Bergen von Transsilvanien[1]

Fast solange wie mit Tolkien und dessen Werken beschäftige ich mich mit Mythologie und Religionswissenschaft und seit über 15 Jahren auch intensiv mit Vampiren. In diesem Zusammenhang war ich mehrfach in Transsilvanien (Siebenbürgen) im heutigen Rumänien[2]. Im Sommer vor zehn Jahren, während einer Tournee mit unserem Vampir-Theaterstück »Carmilla«, lernte ich in Sibiu (Hermannstadt) eine Zigeunerprinzessin kennen. Wir blieben in Verbindung, und Ende 2001 schickte ich ihr mein Tolkien-Lexikon. Einige Monate später hielt ich ein Paket in Händen, darin lag ein offensichtlich altes, in braunes Leder gebundenes Buch. Meine Bekannte teilte mir mit, es handele sich um ein Erbstück, das sich seit mindestens 300 Jahren im Besitz ihrer Familie befinde. Niemand aber habe die Schrift je entziffern können. Nun habe sie in meinem Lexikon einige Schriftzeichen gefunden, die sie an jene in dem braunen Buch erinnerten. Deshalb übersende sie mir dieses Buch zu treuen Händen und bitte mich, es mir genau anzuschauen und es zu erforschen.

Die Handschrift mit rund 120 Seiten stammt wohl aus dem 15. Jahrhundert: dickes Hadernpapier, gebunden in edles braunes Leder, auf dem Umschlag ein seltsames Zeichen eingeprägt. Nach langen Forschungen konnte ich die Schrift entschlüsseln. Das Buch ist geschrieben in einer Abart der Zwergenrunen, die Tolkien verwendet. Die Sprache ist ein verstümmeltes, oft fehlerhaftes Kirchenlatein, gemischt mit dem altertümlichen, dem Moselfränkischen ähnelnden Deutsch der Siebenburger Sachsen[3]. Einzelne Gedichte oder Lieder aber sind in absolut akkuratem Latein verfasst.

1 Dieser Essay entstand aus verschiedenen Vorträgen und wurde 2006 erstmals veröffentlicht; er erscheint hier, ungeachtet der Erkenntnisse aus Teil 2, in unveränderter Form.

2 Transsilvanien, rumänisch Transilvania (lat. das »Land hinter den Wäldern«), gehörte ab 1876 zu Ungarn und seit 1921 zu Rumänien. Als Stammland des Vampirismus gilt Transsilvanien vor allem durch den Roman *Dracula* von Bram Stoker. »The World Champion Lady Vampire of all Time«, Elisabeth Báthory, stammt aus einem siebenbürgischen Fürstengeschlecht.

3 Die Siebenbürger Sachsen wurden vor allem im 12. und frühen 13. Jahrhundert in Transsilvanien angesiedelt und gründeten dort über 200 Dörfer; sie kamen vor allem aus dem Rhein- und Moselgebiet.

Dem Vorwort zufolge handelt es sich um die nicht ganz vollständige Abschrift – oder eher eine Übertragung – eines sehr viel älteren Buches, das dem Autor zufällig in die Hände gefallen war. Dieses war in Griechisch verfasst, und dessen Verfasser behauptete, es sei die Übersetzung eines noch viel älteren Werkes, das einer seiner Vorfahren als Beute aus dem Trojanischen Krieg mitgebracht habe. Als Anhang waren dem Buch fremde Schriftzeichen und ihre Erläuterung beigefügt. Ich vermute, dass dies eine immer wieder neu erfolgte Übersetzung einer viele Jahrtausende alten Schrift ist, die, über welche Umwege auch immer, in die Hand eines menschlichen Priesters oder Gelehrten gelangt war. Der ursprüngliche Verfasser aber war kein Mensch. Es war ein Ork!

Über den anonymen Verfasser des Braunen Buches wissen wir wenig. Es lässt sich dem Vorwort entnehmen, das er zeitweise als Hilfsprediger in Kronstadt (Brasov) wirkte. Sein Vorgesetzter Johannes Honterus[4] übernahm die Übersetzung des älteren Buches aus dem Griechischen ins Deutsche, da sein Adlatus des Lateinischen nur begrenzt mächtig war. Nur einige Gedichte und Lieder übersetzte Honterus ins Lateinische, das ihm hierfür besser geeignet erschien als das Siebenbürger Deutsch. Unglücklicherweise starb Honterus, ehe er die Übersetzung vollenden konnte, und bei einem Brand im Pfarrhaus wurde das alte Buch ein Raub der Flammen. Unser Autor konnte sich mit knapper Not retten und die unvollständige Übersetzung mitnehmen.

Jahre später, als alter und inzwischen wohlhabender Mann, setzte er sich nieder und schrieb das Braune Buch. Da er wohl zu Recht fürchtete, dass ihn ein solches Werk in Zeiten der Gegenreformation und der Inquisition auf den Scheiterhaufen bringen könne, beschloss er, es mit Hilfe der fremden Schriftzeichen zu verschlüsseln, außerdem schrieb er, soweit seine Kenntnisse noch reichten, in Latein. Wie das Buch dann in die Hände der Familie meiner Bekannten kam, ist unbekannt – wir vermuten, durch Heirat oder Kauf.

Der Titel des Buches lautet, frei übersetzt: *Buch der weisen Worte von Mistan Taamuzish*. Es ist eine Sammlung von Geschichten, Geschichte und philosophischen Betrachtungen eines sehr gelehrten Ork-Schamanen; leider fehlen einige Abschnitte im Innenteil.

Ich will nicht behaupten, dass die Schrift echt sei. Bedenkt man aber, dass Tolkien immer darauf bestand, nicht etwas wirklich zu erfinden, und dass er stets davon sprach, er müsse etwas erforschen – denkt man weiter an die Geschichte des französischen

4 Johannes Honterus, latinisiert von Honter (siebenbürgisch für Holunder), 1498–1549 Kronstadt; Autor einer lateinischen und einer griechischen Grammatik; Verlagslektor, Holzschneider, ab 1533 eigene Druckerei in Kronstadt, ab 1544 dort Stadtpfarrer; Humanist, Anhänger Luthers, »Reformator Siebenbürgens«, verfasste die erste Siebenbürger Schulordnung und die »Kirchenordnung aller Deutschen in Siebenbürgen«.

Archäologen François Polyon, von dem Frank Weinreich erzählt und der nachgewiesen hat, dass unter Sibiu im heutigen Transsilvanien seltsame Aktivitäten stattfinden, die auf eine hinter Tolkiens Geschichten stehende Aktivität verweisen[5]: Vielleicht ist das Buch dann doch echt und eröffnet uns eine von Tolkiens Schilderungen abweichende Sicht auf Mittelerde, eine Sicht der Ereignisse *von der anderen Seite*. Und das kann nur gut sein![6]

Das Braune Buch liegt längst wieder wohl verwahrt in Transsilvanien. Wegen der in den letzten Jahren immer stärker geführten Diskussion über die Natur der Orks und ihre Ethik habe ich aber von meiner Bekannten die Erlaubnis erhalten, hier einige Auszüge zu zitieren. Wenn auch unzulänglich übersetzt, vor allem bei den Gedichten, und in vielem meine Interpretation, hoffe ich, dass diese Texte zum Nachdenken anregen und zu einer sachlicheren Diskussion beitragen mögen.

An den Ufern des Anduin
sitze ich und weine ...
... weine über mein Volk:
seine schreckliche Vergangenheit,
seine traurige Gegenwart,
seine verlorene Zukunft ...

So beginnt das Buch des Ork-Schamanen Mistan Taamuzish, über den wir nur wenig erfahren. Er lebte wohl im vierten Zeitalter, einige Jahre oder Jahrzehnte nach dem Ringkrieg, und schrieb über die Geschichte und das Schwinden seines Volkes.

Es ist ein sehr poetisches Werk. In seiner Melancholie und Trauer kann ich es mit den Klagegesängen in der Bibel vergleichen, in der Schlüssigkeit seiner Argumentation mit großen chinesischen oder abendländischen Philosophen.

Das passt so gar nicht zu dem üblichen Bild, das wir uns von Orks machen. Aber kennen wir das nicht aus unserer eigenen Geschichte? Wäre ein Opfer der Kreuzzüge oder der Hexenverbrennungen ohne weiteres auf die Idee gekommen, dass zur Kultur dieser Täter ein Gebot gehören könne wie »Liebe Deinen Nächsten wie dich selbst?« Oder ein jüdisches Kind im KZ auf die Idee, dass zur deutschen Kultur Lessing und *Nathan der Weise* gehören?

---

5 Zu finden unter http://www.polyoinos.de/tolk_stuff/tolk_story.htm

6 Denn wir kennen nur den *einen* Blick, der viele dazu verführt, die Gegner alle für richtig böse zu halten. Dass dies nicht so sein muss, habe ich in dem Buch *Eine Grammatik der Ethik* gezeigt. – Wie wichtig der Blick *von der anderen Seite* ist, wird immer wieder betont. Eine der bedeutendsten Autorinnen der Fantasy, Katherine Kurtz, erzählt manchmal ganz bewusst *»from the other side, the point of the view of the bad guys – who aren't really bad guys, of course; they're simply on the opposite side«* (*»von der anderen Seite, aus dem Blickwinkel der Bösen – die natürlich keine Bösen sind, sondern einfach auf der anderen Seite stehen«*: Katherine Kurtz: *Deryni-Tales. An Anthology.* ACE-Books, New York 2002, S. 165)

Einige ausgewählte Stellen aus diesem interessanten Werk möchte ich hier vorstellen und kommentieren. Einstweilen gehe ich davon aus, dass das Buch echt ist, oder zumindest echte Gefühle widerspiegelt – und dass sich hinter den Orks mehr verbarg, als uns bisher bekannt war.

Ich sehe Mistan Taamuzish als ein hoffnungsvolles Beispiel dafür, dass niemand von vornherein verdammt oder verloren sein muss.[7]

Über Erschaffung und Wesen der Orks

Ausführlich äußert sich Mistan Taamuzish über die Gerüchte, die über die Herkunft der Orks kursieren. Die Orks wissen es selbst nicht genau; es existieren nur Legenden. Die Orks beten keine eigenen Götter an, das »gemeine Volk« ist zu Zeiten des Ringkrieges eher areligiös. Von seinen Soldaten wird Sauron weniger als Gott verehrt denn als dunkle übermächtige Bedrohung gefürchtet.

Daher gibt es auch keine allgemein akzeptierte Schöpfungsgeschichte, wohl aber Herkunftslegenden, die immer wieder erzählt werden. In einigen spielt der »große Meister« eine Rolle, der »dunkle Herrscher«, Morgoth, von manchen Orks als Schöpfer verehrt.

Nur die gebildeten Orks – jene, die nicht in den Krieg ziehen, jene, die nicht in Tolkiens Geschichten auftauchen – wissen um die »Götter« der Elben und dass Morgoth ursprünglich einer von diesen war. Und nur Schamanen wie Mistan Taamuzish wissen mehr über die Valar und Ilúvatar.

Über drei unter den Orks verbreitete Legenden berichtet Mistan Taamuzish:

Viele ſind überzeugt, die Orks ſeien geſchaffen als Strafe der Elben, als deren Heimſuchung, von deren eigenen Göttern – eine Prüfung für die Elben.

Einige meinen, es werde ein Goldenes Zeitalter anbrechen für die Orks, wenn alle Elben vernichtet ſeien. Andere jedoch hoffen, es genüge, daß die Orks ihre Pflicht tun; am Ende der Zeiten würden ſie dann erlöſt.

7 Manche sehen die Orks zum Zeitpunkt des Dritten Zeitalters als bereits so weit auf dem Pfad des Bösen fortgeschrittene Wesen, dass eine Umkehr nicht sehr wahrscheinlich sei. Bei ihnen sei nicht so sehr die Einzeltat das Problem als vielmehr die verwerfliche Grundeinstellung. Einige gehen sogar noch weiter und sehen die Orks als prinzipiell unerlösbar oder auf Dauer verdammt an. Diese Haltungen berücksichtigen weder die für die Orks nicht gerade günstigen Umstände noch Tolkiens Haltung, dass niemand wirklich unerlösbar sei. Und vor allem kennen wir *nur die eine Sicht* auf die Orks. Beurteilen wir die gesamte US-Bevölkerung nach den Taten von US-SoldatInnen in Vietnam oder Irak, alle Deutschen nach denen der SS und der Wehrmacht? Wieso also sollten wir alle Orks nach dem bewerten, was uns aus gegnerischer Sicht über Ork-Soldaten erzählt wird? Zur Problematik der ethischen Beurteilung siehe meine Abhandlung *Biologie, Abstammung und Moral.*

Und es glauben manche, die Orks seien früher Elben gewesen, Elben, die sich aufgelehnt gegen ihre Götter, und für diesen Frevel wurden sie bestraft: Sie wurden zu Orks.[8] Und verflucht seien sie auf alle Zeit.

Doch manche glauben, daß eines Tages die Götter wiederkehren werden, und wenn die Orks dann ihre Pflicht tun, werden sie erlöst.

Und schließlich gibt es jene, die die elbischen Schauergeschichten glauben, wonach Morgoth, der dunkle Herrscher, die Orks einst erschuf in grauer Vorzeit, indem er Elben mißhandelte und umwandelte in Art und Gestalt.[9]

Was nun glaube ich? Die Vorstellung, daß Melkor uns aus Elben geschaffen habe, weise ich zurück. Weder glaube ich, daß er die Macht besaß, noch ergäbe dies einen Sinn für unsere Existenz. An Melkors Macht zweifele ich, weil es in unseren geheimen Schriften heißt, nur der Allschöpfer selbst, den die Elben Iluvatar und Eru nennen, könne die wahre Art eines Geschöpfes ändern, ihm die Unsterblichkeit verleihen oder nehmen.
Keiner der Valar sei dazu in der Lage – dann konnte es auch Melkor nicht (und die anderen Valar ebensowenig)!
Ich gebe aber zu, daß diese Idee ihren Reiz für manch einfaches Gemüt hat und vieles von dem Haß zwischen Elben und Orks erklären mag: Die anderen sehen in uns ihr dunkles Ebenbild, die unsrigen in jenen, was sie hätten sein können.
Ich bin überzeugt, daß auch wir Geschöpfe des Einen sind, in der Sprache der elbischen Mythologie: die dritten Kinder Iluvatars. Und hätte Melkor unsere Vorfahren nicht getäuscht und verführt – wer weiß, vielleicht hätten auch wir die kulturellen Höhen der Elben und Menschen erreicht, statt verfolgt und gejagt zu werden wie Schadwild!

An anderer Stelle macht sich Mistan Taamuzish lustig über Vorstellungen, die über die Fortpflanzung der Orks kursierten:

Sind wir Vögel, daß manche glauben, wir würden unsere Kinder ausbrüten«? Nur weil sie unsere Frauen und Kinder nicht sehen, glauben sie, es gäbe keine?[10] Nehmen denn sie ihren Haushalt und ihre Brut mit in die Schlacht?

---

8 Dies erinnert ein wenig an die im *Silmarillion* (107) erwähnte Vermutung mancher Elben, Orks *»seien vielleicht verkommene und verwilderte Avari, womit sie, wie es heißt, der Wahrheit nur allzu nahe kamen«*, vgl. S. 30

9 Dies entspricht der unter Elben verbreitetsten Theorie, die im *Silmarillion so* dargestellt wird: *»Doch dies halten die Weisen von Eressea für wahr, daß alle die Quendi, die in Melkors Hände fielen ..., durch die langsamen Künste der Folter verderbt und versklavt wurden; und so züchtete Melkor das ekle Volk der Orks, in Neid und Hohn den Elben nachgebildet, deren bitterste Feinde sie später waren.«* (60). Manche Elben allerdings sind überzeugt, dass Morgoth die Orks aus Menschen züchtete. vgl. S. 29.

10 Laut Tolkien sind Orks »ganz normale« Lebewesen: *»... die Orks hatten Leben und vermehrten sich ganz so wie die Kinder Ilúvatars«* (*Silmarillion* 60). Tolkien plante zumindest zeitweise sogar Halborks, derer sich etwa Saruman bedienen sollte (*Morgoth's Ring* 418).

Und wenn ſie ſie ſähen, würden ſie ſie nicht erkennen, denn Orkfrauen ſind für Nicht-Orks faſt ſo ſchwer zu erkennen wie Zwergenfrauen für Nichtzwerge.

Ganz egal wie die Orks nun auch entstanden sein mögen: Die Behandlung, die ihnen seitens der Elben und Menschen zuteil wird, empört Mistan Taamuzish aufs Äußerste. Zwar zeigt er Verständnis dafür, dass sie sich wehren, nicht jedoch dafür, dass sie ohne genauere Differenzierung alle Orks über einen Kamm scheren.

Ich gebe zu, daß es jenen, die nur die Soldaten Saurons kennen, ſchwer fallen mag, ſich andere Orks vorzuſtellen. Und ſo, wie die Orkſoldaten unter der Herrſchaft Saurons und früher Melkors wenig nachdachten, erwarte ich dies auch nicht vom einfachen Soldaten, von der einfachen Bevölkerung auf der Gegenſeite. Doch daß deren Führer, daß Menſchen wie Aragorn und Elben wie Elrond ſich von ihrem Haß fortreißen laſſen und nun zu einem Vernichtungsfeldzug gegen unſer Volk aufgerufen haben, kann ich nicht verſtehen. Sind ſie denn dann noch beſſer als jene Orks, die die Schandtaten unter Sauron und Saruman verübten?

Ich gebe auch zu, daß die meiſten Orks den Kliſchees entſprechen, die über uns verbreitet werden. Doch wie ſoll es anders ſein? Nur wenigen meines Volkes gelang einſt die Flucht aus Melkors Machtbereich, bis heute ſind wir freien Orks eine kleine Minderheit, die ſich in den Bergen verſteckt.

Kann ich den Soldaten vorwerfen, wie ſie ſich entwickeln? Daß ſie als dumme Toren erzogen, wie Tiere gehalten und bewußt dumm gehalten, zu Sklaven und Kampfmaſchinen herangezogen werden?

Mistan Tamuszish weiß nichts von der Napola[11] und den Palästinenserlagern. Aber ist die Situation nicht in mancher Hinsicht vergleichbar?[12] Sind diese Orksoldaten dann nicht für ihre Taten so wenig verantwortlich wie Kindersoldaten, die nie etwas anderes als den Krieg kennen gelernt und ein festes Feindbild haben?[13]

11 Für die Ausbildung des Führernachwuchses gab es im Dritten Reich neben parteieigenen Adolf-Hitler-Schulen die ***Na***tional***po***litischen ***Er***ziehungsanstalten, abgekürzt Napolas.

12 Wie schnell sich bei uns Menschen bei entsprechender Erziehung die moralischen Maßstäbe ganz im Sinne der Herrschenden gestalten lassen, sehen wir immer wieder: früher bei der Hitlerjugend, heute bei Palästinenserjugendlichen in Lagern, die sich ganz »freiwillig« zu Selbstmordattentaten melden, und in vergleichbaren Fällen. Was dem Hitlerjungen damals und dem Palästinenserkind heute das Feindbild »Jude«, ist dem Ork aufgrund seiner Erziehung und Umstände z. B. das Feindbild »Elbe« oder »Gondorianer«.

13 Nicht dass dies alle Taten entschuldigen würde; Frank Weinreich weist in *Eine Gramatik der Ethik* zu Recht auf die Verantwortlichkeit hin, die mit Willensfreiheit verbunden ist. Doch sollte man den Orks die gleichen mildernden Umstände zubilligen, die man Menschen in einer vergleichbaren Situation zubilligt. Unter Saurons quasi theokratischer Herrschaft zu stehen, der über erheblich mehr und grausamere Druckmittel verfügt als menschliche Herrschende, dürfte die Freiheit erheblich vermindern – und damit auch die Verantwortlichkeit.

Nur wenige freie Ork-Stämme gab es während des und nach dem Ringkrieg, die meisten Orks wurden aufgezogen in Unfreiheit und zur Dummheit, in einer brutalen Gesellschaft mit brutalen Regeln bis hin zu Kannibalismus. Doch wäre nicht auch ein Mensch oder ein Elbe bei gleicher Erziehung zu Ähnlichem fähig?

Gar traurig ſtimmt mich die Erkenntnis,
daß wir nur werden dürfen, was wir ſind.
Man läſſt uns keine große Wahl,
ein Ork iſt immer eines Orkes Kind.

Unwiſſenheit und Druck ohn' End',
ſo wächſt er auf, der Ork ſo klein.
Was Wunder, daß er nicht erkennt:
Das Leben kann auch anders ſein!

Wie wenig konnten die Orks ihr Potenzial ausschöpfen! Dabei hätten sie viel mehr erreichen können, davon ist Mistan Taamuzish überzeugt. Und er erinnert an mächtige Orks, die große Taten vollbrachten, und dies trotz der Unterdrückung durch Sauron. Er schreibt über Königreiche der Orks wie jenes, über das Azog aus dem Nebelgebirge herrschte – jener Azog, der im Jahre 2790 des Dritten Zeitalters den Zwergenkönig Thrór tötete, damit den siebenjährigen Krieg der Zwerge gegen die Orks verursachte und bei der Schlacht im Schattenbachtal von Dáin Eisenfuß erschlagen wurde. Orkheere bedrohten einst sogar Gondor! Wohin, so der Orkschamane, hätten sich die Orks entwickeln können ohne den Einfluss von Melkor und später Sauron?

Jene aber unterdrückten die Orks und ihre Kultur brutal, selbst ihre Sprache versuchte Sauron zu ersetzen. Und sie züchteten sie nach Bedarf, von kleinen, im Dunkeln lebenden Orks bis zu den brutalen Uruk-Hai und Halborks. Ein Ork musste schon sehr stark sein, um sich aus diesem Geflecht aus Abhängigkeit und Unwissenheit zu befreien. Nur wenigen gelang dies, bloß fünf Flüchtlinge konnte Mistan Taamuzish zu seinen Lebzeiten in seinem Dorf begrüßen.

Der große Krieg

Der große Krieg – so nennen die Orks im Vierten Zeitalter den Ringkrieg. Sicher, es gab erheblich längere Kriege, es gab in früheren Zeitaltern schrecklichere Schlachten und bedeutsamere Gegner – doch dieser Krieg war der wichtigste für die Orks.

Warum nur wurde unſer Volk in dieſen Krieg geführt? Ein Verrückter, machtbeſeſſen über jede Vernunft hinaus, und ein früherer »Gott«, der die ganze Welt beherrſchen wollte – ſie trieben die Orkheit in den Untergang. Ihre Orkſoldaten hielten ſie unter den mieſeſten Bedingungen und ließen ſie zuletzt faſt verhungern, und nach der Niederlage wurden ſie gejagt und nahezu komplett vernichtet. Die Ausrottung der Orks iſt das Ziel der Menſchen und verbliebenen Elben.

Iſt das die viel gerühmte menſchliche Gnade?
Iſt das die Großzügigkeit und Weisheit des viel gelobten Eleſſar?

Nur wenige Stämme haben überlebt. Wir haben uns ſo weit wie möglich zurückgezogen. Einige von uns arbeiten mit vertrauenswürdigen Menſchen zuſammen. Ja, es gibt auch weiſe und friedliebende Menſchen!

Die Zukunft wird erweiſen, ob wir mit ihnen gemeinſam mein Volk retten können.

Wir wissen heute, dass dies wohl nicht gelungen ist. Vielleicht haben die Orks noch lange überlebt, vielleicht bildet ihre Existenz in historischer Zeit die Grundlage für Legenden über Wald- oder Schneemenschen. Vielleicht haben sie sich auch mit den Menschen vermischt und sind, wie die Hobbits (und wie es manche von den Neandertalern vermuten), einfach aufgegangen in der Mehrheitspopulation. Dann hätten wir alle ein wenig von einem Ork in uns (und vielleicht von einem Hobbit und von einem Neandertaler ...)[14]

Vielleicht gibt es sogar immer noch ein paar verstreute Orks, einen Stamm in bisher unentdeckten Regionen der Erde – aber das ist in Zeiten von Spionagesatelliten und GPS nun wirklich sehr unwahrscheinlich.

14 Aktualisierung 2011: Inzwischen ist klar, dass die Neandertaler mit dem modernen Menschen *homo sapiens sapiens* Nachkommen hatten. Nach aktuellen Schätzungen dürften – je nach Region – ein bis vier Prozent unseres Erbgutes von Neandertalern stammen. Daher muss man wieder dahin zurückkehren, diese als *homo sapiens neandertalensis* zu bezeichnen, also als Unterart/Subspecies der Art Mensch, und nicht als eigene Art, wie es zeitweise mit der Bezeichnung *homo neandertalensis* dargestellt wurde.

Ich befürchte, dass Mistan Taamuzish mit seiner großen Klage recht behielt, die er wohl für jenen Menschen schrieb, dem er sein Buch vermachte. Mit dieser Klage endet sein Buch, und mit dieser Klage schließe ich diesen Bericht.

Die große Klage – das letzte Lied

Seht an uns Orks,
sind wir nicht auch
geformt nach eurer Götter Bild,
so wie's die Elben sagen?

Auch ein Geschlecht,
das ihnen gleich
im Freuen, Leiden,
Weinen oder Klagen?

Wenn ihr uns stecht,
so bluten wir wie ihr!
Und Krankheit oder Gift
sind tödlich oft für Ork wie Elb und Halbling.

Wir ihr genießen wir
gern Wein und Bier.
Und wer uns kitzelt, sieht uns lachen,
und wir sind froh und gern voller guter Ding.

Und doch jagt ihr uns
wie den Leu,
und unser Volk
sieht nah'n sein Ende,
versteckt sich
und wird feig und scheu,
hat keine Hoffnung
auf die Wende.

Doch wer noch lebt,
der kann auch hoffen.
Ein Hund, der lebt,
ist besser als ein toter Löwe.

Drum will ich weiter lehren
und will hoffen,
daß sich mein Volk einst
wieder heil erhebe.

Daß einst der Ork auch
ein geschätztes Wesen,
daß auch mein Volk
dereinst sei gut und weise,
dafür will schreiben ich
und will ich streben
und kämpfen so
auf meine Weise.

Es sei geklagt der Götter Zahl,
daß niemals wir gerecht betrachtet.
Nie gab es für uns freie Wahl,
stets waren wir geknebelt und verachtet.

Es will mein Volk nun besser werden,
dem Bösen nicht mehr dienen
und dafür nicht streiten.
Wir bitten euch nur um ein freies Leben,
lasset uns nur in Frieden
unser'n Weg beschreiten.

Doch kommt das Ende,
wie's wohl leider zu erwarten,
so wahret uns ein
ehrend Angedenken.
Vergebet meinem Volk
die schlimmen Taten,
dafür will ich euch
dieses Buch nun schenken.

Teil II: Das Geheimnis der Nibelorks[15]

Es fällt mir schwer, nach so langer Zeit alles genau niederzuschreiben. Mein Freund Giselher hat mich aber darum gebeten, und deshalb möchte ich alles so genau wie möglich wiedergeben.

Die wahre Geschichte des Hortes, den man heute den der Nibelungen nennt. Den wahren Grund, warum jener sterben musste, den viele als Helden feiern, Siegfried, den man als Drachentöter kennt. Die wahre Geschichte jenes Kleinodes, das als der Ring der Nibelungen bekannt ist und doch nichts anderes ist als jener Ring, der schon vor Urzeiten unsichtbar machen konnte und den mein Stamm über die Jahrtausende hütete. Und deshalb muss ich auch berichten über die wahre Geschichte meines Volkes, das schon in frühen Zeiten verfemt und verfolgt wurde, obwohl es doch missbraucht und verführt worden war.

Wo soll ich beginnen? In grauer Vorzeit, als noch nichts bekannt war von jenen Völkern, die heute das Land beherrschen? Den Römern, die vorgeben, die Zivilisation zu bringen? Den Burgundern, die man inzwischen auch die Nibelungen nennt? Den anderen Stämmen, die erst seit wenigen Jahrhunderten hier leben und das Land unter sich aufteilen? Nein, ich will beginnen mit der Begegnung von Siegfried und meinen Herren, den letzten Herrschern unseres einst so stolzen Stammes: der Nibelorks.

Mein Name ist Mistan Taamuzish. Ich bin der letzte einer ganzen Reihe von Schamanen jenes Volkes, das man in der frühen Vorzeit als Orks kannte – und so weit ich weiß bin ich der letzte lebende Ork.

Die Geschichte meines Volkes reicht weit zurück, in eine Zeit, von der die Weisen und Gelehrten der heute Herrschenden nichts wissen und die sich nicht einmal vorstellen können. Unsere Schriften verweisen auf eine Zeit, als noch Elben die Welt besiedelten, als noch Zwerge unter den Bergen hausten, als es noch wahrhaft große Könige gab – wie jenen, der sich Elbenstern nennen ließ und zugleich ein Schlächter und ein Mörder war, der mein Volk dahinmetzeln ließ und dafür verantwortlich war, dass Unschuldige zu Hauf ums Leben kamen.

15 Dieser bisher unveröffentlichte Text wurde erstmals 2009 beim Elbenwaldspektakel vorgetragen, dann an Halloween 2009 im Wormser Nibelungenmuseum und 2010 beim Tolkientag Niederrhein in Geldern. Es handelt sich der Fiktion nach um eine Schriftrolle, die kurz zuvor in einem bayrischen Kloster gefunden und mir zugespielt worden war: Das letzte Vermächtnis des Giselher, jenes unglücklichen Königsbruders aus dem Nibelungenlied, der wie seine Brüder am Hofe des Königs Etzel sein Ende fand, und das manche der Fragen beantwortet und Geheimnisse aufklärt, die nach der Lektüre des Braunen Buches geblieben sind.
Mehr zum Nibelungenlied s. Fußnote 11 S. 101

Nur wenige von uns, nur ein einziger Stamm, nur jene, die Glück hatten, entkamen dem Völkermord. Wir zogen uns zurück, in weit entlegene Gefilde, und pflegten dort unsere alten Traditionen.

Missbraucht und verführt vom dunklen Herrscher, hatten sich viele unseres Volkes seiner Herrschaft unterworfen und gegen die Menschen und Elben gekämpft.

Der Preis war zu hoch gewesen. So wenige geworden, fiel es uns schwer, unsere Kultur, unsere Weisheiten und unser Wissen zu bewahren. Hätte es nicht schon damals einen weisen Schamanen gegeben, meinen Vorfahren, der die Aufgabe des Hütens und Bewahrens auf sich nahm, wäre unser Volk sicher ausgestorben oder zumindest in der Barbarei versunken. So aber blühte und gedieh es, wenn auch im Verborgenen.

Als die Menschen zurückfielen in Unwissenheit, als die Elben das Land verlassen hatten, waren wir es, die die letzten Schätze von Gondor bewahrten. Wir waren es, die Jahrhunderte später in den Klüften des ehemaligen Schicksalsberges jenen Ring fanden, der, wenn nun auch ausgeglüht und nahezu machtlos, doch die Fähigkeit bewahrt hatte, unsichtbar zu machen: des dunklen Herrschers und des verderbten Gollum Schatz.

Wir hüteten diesen Ring als bedeutendsten unserer Schätze, und manches Mal rettete seine Fähigkeit, unsichtbar zu machen, unser Volk vor dem Untergang. Seine unheilvollen Eigenschaften waren geschwunden, als sein Schöpfer und Herr ausgebrannt worden war.

Im Laufe der Jahrtausende schrumpfte unser Volk, am Ende waren wir nur noch wenige, angeführt von den Zwillingsbrüdern Nibelung und Schilbung und mir, dem letzten der Ork-Schamanen. Wir hüteten wohl den Schatz, den wir von unseren Vorfahren ererbt: den Ring, den wir am Schicksalsberg, und das Schwert, das wir in Gondor gefunden hatten, jenes einst zerbrochene und für den wiedergekehrten König aufs Neue geschmiedete Zauberschwert.

Wir lebten im Verborgenen, und nach den Nebeln des Gebirges, in dem wir nun hausten, und weil wir uns verzogen vor den Augen aller Lebenden wie der Nebel am Morgen, wenn die Sonne erscheint, und auch in Erinnerung an alte Zeiten nannten wir uns die Nebel-Orks, die Nibelorks.

Hätten sich meine Freunde doch verhalten, wie man es den Orks in den alten Zeiten immer nachsagte! Hätten sie doch diesen starkknochigen Jüngling, der sich eines Tages in unseren Höhlen unter dem Berg verirrte und ohne ihr Eingreifen verhungert wäre, einfach sterben lassen.

Aber nein, ihr gutes Herz ließ sie unvorsichtig werden und verleitete sie zu unangemessener Hilfeleistung. Verborgen durch den Ring, schleifte Nibelung den scheinbar

Ohnmächtigen aus der Höhle und ließ ihn, versorgt mit Nahrung und einem Krug Met, unter einem Baum liegen.

Vielleicht wäre alles anders gekommen, wenn dieser barbarische feige Wälsungenprinz, der sich nur ohnmächtig gestellt hatte, nicht einen Blick hätte werfen können in unsere Schatzkaverne, in der es von Gold und Edelsteinen nur so funkelte – und über dem Kamin an der Wand hing das Schwert, das an Kunstfertigkeit alles übertraf, was die Menschen zu jener Zeit fertigen konnten.

Es ist allgemein bekannt, wie sich die Geschichte aus der Sicht des später so gelobten Helden Siegfried abgespielt haben soll: Er sei zu einer Höhle gekommen, in der die zwei letzten Nibelungenprinzen um die Aufteilung des Erbes ihres Vaters gestritten hätten. Man habe ihn um Hilfe und Rat gebeten, und als die Nibelungen diese nicht angenommen, ja ihn sogar deswegen angegriffen hätten, habe er sie erschlagen, die Tarnkappe und das Schwert an sich genommen und den Hort unter Bewachung des Zwergen Alberich zurückgelassen.

Das Einzige, was daran stimmt, ist das Zurücklassen des Schatzes unter meiner Obhut. Nicht einmal meinen Namen hat dieser tumbe Tor richtig überliefert, nur eine Verballhornung meines Titels, der an die elbenähnliche Macht des Schamanen erinnerte. Und auch wenn ich nie groß war – dem verräterischen Barbaren reichte ich kaum bis an den Brustkorb – und nun gebeugt bin vom Alter, war es eine Frechheit, mich einen Zwerg zu schimpfen ...

Oh ja, ich habe ihm gedient. Ich habe einen Handel mit ihm geschlossen, mit ihm, der meinen ganzen Stamm erschlagen hatte, zuletzt im Kampfe gar die edelsten der Nibelorks, die Könige Schilbung und Nibelung.

Nachdem alle anderen tot waren, standen wir uns in unentschiedenem Ringen gegenüber: Ich in der Schatzhöhle, verborgen vor seinen Augen durch den Ring, doch gefangen und bedroht durch den Flammenwall, den er vor dem Ausgang entzündet hatte – er im Bewusstsein, dass er mich nicht am Leben lassen konnte, sollte ich ihn nicht als den Mörder und Verräter brandmarken, der er war.

Drei Tage dauerte unser Ringen. Es war keines mit Schwert und Körperkraft, sondern mit des Geistes Waffen, denn auch wenn dieser Siegfried in mancher Hinsicht dumm und blöde war, so war er doch ein geschickter Krieger und ein kluger Taktiker. Schließlich einigten wir uns. Ich überließ ihm einiges an Gold und auch das Schwert, das später Balmung oder Notung genannt wurde. Und ich übergab ihm den Ring, wenn auch mit der Auflage, ihn als zwar wertvolles, aber doch gewöhnliches Kleinod darzustellen und seine zauberischen Eigenschaften einem Mantel zuzusprechen, jenem Umhang, den man heute als Tarnkappe kennt, auf dass niemand den wahren Wert des Ringes erkennen möge.

Ich überließ ihm sogar das Horn aus dem Schatz jenes Drachen, den einst einer der Pferdeherren erschlagen hatte und das in so vielen verschiedenen Landen ertönt war: in Rohan, in Gondor, ja sogar im Auenland. Eingefasst in einen Gurt, der besetzt war mit Drachenschuppen, konnte Siegfried mit seiner Hilfe »beweisen«, dass er einen Drachen erschlagen habe.[16]

Dafür schuf er den Kontakt zu meinem Freund Giselher, dem Weisen und Poeten des Hofes. Und das war es wert. Giselher ist es, der das Braune Buch meines Vorfahren aufbewahrt und es weiter geben wird. Ihm werde ich bald diese Schriftrolle anvertrauen, nun da sich mein Leben dem Ende zuneigt und der letzte Ork diese Welt verlassen wird.

Siegfried ist schon lange tot. Der Schatz hat ihm kein Glück gebracht. Neid und Missgunst, aber auch sein eigener Hochmut und seine Dummheit führten zu seinem unrühmlichen Ende durch die Hand eines Vertrauten und angeblichen Verbündeten. Ich bedauere und betrauere ihn nicht.

Giselher brachte mir den Ring und das Horn zurück; mit dem Rest des Schatzes haben wir sie im Rhein versenkt, auf dass ihre unglückselige Geschichte ein Ende finde.

Diese letzten Zeilen schreibe ich, während Giselher reisebereit vor mir steht und auf sie wartet. In das Land der Hunnen wird ihn sein Weg führen, an den Hof des mächtigen Königs Etzel, der seine Schwester freite, nachdem ihr Gatte Siegfried so schmählich hinterrücks erschlagen worden war. Nibelungen nennt sich sein Volk nun, nach dem König, dem Siegfried den Schatz raubte und dessen derzeitiges Versteck wohl nur Hagen und Gunther kennen.

Viele warnen vor dieser Reise, manch üble Prophezeiung wurde ausgesprochen, doch Giselher ist guten Mutes. Auf meinen Rat hin wird er jedoch das braune Buch und diesen Text nicht mitnehmen, sondern an das Kloster eines Freundes im Gebiet der Baoaren senden, auf dass sie nicht verloren gehen.

---

16 Das ist jenes kleine silberne, reich gravierte Horn mit magischer Kraft, dass Fram, Stammesführer der Rohirrim, einst aus dem Hort des von ihm getöteten Drachen Scatha mitnahm (*Der Herr der Ringe* 1177), das später als »Horn der Mark« bekannt wurde und das Éowyn als Zeichen der Dankbarkeit und Freundschaft Merry Brandybock schenkte.

Ich werde Giselher nicht wiedersehen. Wie auch immer seine Reise enden mag, die meine ist an ihrem Ende angelangt. Und mit ihr die meines Volkes.

Mein Vorfahr beschloss seinen Bericht aus der Altvorderenzeit mit seiner großen Klage, die so endete:

Es sei geklagt der Götter Zahl,
daß niemals wir gerecht betrachtet.
Nie gab es für uns freie Wahl,
stets waren wir geknebelt und verachtet.

Es will mein Volk nun besser werden,
dem Bösen nicht mehr dienen
und dafür nicht streiten.
Wir bitten euch nur um ein freies Leben,
lasset uns nur in Frieden
unser'n Weg beschreiten.

Doch kommt das Ende,
wie's wohl leider zu erwarten,
so wahret uns ein
ehrend Angedenken.
Vergebet meinem Volk
die schlimmen Taten,
dafür will ich euch
dieses Buch nun schenken.

Ich übergab unser heiliges Buch, das Braune Buch, Giselher als dem einzigen Menschen, dem ich jemals vertraute, vielleicht dem einzigen Menschen, dem ein Ork jemals vertrauen konnte. Es ist unser Vermächtnis an die Menschheit. Und ich schließe mich den Wünschen meines Vorfahren an.

Möge dieser Bericht einst enthüllen, wie mein Volk unterging durch Verrat und Gier. Möge er den Nachfahren der heute als Helden Verehrten zeigen, auf welch falschem Glanz deren Ruhm gebaut ist. Und möge er vielleicht bewirken, dass einst auch meinem Volk zuteil werde, wessen es stets entbehren musste: ein ehrend Angedenken

Fantastik als Friedensstifter?[1]

Die Fantastik und insbesondere die Fantasy als Vermittler kultureller Kenntnisse und kulturübergreifenden Verständnisses, aufgezeigt am Bild der Drachen und von Tolkien

Grundthese: Die Fantastik im weitesten Sinne und insbesondere die Fantasy kann als Vermittler kultureller Kenntnisse und kulturübergreifenden Verständnisses dienen und damit friedensstiftend wirken.

Während der Vorbereitung dieses Vortrages wurde mir deutlich, dass mir dies eigentlich schon seit meiner frühen Jugend klar war und mit einer der Gründe, warum ich bestimmte Literaturformen bevorzugte.

Als Kind bewunderte ich die kulturellen Errungenschaften des Volkes von Tecumseh, fieberte mit ihm in der Schwitzhütte und hätte mich gerne mit ihm im Bogenschießen gemessen[2]. Ich reiste mit Karl May – noch heute einer meiner Lieblingsschriftsteller – *Durch die Wüste* und *Ins wilde Kurdistan*, suchte den *Schatz im Silbersee* und bewunderte mit dem *blauroten Methusalem* die uralte Kultur Chinas.

Ich lernte mit Asterix, Tarzan und Superman fremdartige Kulturen kennen, aber auch mit den Mars-Reisenden von Burroughs, mit Robinson Crusoe und den Geschichten von Jules Verne und in vielen frühen Abenteuer-Romanen – und ich war bereit, diese mir fremden Kulturen und Auffassungen zu akzeptieren oder zumindest anzuschauen.

Und dadurch war ich gezwungen, die Auffassungen, ethischen Vorstellungen und gesellschaftlichen Ideale der Kultur, in der ich lebte, zu hinterfragen – und das gefiel mir schon als Kind.

Das ermöglichte, in ganz kleinem Rahmen, Rebellion.

Später begegnete ich der und begeisterte mich für die Science Fiction. Und es sind keineswegs nur die Meisterwerke aus diesem Genre, die ähnliche Effekte auslösen. Selbst durchschnittliche Geschichten und Romane, Reihen und Serien können die Fantastik

1 Dieser bisher unveröffentlichte Text wurde erstmals 2010 gehalten an der Universität Hamburg bei der ersten Jahrestagung und Gründungskonferenz der Gesellschaft für Fantastikforschung (GFF), 2011 beim Elbenwaldspektakel und beim Tolkien-Thing der Deutschen Tolkien-Gesellschaft.

2 Die Reihe um den Shawnee-Häuptling Tecumseh/Tecumtha/Tikamthi (»der sich niederduckende Berglöwe«, 1768 – 1813) von Fritz Steuben (= Erhard Wittek, 1898 – 1981) umfasst 7 Bände, die am besten in chronologisch spielender Folge gelesen werden: *Schneller Fuß und Pfeilmädchen*, 1935 – *Der fliegende Pfeil*, 1930 – *Der rote Sturm*, 1931 – *Tecumseh, der Berglöwe*, 1932 – *Der strahlende Stern*, 1934 – *Der Sohn des Manitu*, 1938 – *Ruf der Wälder* (1. Teil von *Tecumsehs Tod*), 1951 – *Tecumsehs Tod*, 1939. siehe Literaturverzeichnis.

weit über das auf unserem Planeten oder gar in den Lehrplänen unserer Schulen Übliche hinaus anregen.

Ich will nicht verhehlen, dass die Lektüre und das Anschauen von Science Fiction und später auch Fantasy in meiner Jugend noch einen weiteren Effekt hatte: Ich fühlte mich einer gewissen Elite zugehörig.

Ich war mir sicher, dass ich mit meiner, wenn auch nur theoretischen, Erfahrung in ungewöhnlichen Situationen viel besser reagieren könnte als jemand, der sich noch nie in seiner Phantasie mit Außerirdischen oder Elfen herumgeschlagen hatte. Warum sollte ich überrascht sein, wenn ich mit dergleichen zu tun bekäme?

Ich hielt mich für weitaus aufgeschlossener und – auch das – toleranter als die Durchschnittsbevölkerung, für die Geschichten wie »Die Liebenden« von Farmer oder Romane von Spinrad bestenfalls ein Skandal waren.

Und eigentlich geht es mir heute noch so, eher noch verstärkt durch Rollenspielerfahrung, auch im LARP[3], und viel theoretische Beschäftigung mit den Werken der Fantastik.

In meinen Büchern, Artikeln und Essays zeige ich seit Jahren immer wieder die Wurzeln der Fantastik in verschiedenen Kulturen und Mythologien auf. Eines meiner wichtigsten Anliegen ist es, den Leserinnen und Lesern zu ermöglichen, diese zu erkennen und zu bewerten. Ebenso will ich zeigen, wie sehr in vielen Werken der Fantasy und Science Fiction aus verschiedensten Kulturen geschöpft wird.

Und diese Arbeit, der ich mich natürlich nicht alleine widme, trägt Früchte. So durfte ich vor einigen Jahren am Institut für England- und Amerikastudien der Universität Frankfurt ein Seminar leiten zur Inter- und Transkulturalität bei Tolkien.

Im Rahmen der Recherchen zu meinem 2008 erschienenen Buch »Mythologie und phantastische Literatur« stellte ich fest, dass die Verwendung und Verfremdung unterschiedlichster Mythen und kultureller Motive und Topoi in den letzen Jahren zugenommen hat. Ein letzter Höhepunkt ist im Bereich der Filmkunst »Avatar«, in den Jahren zuvor haben die Harry-Potter-Romane eine Tour-de-Force durch Mythologie und Sagenwelten geliefert.

Diese Zunahme von Exotismus ist durchaus vergleichbar mit ähnlichen Entwicklungen in früheren Zeiten, man denke an die schon erwähnten Reiseromane wie »Robinson Crusoe« oder an Werke von Jules Verne, aber auch Arthur Conan Doyle – der eben nicht nur Sherlock Holmes schrieb, sondern auch ein Meisterwerk der Fantasy wie »Die

---

3 LARP = Live Action Role Playing (Game), Live-Rollenspiel

vergessene Welt« (The Lost World, 1912). Oder man nehme Jack London, der neben »Der Seewolf« und seinen vielen Abenteuer- und Südseegeschichten auch eine kommunistische Anti-Utopie schrieb wie »Die eiserne Ferse« (1908) und Fantasy-Geschichten, in denen beispielsweise der Held sich seines früheren Lebens als Neandertaler erinnert und zur Not auf die Fähigkeiten von damals zurück greifen kann.

Sie alle bedienten sich auch für ihre Zeit exotischer Mythen und beschrieben immer entferntere und/oder fremdartigere Räume und oft auch Kulturen.

Die Gründe sind ähnliche wie heute in der Fantastik: Wenn vieles schon vertraut und bekannt ist, wenn heute alle, die wollen, per Dokukanal und Wikipedia die Welt und ihre Absonderlichkeiten ins Haus geliefert bekommen, muss man, um spannend zu bleiben, was anderes liefern!

Ich glaube, beobachten zu können, dass durch diese zunehmende Verwendung von fremden, exotischen Mythen und Vorstellungen bei den Zielgruppen der Werke nicht nur das Wissen über diese wächst, sondern die oft positive Darstellung zumindest in Teilen auch zu einer positiveren Einstellung gegenüber »fremden« Kulturen und/oder Wesen führt und damit zur Vermeidung von Konflikten beitragen kann.

Und dies eben ist meine Grundthese:

> ***Fantastik und insbesondere die Fantasy kann als Vermittler kultureller Kenntnisse und kulturübergreifenden Verständnisses dienen, und Verständnis ist EINE Grundlage für Toleranz und für friedlichen Umgang miteinander.***

Wenn das Fremde nicht mehr gar so fremd ist, muss ich ihm auch nicht so angstvoll und/oder feindlich gegenübertreten. (Es hat seinen Grund, dass Fremdenfeindlichkeit dort besonders blüht, wo man kaum Fremde kennt, etwa in bestimmten Regionen der früheren DDR.)[4]

Warum sage ich: »insbesondere die Fantasy«? Schließlich war das ja auch schon früher so. Ein Paradebeispiel ist Karl May, dessen Literatur mit Recht dafür bekannt ist, zur Toleranz und zum Verständnis aufzurufen und zu erziehen (natürlich in einem der Zeit angemessenen Rahmen).

---

4 Das Feindbild als Projektionsfläche: »... *in diesem Fall ist es hilfreich, wenn der vermeintliche Feind weit weg ist – weil das Bild, das man von ihm hat, dann nicht so schnell durch die Realität korrigiert werden kann. Es gibt ja zum Beispiel auch einen Judenhass dort, wo gar keine Juden leben. Auf dem Gebiet der ehemaligen DDR leben kaum Ausländer, und trotzdem gibt es in Ostdeutschland eine ausgeprägte Fremdenfeindlichkeit.*« Hans-Jürgen Wirth: »Der Vulkan im Innern«, Publik-Forum 16/1011, 26. August 2011

May war vor allem gegen Ende seines Lebens bewusster Pazifist und widmete sich stets dem Bestreben, Menschen vom »Bösen« zum »Guten« zu erziehen. Noch eine Woche vor seinem Tod hielt er 1912 in Wien einen umjubelten Vortrag dazu, zusammen mit einer guten Freundin, der Friedensaktivistin und Friedensnobelpreisträgerin Bertha von Suttner.

Warum erzähle ich das? Weil es zeigt, dass gerade Abenteuer-Literatur schon immer AUCH zur Toleranz und zum Frieden aufrufen konnte.

FANTASY kann das aber noch besser! Warum?

Erstens: Weil sie noch mehr Freiheiten hat als Abenteuer- oder Reiseromane und sogar als die Science Fiction. Denn sie kann Kulturen und Verhaltensweisen erfinden und darstellen jenseits von wissenschaftlichen Erkenntnissen und Grenzen.

Auch die SF kann viel: Etwas Ähnliches wie die X-Men und eine Mutanten-Kultur sind innerhalb bestimmter Grenzen vor- und darstellbar, selbst »Gottheiten«, wie sie Roger Zelazny beschreibt oder wie sie bei »Startreck« vorkommen. Und natürlich gibt es in der SF auch Meisterwerke wie die Science Fiction-Kurzgeschichte „Enemy Mine“ von Barry B. Longyear von 1979 (deutsch „Du, mein Feind“ bzw. „Mein lieber Feind“; der Film von Wolfgang Petersen von 1985 ist leider eher ein bemühtes B-Picture. *Star Trek* greift das Thema Völkerverständigung beispielsweise oft viel besser auf.)

Es gibt aber Wesen und/oder Gesellschaftsformen, die nur die Fantasy schildern kann, die die Grenzen der SF sprengen, und die dennoch für uns lehrreich sein mögen, etwa in Hinblick auf ethisch-moralische oder soziologische Aspekte.

Zweitens: Fantasy kann sich viel stärker als andere Genres auf mehr oder weniger bekannte Mythen und/oder Mythologien beziehen und somit in einer Gesellschaft oder Subkultur vertretene Motive und Topoi aufgreifen. Dies kann man an vielen Beispielen in meinem Buch »Mythologie und phantastische Literatur« nachlesen.

Drittens: Durch übernatürlich schöne, romantische usw. Darstellungen, wie sie in der Fantasy möglich sind, können emotionale Reize gesetzt oder Klischeevorstellungen bedient werden, die in einer »natürlichen« Welt nicht möglich oder zumindest nur über Umwege erreichbar sind.

Ein Paradebeispiel für Wesen, die in Science Fiction und Fantasy vorkommen und die dort sämtliche mythologischen und kulturellen Grenzen sprengen, sind die DRACHEN. 2009 erschien im Peter-Lang-Verlag ein umfangreiches Buch von Fanfan Chen und Thomas Honegger: *Good Dragons are Rare. An Inquiry into Literary Dragons East and West*. Darin stellen mehrere Autorinnen und Autoren dar, wie sich die Drachenvorstellungen im Laufe der Zeit verändert haben.

Im ersten Beitrag, »Von Babylon bis Eragon. Die Wechselwirkung von Mythos/ Literatur und (Natur-)Wissenschaft in der westlichen Drachenvorstellung« arbeite ich u. a. heraus, wie sehr auch phantastische Texte dabei eine Rolle spielten.

Ich will hier nicht in die Einzelheiten gehen, wer mehr wissen will, sei auf das Buch bei Peter Lang und auf mein 2008 erschienenes Drachenlexikon verwiesen.

Aber ein paar Beispiele seien hier genannt aus dem Bereich der den meisten wohl bekannten Bücher und Filme.

In der älteren Fantasy-Literatur und in Filmen mit Drachen ist das naturalistische Drachenbild meist an der westlichen Vorstellung des geflügelten Ungeheuers orientiert. Michael Ende aber hat in den beiden Romanen um Jim Knopf und Lukas den Lokomotivführer 1960 bzw. 1962 schon fast alle denkbaren Arten von Drachen vorgestellt, auch ungeflügelte und Halbdrachen, und mit Fuchur in *Die unendliche Geschichte* 1979 einen quasi-chinesischen Drachen ohne Flügel.

Etwa zur gleichen Zeit tauchen bei Tolkien im *Silmarillion* sowohl geflügelte wie auch ungeflügelte Drachen auf. In vielen Jugendbüchern der letzten Jahre sind die Drachen eher ungeflügelt und orientalisch geprägt, so u. a. teilweise bei Cornelia Funke, Gudrun Reinboth und Evelyne Okonnek, um nur ein paar deutsche Autorinnen zu nennen. Wenn man den Begriff weit genug fasst, dann ist *Der Gottkaiser des Wüstenplaneten* im *Dune*-Zyklus von Frank Herbert, der fast gottähnliche Sandwurm, am ehesten mit einem der ungeheuer mächtigen Riesendrachen Japans oder Chinas zu vergleichen.

Und der deutsche Erfolgsautor Markus Heitz lässt in *Die Mächte des Feuers* (2006) und dem Folgeband *Drachenkaiser* (2009) in einer Parallelwelt 1925 das Geschick der Menschheit aus dem Untergrund von Drachen aller Art und aus verschiedenen Mythologien bestimmen.

Die Bücher von Heitz sind, wie auch seine Zwerge- und seine Blut-Reihe, gut geeignet, um zu verdeutlichen, dass in der vor allem modernen Fantasy:

- erstens: verschiedene Mythologien und Kulturen dargestellt werden, die keineswegs einheitlich gut und böse oder schwarz und weiß sind, und damit
- zweitens: beim Publikum Verständnis für verschiedene Kulturen, Gesellschafts- und Verhaltensformen sowie Ethiken geweckt werden.

Ob dies nun immer in der Absicht der Schreibenden lag, sei dahingestellt.

Schon bei Tolkien gibt es natürlich den trans-, inter- oder multikulturellen Ansatz. Im schon erwähnten Seminar am Institut für England- und Amerikastudien der Universität Frankfurt 2006 zitierte ich die Einleitung aus unserem 2005 erschienenen Buch *Eine Grammatik der Ethik*:

Zusammenfassend stellen wir dar, dass in Mittelerde weltanschaulich weitestgehend neutrale und damit sehr moderne ethische Überzeugungen vertreten werden. [...] ... dass »Gut« und »Böse« hier auch aus areligiöser Sicht charakterisiert werden können: »Gut« als Freiheit, »Böse« als die Negation des Guten – in Anlehnung an die mehrheitlich geteilte Überzeugung in der modernen Ethik, dass sich Gut und Böse interkulturell so beschreiben lassen. [...] Vielleicht lässt sich auch gerade damit – über die Großartigkeit der erzählerischen Umsetzung und die immer wieder zu beobachtende Brechung von Stereotypen und (Rassen-)Vorurteilen hinaus – der über kulturelle Grenzen hinweg reichende Erfolg des Werkes begründen. (Honneger, *Ethik* 8)

Moderne Ethik ist transkulturell, denn: Ihre moralische Weisungen können von jedem Menschen vernünftigerweise und unabhängig von seiner religiösen und politischen Weltanschauung unterschrieben werden. Und alle Menschen haben einen Anspruch darauf, dass sie nicht gezwungen werden dürfen, ihnen vorgelegte Weltbilder zu übernehmen; sie müssen daraus erwachsende moralische Forderungen aus freien Stücken anerkennen können: Universalisierbarkeit!

Beispiele lassen sich bei Tolkien zu Hauf finden, so etwa das Böse als aktive Umkehrung des Guten in der AINULINDALE: Melkors Lied *»war bemüht, das andre Lied mit der Gewalt seiner Stimme zu ersticken«* (*Silmarillion* 23) – eine lyrische Umschreibung des modernen Gedankens vom Bösen als aktiver Gegensatz im Kampf um die Freiheit.

Ein weiteres Beispiel ist DER RING als Konzept der absoluten Unterdrückung und Macht sowie der Korrumpierbarkeit durch absolute Macht als moderne Parabel auf den Menschen. *»The essential power of the One Ring* [...] *is thus to dominate other wills«*, so Dickerson (97: *»Die wesentliche Kraft des Einen Ringes ... ist es, andere Willen zu beherrschen«*).[5]

Die RINGGEMEINSCHAFT, zusammengesetzt aus verschiedenen Völkern und Rassen, wiederum beweist, dass es bei Tolkien keine eindeutig bösen oder guten Völker bzw. Rassen gibt, sondern viele Zwischenstufen.[6]

Ethisch am »modernsten« sind die Hobbits (abgesehen von ein paar Ausnahmen): In der Regel frei von Dominanzgelüsten, kämpfen sie für die eigene Freiheit und die

5 *»Power tends to corrupt, and absolute power corrupts absolutely«* lautet ein berühmtes Bonmot: *»Macht neigt dazu, zu korrumpieren, und absolute Macht korrumpiert absolut.«* Das äußerte Lord Acton 1887 zur 1870 verkündeten Unfehlbarkeit des Papstes in Glaubensfragen.

6 s. hierzu S. 41 ff. sowie meine Abhandlung *Biologie, Abstammung und Moral.*

Anderer. Ihre inneren Stärken passen dazu: Durchhaltevermögen, Pflichtgefühl, Freundschaft ... Samweis kann geradezu als ethisches Muster angesehen werden: Er tut das moralisch Richtige – und geht nach getaner Arbeit nach Hause.

In Mittelerde finden wir aber ganz verschiedene Ethiken, die uns die Möglichkeit bieten, im Sinne meiner Grundthese darüber zu reflektieren und unterschiedliche Positionen durchzuspielen und zu druchdenken: neben der modernen Ethik der Hobbits bspw. auch die altmodische Kriegerethik bei Saruman: Deutlich wird dies in der

> *Szene, in welcher der endgültig besiegte Saruman den einstigen Ringträger Frodo in ihrer ersten und letzten Konfrontation mit einem Messerstich zu ermorden versucht und der unverletzte Frodo Sam daran hindert, blutige Rache an Saruman zu nehmen.* [...] *Ein fast schon zum Heiligen stilisierter Frodo übt hier Barmherzigkeit in einem durchaus christlichen Sinne. Und ein gänzlich verdorbener und verdammter Saruman erweist sich als unfähig, das Geschenk dieser Gnade anzunehmen – wiewohl er es in seiner potenziellen Wirkung durchaus erkennt. Doch das ist nicht alles: So klar die Szene konturiert ist, so falsch schiene es mir, Sarumans Vorwurf der Grausamkeit gegen Frodo nur als Ausdruck seiner völligen Pervertiertheit abzutun. Denn in gewisser Hinsicht ist Frodos Handlung ja wirklich grausam. Seine totale Barmherzigkeit beraubt Saruman tatsächlich (fast) jeglicher Würde. Der gestürzte Maia wird vollends zur bemitleidenswerten, verachteten Figur. Und in dieser nunmehr restlos erniedrigten Gestalt, zu der erst Frodos Gnadenakt ihn endgültig macht, wird Saruman so verwundbar, dass selbst seine Kreatur Schlangenzunge es schließlich wagt, sich gegen ihren Meister zu erheben und ihn zu töten.* [...] *Sarumans Versuch, Frodo zu ermorden, muss durchaus nicht als letzter, hinterhältiger Verzweiflungsakt eines Wahnsinnigen gelesen werden, der seine Niederlage nicht eingestehen will. Vielmehr könnte man Sarumans letzten Stich als Versuch deuten, im Kampf zu sterben, also im Rahmen einer spezifischen Kriegerethik ehrenhaft zu fallen. Dann wäre es Saruman gar nicht so sehr darum gegangen, Frodo umzubringen, sondern darum, ob dieser äußersten Herausforderung mit dem Tode bestraft zu werden.* [...] *Saruman wird schließlich nicht nur (fast) jeglicher Würde beraubt, ihm wird auch gestattet, diesen Verlust zu erkennen und einen Standpunkt dazu zu formulieren, indem er sich selbst als »Schuldner von Frodos Barmherzigkeit« bezeichnet.* (Johnston 102 f.)

Dieser Bereich zeigt sehr schön, was phantastische Literatur vermag: Sie nimmt im Idealfall soziale, psychologische, ethische Aspekte auf und gestaltet sie zeitlos, evtl. gesellschafts- und kulturübergreifend und kann somit häufig auch ganz aktuelle Problematiken thematisieren und dazu zum Nachdenken anregen.[7]

Ein Beispiel möchte ich noch erwähnen: das LARP. Seit 1993 sammle ich Erfahrungen auf Burgen, Zeltplätzen und anderen Örtlichkeiten. Als Priester eines Gottes der Toleranz, der dazu auch im Rahmen des Rollenspiels Vorträge gehalten und Akademien geleitet hat, habe ich speziell die Entwicklung verschiedener (Sub-)Kulturen in diesem Spiel beobachtet, den Umgang mit verschiedenen Wesen, Gottheiten, Religionen/Mythologien bzw. Glaubens-/Wissenssystemen und Ideologien. Und im Nachhinein betrachtet, konnte ich meine Grundthese immer wieder bestätigt finden (auch wenn es herausragende Beispiele für das Gegenteil gibt).

Insgesamt gilt für das Fantasy-LARP (und in Grenzen auch für das Tisch-Rollenspiel), was ich für die Fantastik hier allgemein behaupte:

Die Beschäftigung mit verschiedenen (Sub-)Kulturen und Mythologien, die (hier) »praktisch gelebte« Inter- und Transkulturalität kann, oft sogar wird oder muss zu einer positiv(er)en Einstellung gegenüber »fremden« Kulturen und/oder Wesen führen und kann damit zur Vermeidung von Konflikten beitragen.

Besonders mit und bei Jugendlichen habe ich da sehr positive Erfahrungen gemacht in fast 20 Jahren LARP.

Ich hoffe, es ist mir gelungen, mit diesen Beispielen und den grundlegenden Überlegungen zu verdeutlichen, warum ich der Überzeugung bin, dass zumindest gute Fantastik – wie übrigens überhaupt gute Literatur – beitragen kann zum Verständnis des Fremden und/oder Anderen, dass sie also dienen kann als Vermittler kultureller Kenntnisse und kulturübergreifenden Verständnisses.

Und deshalb möchte ich gerne das Fragezeichen im Titel meines Vortrages ersetzen durch ein Ausrufezeichen.

Für mich gilt – nicht immer und nicht für jede, aber doch meistens:

Fantastik als Friedensstifter!

---

7 Als Beispiel hierfür wurden auf den 31. Phantastischen Tagen im September 2011 in Wetzlar die Elfenromane von Bernhard Hennen genannt, in denen u. a. die Weltwirtschaftskrise 2008/09, der Kalte Krieg und der Fluchtwinter 1944/45 ihren Niederschlag finden. Und in einem Artikel zum 5. Todestag von Tolkien hieß es: »*Utopisch ist der ›Herr der Ringe‹ in mancherlei Hinsicht.* [...] *Die kleinen Leute ... nehmen entscheidende Aufgaben wahr in einer Situation, in der den Weisen und Großen der Atem und der Verstand auszugehen drohen.* [...] *So bewältigt der ›Herr der Ringe‹ das Bedürfnis nach Geschichte, das er aufgreift, nicht, aber er gestattet weitgreifende Durchblicke dem, der sich über der Lektüre fremd wird und damit einen Schritt zu sich selbst tut.*« (Frankfurter Rundschau, 2.9.1978).

Was ist Magie und wie funktioniert sie?[1]

Erkenntnisse können Menschen auf verschiedene Weisen gewinnen. Wie man diese nennt oder wie sie gestaltet sind, hängt ab von der Kultur und Gesellschaft, in der sie gewonnen werden, von den bereits vorhandenen Kenntnissen, aber auch von politischen Entscheidungen, ethischen Regeln und möglicherweise sogar ökonomischen oder Macht-Interessen. Betrachten wir verschiedene Wege der Menschheit zur Erkenntnisgewinnung und beschränken uns dabei auf die (Er-)Kenntnis in den eher weltlichen Bereichen.

Auf der spirituellen und/oder transzendentalen Ebene, in Bereichen wie Mythos und Religion, werden weitere Erkenntnismöglichkeiten gesucht, z. B. durch Offenbarungen oder mystische Erleuchtungen, die in unserem Zusammenhang nicht interessieren. Manchmal erinnern daran aber die frühesten uns bekannten, fast schon wissenschaftlich anmutenden Techniken: die Magie bzw. die Zauberei und die Alchemie, die man guten Gewissens als legitime Vorläufer der modernen Wissenschaft betrachten kann.

Im allgemeinen Sprachgebrauch werden im Deutschen die Begriffe Magie, Zauberei und Hexerei in der Regel gleichgesetzt. Im wissenschaftlichen Sinne gibt es aber Unterschiede. Als Magie (abgeleitet von Magier) im weitesten Sinne werden allgemein alle Praktiken bezeichnet, die dazu dienen, den Verlauf von Ereignissen auf »übernatürliche« Weise zu beeinflussen.[2]

Das Wort Magier kommt vom altiranischen *maga* (Opfergabe, Opferdienst); Herodot bezeichnete so Angehörige einer Sippe des medischen Volkes mit priesterlichen Funktionen und großem politischen Einfluss. Zu ihren Praktiken zählten Astrologie, Dämonologie und Magie, sie galten als Stern- und Traumdeuter sowie Wahrsager. Sie waren Anhänger des persischen Propheten Zarathustra (auch Zoroaster, um 630 bis 550 v. Chr.) und dadurch stets auch in den Kampf zwischen Gut und Böse verstrickt. Denn Zarathustra lehrte einen Dualismus zwischen Angra Mainju, dem bösen Gott, und Ahura Mazda („Gott Weisheit“), dem guten Gott. Die Menschen müssen sich zwischen Gut

1 Dies ist ein um einige Texte erweiterter Auszug aus dem »Wissensspeicher« in der Abiturhandreichung 2011 *Wissen und Verantwortung. Mögliche Positionen zur Wissenschaft zwischen Freiheit und Verantwortung.* Ergänzend sei auf meinen Artikel »Zauberspruch und Zauberstab. Grundlagen der Magie in der Welt von Harry Potter« hingewiesen, der ursprünglich im Elbenwald-Megalog 2006 erschien und in meinem Buch *Spiegel, Muschelklang und Elbenstern* nachzulesen ist.

2 Eine interessante kurze grundlegende Betrachtung und Einschätzung der Magie liefert Claudia Knepper (»Magie«. EZW Materialdienst 9/11, S. 354): *»Magie kann verstanden werden als ein ritualisierter und instrumenteller Zugriff auf übernatürliche Kräfte, die bestimmten Gegenständen oder Handlungen zugeschrieben werden. Zu offiziellen oder individuellen Zwecken der Schadensabwehr, Schadensstiftung, Unheilvermeidung oder Wunschverwirklichung werden Mittel oder Handlungen eingesetzt, von denen man sich eine entsprechende Wirkung erwartet. Das Ausüben magischer Praktiken setzt überlieferte Kenntnisse und besondere Fähigkeiten voraus, über die in der Regel nur Eingeweihte verfügen.«*

und Böse entscheiden. Diese ethisch und dualistisch geprägte Religion wirkte auf zahlreiche Philosophen und Religionen ein, bis hin zu Judentum und Christentum. Noch heute gibt es in Indien, Iran und Pakistan etwa 150.000 Anhänger dieser Religion (in Indien Parsismus genannt), ihre Priester könnten heute als die einzig »echten Magier« betrachtet werden.

Seit alters her unterscheidet man zwei Hauptformen der Magie: die weiße Magie und die schwarze Magie. Die weiße, die »gute«, ethisch nicht fragwürdige Magie will den Menschen nutzen, sie dient auch dazu, die Wirkungen der schwarzen Magie zu beheben und ihr entgegenzuwirken. Die schwarze, egoistische, machtorientierte Magie wird meist dazu verwendet, Lebewesen Schaden zuzufügen, zumindest aber dazu, ohne Rücksicht auf andere eigene Interessen durchzusetzen. In Antike und Mittelalter umfasste die schwarze Magie vor allem die Anrufung von Dämonen und anderen bösen Mächten, allgemein als Zauberei und Hexerei bezeichnet. Die weiße Magie beschäftigte sich eher mit Alchemie, Astrologie und Kräuterkunde. Die Verfolgung der vermeintlichen schwarzen Magie fand einen traurigen Niederschlag in den Hexenverfolgungen.

In den Religionswissenschaften und in der Ethnologie werden Zauberei und Hexerei als zwei Spielarten der Magie unterschieden. Bei Zauberei handelt es sich immer um eine bewusste Aktivität, die mit bestimmten Ritualen und/oder Worten bzw. Anrufungen und/oder Substanzen verbunden ist, also magische Verfahren, in der Regel mit negativer Wertung und meist mit Hilfe böser (seltener guter) Mächte. Dies schließt die »Volksmagie« ein, auch »niedere Magie« genannt, und die Magie in betrügerischer Art, das Gaukelspiel. Das Wort Zauber wird abgeleitet vom althochdeutschen *Zober*, einer Bezeichnung der roten Farbe, mit der die eingeritzten Runen bestrichen wurden.

Hexerei hingegen wird bei den meisten Völkern als die angeborene oder ererbte Fähigkeit angesehen, durch übernatürliche Kräfte anderen Personen Schaden oder Nutzen zufügen zu können, wobei diese Fähigkeit auch unbewusst eingesetzt werden kann. In vielen Regionen Afrikas etwa unterscheidet man Hexen, denen ihre Fähigkeiten angeboren sind, von Zauberern, die sie durch oft blutige oder schamanistische Initiationen erwerben müssen. Zauberei ist also eher als der »wissenschaftliche« oder zumindest »technologische« Teil der Magie zu betrachten.

Hexen gibt es in fast allen Kulturen. Im Alten Testament wird die »Hexe von Endor« beschrieben, eine Hellseherin und Totenbeschwörerin, die den Geist des Königs Samuel aus der Unterwelt aufsteigen lässt (1. Sam 28). Im 7. Jahrhundert machte eine Berberfürstin im Gebiet des heutigen Tunesien von sich reden, die als Hexe und Prophetin ihr Volk sechs Jahre lang im (vergeblichen) Kampf gegen die arabischen Eroberer führte: El Kahira (»die Zauberin«). Im europäischen Volksglauben gehen Hexen (selten Männer) einen Pakt mit dem Teufel ein. Erst im Spätmittelalter bildete sich die Hexenvorstellung heraus, die schließlich zu den grauen- und massenhaften Hexenverfolgungen der frühen Neuzeit führte.

Der Begriff Hexe stammt vom althochdeutschen hagzissa und bedeutet ein sich in Hecken oder auf Zäunen aufhaltendes Wesen, er wird oft mit »Zaunreiterin« übersetzt.

Magische Praktiken kann man schon im Altertum in vier Bereiche einteilen. Die Sympathie- oder sympathetische Magie basiert auf symbolischer Darstellung und Wunscherfüllung. Gewünschte Wirkungen werden durch Imitation oder durch die Verwendung von Gegenständen erzielt, die mit einer Person oder einer Absicht in Verbindung gebracht werden. In manchen Regionen und Religionen glaubt man, einen Menschen verletzen zu können, wenn man eine Abbildung von ihm, etwa eine Wachspuppe, »verletzt«.

Als zweite wichtige Form der Magie gilt die Weissagung, die Divination.

Die dritte Form ist das »Wunderwirken«, die Thaumaturgie. Hierzu zählen u. a. Alchemie und die allgemeinen Formen von Zauberei, auch das Brauen von Zaubertränken.

Die vierte Form der Magie ist die Anrufung, die *Advocatio* oder *Incantation*[3], oder die Beschwörung: In Zaubersprüchen oder Formeln werden meist die Wirkungen benannt, die erreicht, oder die Namen jener Personen, Gegenstände oder übernatürlicher Wesen genannt, die betroffen sein oder gerufen werden sollen. Aus Babylon, Sumer und Ägypten sind uns Zaubersprüche, -formeln und -worte überliefert.

Oft findet man in Zaubersprüchen unverständliche, aus alten oder fremden Sprachen übernommene oder auch erfundene, nur so klingende Worte und Namen, wie in dem altenglischen Segen der Feldfrüchte ERCE ERCE ERCE EORTHAN MODO. Schon in der Antike wurden die »Ephesischen Worte« ASKION KATASKION LIX TETRAX DAMNAMENEUS AISION als Exorzismus oder Schutzzauber verwandt, seit dem Mittelalter rätselt man über die geheime Bedeutung des »magischen Buchstabenquadrates« SATOR AREPO TENET OPERA ROTAS, das man frei mit »Der Sämann Arepo hält mit Mühen die Räder« übersetzen kann. Das bei Taschenspielern und Zauberkünstlern beliebte »abracadabra« stammt wahrscheinlich aus Altägypten.

3 Deshalb heißt meine Internetseite zu Magic und zu Tolkien *www.incantatio.de*. Der zweite Teil eines klassisch aufgebauten Zauberspruches wird auch Incantatio(n) genannt, er folgt nach einer erzählenden Einleitung (historiola). In der Bibel wird *incantatio* üblicherweise mit Beschworung übersetzt: *»Quia ecce ego mittam vobis serpentes regulos quibus non est incantatio«* (Jeremia 8,17) wird zu: *»Denn siehe, ich will Schlangen und Nattern unter euch senden, die nicht zu beschwören sind«* (Lutherbibel, 1984); *»Denn siehe, ich sende unter euch Schlangen, Ottern, gegen die es keine Beschwörung gibt«* (Revidierte Elberfelder Bibel); *»›Ja‹, sagt der Herr, ›ich lasse Giftschlangen auf euch los, gegen die keine Beschwörung hilft‹«* (Gute Nachricht Bibel); *»Denn seht, ich sende giftige Schlangen unter euch, gegen die es keine Beschwörung gibt«* (Einheitsübersetzung).

1841 wurden in der Bibliothek des Domkapitels Merseburg in einer aus Fulda stammenden theologischen Handschrift des 9./10. Jahrhunderts (Merseburg Domkapitel Cod. 136 S. 85a) von Georg Waitz zwei Zaubersprüche entdeckt; sie wurden erstmalig 1842 herausgegeben von Jacob Grimm. Sie sind wohl um 750 entstanden und wurden im 9. oder 10. Jahrhundert in der Dombibliothek von Merseburg oder im Kloster Fulda in karolingischen Minuskeln auf dem Vorsatzblatt eines lateinischen Sakramentars aufgezeichnet. Die althochdeutschen Zauberformeln gelten als einzige nichtchristliche Zeugnisse in der deutschen Literatur dieser Zeit und bestehen aus einer Einleitung und der Zauberformel, jeweils in eine Erzählung integriert, also einem episch-erzählenden Einleitungsteil (historiale), der ein früheres Ereignis schildert, und der eigentlichen magischen Beschwörung (incantatio) in Form eines Analogiezaubers, durch Alliterationen (Stabreime) hervorgehoben.

Der erste »Merseburger Zauberspruch« wurde bekannt durch die Vertonung von Ougenweide; er wird unterschiedlich übersetzt:

Eiris sazun idisi sazun hera m(d)ouder
suma hapt heptidun suma heri lezidun
suma clubodun umbi cuoniouuidi
insprinc hapt bandun invar vigandun.

Wenn man das letzte Wort der ersten Zeile als *Mouder* liest, kann man übersetzen: *»Einst sich setzten Idisen, setzten sich hehre Mütter, flochten Feindesfesseln fest, hemmten deren Heere, lösten Bande jener, die auf ihrer Seite streiten: Entspringe den Banden! Entfahre den Feinden!«* (meine Übersetzung von 1997). Hier sind die Idisen als magisch begabte Frauen des Stammes interpretiert. Man kann sie aber auch mit Walküren gleichsetzen. Und man kann statt *Mouder Douder* lesen: *»Einstmals hockten sich Frauen, hockten sich hierhin und dorthin. Einige legten Fesseln. Andere hemmten das Heer. Andere lösten und öffneten Knoten Um der Baumkraft willen. Nun entspring den Fesseln! Entkomm den übermächtigen Feinden.«* (Jürgen Lodemann 2002).

Der zweite Spruch, ein Blut- oder Wundsegen, soll das Blut zum Stillstand bringen:

„Phôl ende Wuodan fuorun zi holza. | dû wart demo balderes folon sîn fuoz birenkit. | thû biguol en Sinthgunt, Sunna era swister; | thû biguol en Frîja, Folla era swister; | thû biguol en Wuodan, sô hê wola conda: | sôse bênrenki, sôse bluotrenki, sôse lidirenki: | bên zi bêna, bluot zi bluoda, | lid zi geliden, sôse gelîmida sîn.

Hier haben wir typische frühe Stabreime, Alliterationen: »bên zi bêna, bluot zi bluoda, | lid zi geliden, sôse gelîmida sîn«.

Phol und Wotan ritten durchs Gehölz, | da brach des Balders Fohlen sich den Fuß, | da besprachens Sindgund und Sunna, deren Schwester, | da besprachens Frija und Volla, deren Schwester, | da besprach es Wotan, so gut ers vermochte: | Wie der Bruch im Bein, so der Bruch im Blut, | so der Bruch des Gliedes: | Knochen zu Knochen, Blut zu Blut, | Glied an Glied, als seien sie verbunden.

Zahlreiche moderne Wissenschaften haben ihren Ursprung in Vorformen, die heute als magisch abqualifiziert werden. So leiten sich etwa die Physik und Chemie aus der Alchemie ab und die Astronomie aus der Astrologie. Beides sind uralte »Wissenschaften«. Astrologische Systeme etwa wurden unabhängig voneinander in verschiedenen frühen Zivilisationen entwickelt, so etwa in Babylonien etwa um 3000 v. Chr., in China ab etwa 2000 v. Chr., in Indien oder bei den Maya. Etwa um 500 v. Chr. entstand bei den Griechen eine der modernen Astrologie ähnliche Vorstufe, an deren Entwicklung Pythagoras und Platon beteiligt waren. In Europa wurde die Astrologie bis in die frühe Neuzeit praktiziert, auch wenn die Kirche sie immer wieder verbot. Bis ins 16. Jahrhundert galten Astrologie und Astronomie als ergänzende Wissenschaften, auch Kopernikus oder Galilei betrieben sie zeitweise.

Den Ursprung der Alchemie/Alchimie vermuten manche im alten Ägypten, wo man bereits 3000 v. Chr. Gold aus der Erde gewann; sie leiten das Wort vom ägyptischen *khem* (»schwarz«) ab, das auch für den nährenden Nilschlamm benutzt wurde. Andere vermuten als Wortstamm das griechische *chyma* (Metallguss). Spätestens im Mittelalter wurde die Alchemie auf jeden Fall zur geheimen »Schwarze Kunst«, die sich noch lange neben der Naturwissenschaft behaupten konnte. Die Verwandlung unedler Metalle in Gold (Transmutation) und die Suche nach der Unsterblichkeit – von Leib und/oder Seele – galten als ihre edelsten Ziele. Aber auch mit der »einfachen« Verjüngung oder der Erschaffung eines künstlichen Menschen gab man sich zufrieden.[4] Noch Paracelsus behauptete, er könne einen Menschen künstlich erzeugen.[5]

---

4 E. T. A. Hoffmann (1776 – 1822) erläutert in seiner Erzählung »Ignaz Denner« (1817): *»Nun weißt du schon, Andres, daß eines der größten Kunststücke meines Vaters die Bereitung jenes köstlichen wundersamen Liquors war, wozu das Hauptingredienz das Herzblut von Kindern ist, die neun Wochen, neun Monate, oder neun Jahre alt und von den Eltern dem Laboranten freiwillig anvertraut sein müssen. Je näher die Kinder mit dem Laboranten in Beziehung stehen, desto wirkungsvoller entsteht aus ihrem Herzblut Lebenskraft, stete Verjüngung, ja selbst die Bereitung des künstlichen Goldes.«*

5 Theophrastus Bombastus von Hohenheim, 1493 – 1541, genannt Paracelsus, gilt als einer der Erfinder der modernen Medizin, leistet leider auch den Hexenverfolgungen kräftig Vorschub. Sein Rezept für die Erzeugung eines Homunculus: *»Man nehme einen luftdichten Behälter mit menschlichem Sperma, vergrabe es 40 Tage lang im Pferdemist, magnetisiere es und füttere es anschließend weitere vierzig Tage mit Menschen-Blut.«* Paracelsus war es, der die Elementargeister in vier den Elementen zugeordnete Gattungen unterteilte; er sah sie als von Gott bestellte Hüter der Naturbereiche, als die »Blüte der Elemente«.

Zu den wichtigsten Werkzeugen und Zielen zugleich in der Alchemie gehörten der Stein der Weisen und das Elixier des Lebens.[6]

Seit Albertus Magnus (1200 – 1280) und sein Schüler Thomas von Aquino (1225 oder 1226 bis 1274) eine umfassende Theorie entwickelt hatten vom Vertrag zwischen dem Satan bzw. einem Dämon und einem Menschen, von einer Gegenwelt des Teufels und seiner menschlichen Verbündeten, die es zu bekämpfen gelte, konnte jede magische oder auch nur als abergläubisch bewertete Handlung als Teufelsdienst verfolgt und als Ketzerei bestraft werden. Bereits 1225 kam der »Sachsenspiegel« den kirchlichen Forderungen nach harter Bestrafung von zauberischen Delikten nach und sah für Zauberei und Ketzerei den Feuertod vor. Den Höhepunkt der Verfolgungen bildeten dann die Hexenverfolgungen in der frühen Neuzeit.

Vieles, was früher als Lehrmeinung oder herrschender Glaube, ja sogar als anerkanntes Wissen galt, wurde später als Aberglaube betrachtet, dies ist heute nicht anders, man denke an Alchemie, Okkultismus oder Spiritismus. Aberglaube bedeutet übersetzt »Widerglaube«, »Gegenglaube«. Was in einer bestimmten Gesellschaft als Aberglaube betrachtet wird, hängt natürlich vom Glauben der herrschenden Mehrheit ab; deshalb hat man zeitweise lieber den Begriff Volksglaube verwandt, der aber viel mehr umfasst. *»Wenn man an das Richtige oder den Richtigen glaubt, nennt man das Glauben – ansonsten Aberglauben. Und vieles von diesem ›Aberglauben‹ ist im Leben der Gegenwart noch präsent«*, so Hans Meurer in seinem Buch *Der dunkle Mythos* (Schliengen 1996). Manche magischen Praktiken sind heute auch in unserer Zivilisation verbreitet, wie Astrologie, Nummerologie oder Weissagung. Auch eine umgekehrte Bewegung ist zu

6 Die überlieferten Rezepte für die Herstellung des Steins der Weisen, lateinisch *lapis philosophorum* oder *lapis philosophicum*, zeigen, wie sehr die Alchemie schon naturwissenschaftlich orientiert war. Bereits Zosimos von Panopolis beschrieb ihn im 3. Jhdt. n. Chr. in Alexandria. Ausgangspunkt ist immer die *materia prima*, genannt auch *materia lapidis, materia cruda, materia proxima* oder *Jungfernerde*. Die genaue Art oder Zusammensetzung ist das Geheimnis eines jeden Alchemisten, die Erlangung des Steines wird in alten Quellen oft *Magisterium* genannt. Nach den meisten Quellen erfolgt die Herstellung in sieben Stufen: Zunächst wird die *materia prima* in »Merkurialwasser« verflüssigt (Solution oder Liquefaktion). Diese Lösung wird in *venter equinum*, im »Bauch der Erde«, vergraben, schwärzt sich dabei und verfault (Putrefaktion), dann hellt sich die Schwärze wieder auf. Der durch Verdunstung verlorengegangene Geist muss wieder zurückgegeben werden, indem die Substanz mit *lacta philosophica* (philosophischer Milch) genährt wird (Reduktion). Die Materie wird gelb, dann rot (*»wütet als roter Drache gegen sich selbst«*), bis sie sich *»in Blut verwandelt«*. Damit ist die Reduktion geglückt. Nun muss durch Koagulation oder Fixation der Geist wieder feste Form annehmen, dabei entsteht der Stein der Weisen oder *lapis philosophorum*. Diese 7 Stufen werden so z. B. bei Paracelsus beschrieben, andere Alchemisten kommen mit 4 Schritten aus. Im *Großen vollständigen Universal-Lexikon aller Wissenschaften und Künste* von J. H. Zedler werden die 7 Stufen 1742 wie folgt bezeichnet: *»Calcination, Verkalchung; Sublimatio, Erhöhung; Solutio, Auflösung; Putrefactio, Fäulung; Destillatio, Zertriefung; Coagulatio, Gerinnung; Tinctura, Anstrich«*. Manchmal setzt man den Stein der Weisen auch mit dem (Heiligen) Gral gleich, der ja auch Steinesform annehmen kann.

beobachten, die zunehmende Anerkennung nicht (natur-)wissenschaftlicher Praktiken, etwa in der Esoterik- oder New-Age-Bewegung, in der alternativen Medizin, im Glauben an Schutzengel, Dämonen oder den Teufel. An den glaubt allerdings auch der Papst ...[7]

Da Magie im weitesten Sinne alle Praktiken bezeichnet, die dazu dienen, den Verlauf von Ereignissen auf übernatürliche Weise zu beeinflussen, kommt es bei der Frage, ob etwas als Wissenschaft oder als Magie bezeichnet wird, darauf an, inwieweit man die Mechanismen und Zusammenhänge der Welt als natürlich oder nicht (aner)kennt.

Der berühmte Schriftsteller und Wissenschaftler Sir Arthur C. Clarke, Autor von *2001: Odyssee im Weltraum* (er kam u. a. auf die Idee, geostationäre Satelliten zur technischen Kommunikation zu nutzen), formulierte 1962 dazu Clarkes Drittes Gesetz: *»Any sufficiently advanced technology is indistinguishable from magic.« – »Jede weit genug entwickelte Technologie ist von Magie nicht zu unterscheiden«* (*Profile der Zukunft*, 37). Der Autor und Biochemie-Professor Isaac Asimov geht noch weiter: *»Arthur Clarke sagte in einem seiner bemerkenswerten und häufig zitierten Kommentare, daß Technologie, wenn sie nur hoch genug entwickelt ist, sich nicht von Magie unterscheiden ließe. Damit hat er ganz offensichtlich recht«* und ist nach einigen Gedankenspielereien überzeugt,

7 Frühe Beispiele für die unterschiedliche Sichtweise finden sich im Buch »Katholische Zauberei und Volksaberglaube« aus dem Jahre 1585 des Heidelberger Professors Hermann Wittekind (1524–1603), der auch gegen Hexenverbrennungen wetterte: *»Dieses mißbrauchs/aberglaubens/teuffelswirckung ist die pfaffenschafft in Pabstumb voll gewesen – und derhalben auch bey dem gemeinen Mann im schwang gangen: und noch bey uns Euvangelischen viel darvon uberig ist. Was war in der Messe das fuernembste anders – dann der zauberische segen – da der Pfaff – die fuenff Wort oder acht syllaben – ›Hoc est enim corpus meum‹, ubers brot sprach – hauchete darauff – machet mit dem kin drey kreutz darueber – meint damit wuerd auß dem brot der leib Christi. Gleicher weiß verwandelt er den Wein im kelch ins blut Christi – so doch den worten und syllaben solch vermoegen nicht geben ist. Banneten den heiligen Geist ins tauffwasser – ins weihewasser – ins saltz ...* [...] *Bey dem gemeinen mann ward deßgleichen aberglaubens und mißbrauchs kein zal. Blutet einem die nase zuviel – oder war einer verwund – so stillet mann das blut mit heiligen worten – vom stechen und Blutfluß unsers Herren am kreutze. Hatte einer sonst etwan einen schaden am leib – so nam ein alt weib einen kreutzpfenning oder gulden – bestreiche den schaden damit – mummelt etliche woerter darzu – das halff dann wie man meinte.«* – So mancher Theologe hielt (und hält) die Transsubstantiationslehre der katholischen Kirche für Aberglaube, und Martin Luther bezeichnete viele der der katholischen Kirche heiligen oder gesegneten Dinge als »Teufelssakramente«: *»Ist doch keine Not so geringe gewesen, der Teufel hat ein Sakrament oder Heiltum drauf gestiftet, dadurch man Rat und Hilfe finde.«* – Noch heute werden in vielen Religionen Außenstehenden als Aberglaube erscheinende Glaubenssätze gelehrt, etwa in der Katholischen Kirche der Glaube an die personale Existenz des Teufels oder an die Jungfrauengeburt. Dass Aberglaube auch außerhalb der Religionsgemeinschaften verbreitet ist, belegt der Blick in die Presse; am 11. März 2000 konnte man in der »Frankfurter Allgemeinen Zeitung« lesen: *»Angeblich leben wir in überaus aufgeklärten Zeiten: Nüchternheit ist gefragt, ›Sachzwänge‹ werden immer wichtiger. Sakrale Traditionen treten in den Hintergrund, religiöse Aura verliert an Bedeutung. Stimmt das wirklich? Jeder Blick in die Boulevard-, gar die Regenbogenpresse belehrt eines Besseren, belegt verblüffendes Interesse an den Irrungen und Wirrungen der Fürstenhäuser. Blut kann gar nicht blau genug sein. Doch auch sonst stößt man immer noch auf Rituale, die quasimetaphysische Bedeutsamkeit suggerieren, die zumindest weit über die Ebene der Alltagsentscheidungen hinausweisen.«*

damit habe er »*gezeigt, daß man Magie unter Umständen nicht von ausreichend hoch entwickelter Technologie unterscheiden kann.*«

Asimov kommt dann zum Schluss, dass »*man Clarkes Frage umkehren kann: Läßt sich Magie notwendigerweise nicht von weit genug entwickelter Technologie unterscheiden?*«, um diese dann positiv zu beantworten (*Issac Asimov's Zauberland*, 207).

Auch Claudia Knepper betont dies in ihrem gelungenen Überblick:

> *In der jüngeren Forschung zur Magie besteht weitgehend Einigkeit, dass nicht so einfach zwischen Magie und Religion unterschieden werden kann, ebenso wenig, wie Magie und Wissenschaft sich klar voneinander abgrenzen lassen.* (»*Magie*«, 355)

Egal ob Wissenschaft oder Magie, natürlich wurden und werden alle ihre Formen stets missbraucht und häufig bewusst manipulativ eingesetzt.[8] Ganz egal, ob Wissenschaft oder Magie zur Anwendung kommen: Die Verantwortung der Handelnden bleibt ihnen erhalten und sie müssen sich ihr stellen. Goethes »Zauberlehrling« ist und bleibt für alle, die sich mit moderner Wissenschaft beschäftigen, ein Paradebeispiel für einen Menschen, der sich an Wissen und/oder Fertigkeiten versucht, die er nicht ausreichend unter Kontrolle hat.

Und zugleich ist dieses Bild inzwischen zum Allgemeinbestand geworden. Die Verbreitung dieses Topos zeigen Überschriften wie „Nachdenkliche Zauberlehrlinge" (Deutschlandfunk 26.09.2008), „Zauberlehrlinge im Labor" (Deutschlandfunk 27.10.2009), „Gentechnik: Feindesland für Zauberlehrlinge" (Süddeutsche Zeitung, 16.05.2008) und „Ratlose Zauberlehrlinge" (Die Zeit, 50/1999).

8 Bei den Maya wird deutlich, wieviel Magie mit Wissenschaft zu tun haben kann bzw. mit Herrschaftswissen, also Wissen, das der »gewöhnlichen Bevölkerung« vorenthalten wird: »*Die Manipulation der Mayas war besonders raffiniert, weil sie nicht auf faulem Zauber oder persönlichem Charisma oder dem Appell an niedrige Instinkte beruhte, sondern auf wissenschaftlichen Erkenntnissen. Die Mayas waren ja glänzende Mathematiker und Astronomen. Und wenn du dich am Himmel auskennst, dann weißt du alles über die Jahreszeiten und das Wetter, dann kannst du den Regen voraussagen oder, was unangenehmer wäre, eine Dürreperiode – kurz, von deinen Voraussagen hängt die landwirtschaftliche Produktion und damit der Lebensstandard deines Volkes ab. Aber: Du enthältst deinen Untertanen wohlweislich die wissenschaftliche Erklärung vor und bietest ihnen statt dessen eine magische Erklärung dafür! Nicht weil du an deinem Hof die Elite der Astronomen beschäftigst, weißt du das alles – sondern weil du ein Sohn der Götter bist. Wer diese Manipulation durchschaute, war ein Störfaktor, der entweder beseitigt oder in die High-Society integriert werden mußte. Auf diese Weise bildete sich mit der Zeit ein Hof aus Intellektuellen, Künstlern und Handwerkern, die unablässig damit beschäftigt waren, den Abstand zwischen dem unwissenden Volk auf der einen und den Göttersöhnen auf der anderen Seite zu vergrößern.*« (Leo Linder, *Unter der Jaguarsonne*)

Und das Bild ist ja alt: Man vermutet als Inspiration von Goethe für die Ballade die Geschichte »Der Lügenfreund oder der Ungläubige« von Lukian von Samosata (um 120 bis nach 180), in der ein Mann angeblich von einem Zauberer die Zauberworte aufschnappt, um aus einem Besen oder Stösel einen Diener zu machen. Er aber verzichtet nach einem missglückten Versuch auf die Anwendung:

> *... da ich ihm, wenn er einmal Wasserträger worden ist, seine vorige Gestalt nicht wieder geben kann, so würde er uns mit seiner ungebetenen Emsigkeit das ganze Haus unter Wasser setzen.*

Die ethische Problematik der Magie und der Wissenschaft sind die gleichen, die Verantwortung der sie Anwendenden ebenso!

Literaturverzeichnis

Primärwerke von J. R. R. Tolkien

The Hobbit: Or There and Back Again.
London: HarperCollins, 1995 (Erstveröffentlichung 1937)

The Lords of the Rings. London: HarperCollins, 1995 (1954/55)

Farmer Giles of Ham: The Rise and Wonderful Adventures of Farmer Giles, Lord of Tame, Count of Worminghall, and King of the Little Kingdom (1949).
London: George Allen & Unwin, 1949; Boston: Houghton Mifflin, 1950; Ditzingen: Reclam, 1955 + 1995

The Adventures of Tom Bombadil and other verses from The Red Book. London: Allen & Unwin 1962

The Monsters and the Critics and Other Essays
London: George Allen & Unwin, 1983
»Beowulf: The Monsters and the Critics« (1937)
»On Translating Beowulf« (1941)
»Sir Gawain and the Green Knight« (1925)
»English and Welsh« (1963)
»On Fairy Stories« (1947)
»A Secret Vice« (1931)

Tree and Leaf. Including the Poem Mythopoeia
London: Grafton 1992
»On Fairy Stories« (1947)
»Mythopoeia« (1931)
»Leaf by Niggle« (1945)
»The Homecoming of Beorhtnoth, Beowulf's Son« (1953)

Tales from The Perilous Realm. London: HarperCollins, 1997
»Farmer Giles of Ham« (1949)
»The Adventures of Tom Bombadil« (1962)
»Leaf by Niggle« (1945)
»Smith of Wootton Major« (1967)

The Silmarillion. ed. by Christopher Tolkien.
London: HarperCollins, 1977

Unfinished Tales of Númenor and Middle-earth. ed. by Christopher Tolkien. London: HarperCollins 1998 (1980)

The Letters of J. R. R. Tolkien. A selection – ed. by Humphrey Carpenter with the assistance of Christopher Tolkien.
London: HarperCollins, 1995 (1981)

The History of Middle-Earth. ed. by Christopher Tolkien.
I *The Book of Lost Tales, Part One*
London: George Allen & Unwin, 1983
II *The Book of Lost Tales, Part Two*
London: George Allen & Unwin, 1984
III *The Lays of Beleriand.* London: HarperCollins, 1985
IV *The Shaping of Middle-Earth. The Quenta, The Ambarkanta and The Annals.* London: HarperCollins, 1986
V *The Lost Road and Other Writings. Language and Legend before The Lord of the Rings.* London: HarperCollins, 1987
VI *The Return of the Shadow. The History of The Lord of the Rings Part One*
London: HarperCollins, 1988
VII *The Treason of Isengart. The History of The Lord of the Rings Part Two*
London: HarperCollins, 1989
VIII *The War of the Ring. The History of The Lord of the Rings Part Three*
London: HarperCollins, 1990
IX *Sauron Defeated. including The History of The Lord of the Rings Part Four.* London: HarperCollins, 1992
(in Teilen veröffentlicht als *The End of the Third Age*)
X *Morgoth's Ring. The Later Silmarillion, Part One The Legends of Aman.* London: HarperCollins, 1993
XI *The War of the Jewels. The Later Silmarillion, Part Two The Legends of Beleriand.* London: HarperCollins, 1994
XII *The Peoples of Middle-Earth.* London: HarperCollins, 1996

Roverandom. ed. by Christina Scull and Wayne G. Hammond-
London: HarperCollins, 1998

The Children of Hurin. ed. by Christopher Tolkien
London: HarperCollins, 2007

Tolkien, J.R.R. with Donald Swann: *The Road Goes Ever On*
London: HarperCollins, 2002

Der Hobbit oder Hin und zurück (neu übersetzt von Wolfgang Krege). Stuttgart: Klett-Cotta, 2009

Der Herr der Ringe (Übersetzung: Margaret Carroux, bearbeitet und durchgesehen von Lisa Kuppler):
Leinengebundene Ausgabe in einem Band mit Anhängen. Stuttgart: Klett-Cotta, 2009
seitenidentisch mit der ledergebundenen Ausgabe in einem Band im Schuber mit Anhängen. Stuttgart: Klett-Cotta, 2008

Das Silmarillion. Hg. von Christopher Tolkien unter Assistenz von Guy Gavriel Kay, übers. v. Wolfgang Krege.
Stuttgart: Klett-Cotta, 1978

Nachrichten aus Mittelerde. Hg. von Christopher Tolkien, übers. v. Hans J. Schütz. Stuttgart: Klett-Cotta, 1982

Das Buch der Verschollenen Geschichten. Teil 1
Hg. von Christopher Tolkien, übers. v. Hans J. Schütz
Stuttgart: Klett-Cotta, 2007

Das Buch der Verschollenen Geschichten. Teil 2
Hg. von Christopher Tolkien, übers. v. Hans J. Schütz
Stuttgart: Klett-Cotta, 2007

Briefe. Hg. von Humphrey Carpenter unter Mitwirkung von Christopher Tolkien. Übersetzt von Wolfgang Krege.
Stuttgart: Klett-Cotta, [2]2002/1991

Geschichten aus dem gefährlichen Königreich
Stuttgart: Klett-Cotta 2011
»Roverandum«
»Bauer Giles«
»Die Abenteuer des Tom Bombadil«
»Schmied von Großholzingen«
»Blatt von Tüftler«

Fabelhafte Geschichten. Stuttgart: Klett-Cotta 1979
»Bauer Giles von Ham«
»Der Schmied von Großholzingen«
»Blatt von Tüftler«

Die Geschichte von dem Bauern Giles und dem Drachen Chrysophylax. zweisprachige Ausgabe.
Ebenhausen: Verlag Langewiesche-Brandt, 1970

Farmer Giles of Ham – Bauer Giles von Ham. Bilingual edition.
München: Deutscher Taschenbuch Verlag, 1999

Die Abenteuer des Tom Bombadil und andere Gedichte aus dem Roten Buch (übers. v. Ebba-Margareta v. Freymann).
Stuttgart: Klett-Cotta, 1984

Roverandom. Hg. von Christina Scull und Wayne G. Hammond.
Stuttgart: Klett-Cotta, 1999

Die Kinder Hurins. Hg. von Christopher Tolkien.
Stuttgart: Klett-Cotta, 2007

Beowulf. Mit einem Essay von J. R. R. Tolkien und der Übersetzung nach Georg Paysen Petersen von 1901
»Zur Übersetzung des Beowulf«
Stuttgart: Klett-Cotta, 2001

Die Ungeheuer und ihre Kritiker. Stuttgart: Klett-Cotta 1987
»Beowulf: Die Ungeheuer und ihre Kritiker«
»Zur Übersetzung des Beowulf«
»Sir Gawain und der Grüne Ritter«
»Über Märchen«
»Ein heimliches Laster«
»Rede zum Abschied von der Universität Oxford«

Gute Drachen sind rar. Drei Aufsätze. Stuttgart: Klett-Cotta 1983
»Ein heimliches Laster«
»Über Märchen«
»Beowulf: Die Ungeheuer und ihre Kritiker«

Allgemeines zu Tolkien und seinem Werk

Bidlo, Oliver D.: *Mythos Mittelerde. Über Hobbits, Helden und Geschichte in Tolkiens Welt.* Norderstedt: BoD, 2002
ders.: *Sehnsucht nach Mittelerde.* Norderstedt: BoD, 2003

Challis, Erica (Hg.): *The People's Guide to J. R. R. Tolkien.* Cold Spring Harbor, NY: Cold Spring Press, 2003

Chance, Jane: *Tolkien's Art: A Mythology for England.* Überarbeitete Auflage. Lexington, Kentucky: The University Press of Kentucky, 2001
– dies. (Hg.): *Tolkien and the Invention of Myth. A Reader.* Lexington, Kentucky: The University Press of Kentucky, 2004

Clark, George and Daniel Timmons (Hg.): *J. R. R. Tolkien and His Literary Resonances.* Westport, CT: Greenwood Press, 2000

Curry, Patrick: *Defending Middle-earth. Tolkien, Myth and Modernity.* Edinburgh: Floris Books, 1997

Duriez, Colin: *Tolkien and The Lord of the Rings: A Guide to Middle-earth.* London: Azure, 2001

Fornet-Ponse, Thomas: »Tolkiens Verständnis des Bösen«. *Inklings-Jahrbuch* 20, 2002: 199–228
– ders.: »›*The Lord of the Rings* is of course a fundamentally religious and Catholic work‹. Tolkien zwischen christlicher Instrumentalisierung und theologischer Rezeption.« Thomas Fornet-Ponse et. al. (Hg.): *Tolkien und seine Deutungen.* Hither Shore I. Köln: Scriptorium Oxoniae, 2005: 53–70

Fornet-Ponse, Thomas; Bülles, Marcel; Honegger, Thomas; Nagel, Rainer; Velten, Alexandra; Weinreich, Frank (Hg.): *Tolkien und seine Deutungen.* Interdisziplinäres Seminar der DTG 24./25. April 2004, Köln. Hither Shore Band I. Interdisciplinary Journal on Modern Fantasy Literature. Jahrbuch der Deutschen Tolkien Gesellschaft e. V. (DTG). Köln: Scriptorium Oxoniae, 2005
– dies. (Hg.): *Tolkiens Weltbild(er).* Interdisziplinäres Seminar der DTG 15. – 17. April 2005, Jena. Hither Shore II etc. Düsseldorf: Scriptorium Oxoniae, 2006
– dies. (Hg.): *Die Entstehung einer Mythologie – History of Middle-Earth.* Interdisziplinäres Seminar der DTG 21. – 23. April 2006, Mainz. Hither Shore III etc. Düsseldorf: Scriptorium Oxoniae, 2007
– dies. (Hg.): *Tolkiens kleinere Werke.* Interdisziplinäres Seminar der DTG 4. – 6. Mai 2007, Jena. Hither Shore IV etc. Düsseldorf: Scriptorium Oxoniae, 2008
– dies. (Hg.): *Der Hobbit.* Interdisziplinäres Seminar der DTG 25. – 27. April 2008, Jena. Hither Shore V etc. Düsseldorf: Scriptorium Oxoniae, 2009
– dies. (Hg.): *Gewalt, Konflikt und Krieg bei Tolkien.* Interdisziplinäres Seminar der DTG 24. – 26. April 2009, Hannover, Hither Shore VI etc. Düsseldorf: Scriptorium Oxoniae, 2010
– dies. (Hg.): *Tolkien and Romanticism. Tolkien und Romantik* Interdisziplinäres Seminar der DTG 23. – 25. April 2010, Jena. Hither Shore VII etc. Düsseldorf: Scriptorium Oxoniae, 2011

Foster, Robert: *The Complete Guide to Middle-Earth: From the Hobbit to the Silmarillion.* Ballantine – New York, 1978

Hiley, Margaret; Weinreich, Frank (Eds.): *Tolkien's Shorter Works. Proceedings of the 2007 Jena conference.* Zollikofen/Schweiz: Walking Tree Publishers, 2008

Honegger, Thomas: »Tolkiens moralischer Kosmos«. In: *Literaturwissenschaftliches Jahrbuch* 45, 2004: 239–259

Honegger, Thomas (Ed.): *Reconsidering Tolkien* Zürich und Bern: Walking Tree Publishers, 2005

Honegger, Thomas; Johnston, Andrew James; Schneidewind, Friedhelm; Weinreich, Frank: *Eine Grammatik der Ethik. Die Aktualität der moralischen Dimension in J. R. R. Tolkiens literarischem Werk.* Edition Stein und Baum, Band 1. Saarbrücken: Verlag der Villa Fledermaus, 2005

Isaacs, Neil D.; Zimbardo, Rose A. (Eds.): *Tolkien and the Critics. Essays on J. R. R. Tolkien's The Lord of the Rings.* Notre Dame und London: University of Notre Dame Press, 1968
– dies. (Eds.): *Tolkien: New Critical Perspectives.* Lexington, Kentucky: The University Press of Kentucky, 1981
– dies (Eds.): *Understanding The Lord of the Rings. The Best of Tolkien Criticism.* Boston und New York: Houghton Mifflin, 2004

Jones, Leslie Ellen: *Myth and Middle-earth.* Cold Spring Harbor, New York: Cold Spring Press, 2002

Kocher, Paul H: *Master of Middle-earth. The Fiction of J. R. R. Tolkien.* New York: Ballantine Books. 1972

Krege, Wolfgang: *Handbuch der Weisen von Mittelerde.* Stuttgart: Klett-Cotta, 1996

Lobdell, Jared (Ed.): *A Tolkien Compass.* Chicago und La Salle, Illinois: Open Court, [2]2003 ([1]1975)

Michel, Paul. *Formosa deformitas: Bewältigungsformen des Hässlichen in mittelalterlicher Literatur.* Bonn: Bouvier, 1976

Pearce, Joseph: *Tolkien: Man and Myth. A literary life.* London: HarperCollins, 1998

Pesch, Helmut W.: *J. R. R. Tolkien – der Mythenschöpfer* Edition Futurum Band 5. Meitingen: Corian Verlag, 1984

Petzold, Dieter: *J. R. R. Tolkien* – Fantasy Literature *als Wunscherfüllung und Weltdeutung.* Heidelberg: Winter, 1980

Purtill, Richard: *J. R. R. Tolkien: Myth, Morality and Religion.* San Francisco: Ignatius Press, 1984 (Nachdruck 2003)

Rateliff, John D.: *The History of the Hobbit.* London: HarperCollins, 2007.

Schneidewind, Friedhelm: *Das große Tolkien-Lexikon.* Berlin: Lexikon Imprint Verlag, 2001
– ders.: *Mythologie und phantastische Literatur.* Essen: Oldib-Verlag, 2009
– ders.: *Spiegel, Muschelklang und Elbenstern. Artikel 2006 bis 2008.* Saarbrücken: Verlag der Villa Fledermaus, 2009

Schneidewind, Friedhelm; Weinreich, Frank (Hg.): *Mittelerde ist unsere Welt. Wie es »wirklich« war.* Edition Stein und Baum, Band 2. Saarbrücken: Verlag der Villa Fledermaus, 2006
– dies. (Hg.): *Von den kleinen Leuten. Über Halblinge, Zwerge und andere (zu) kurz Gekommene.* Edition Stein und Baum, Band 3. Saarbrücken: Verlag der Villa Fledermaus, 2008

Schneidewind, Friedhelm; Steimel, Heidi (Hg.): *Musik in Mittelerde.* Edition Stein und Baum, Band 4. Saarbrücken: Verlag der Villa Fledermaus, 2011

Shippey, Tom: *J. R. R. Tolkien. Autor des Jahrhunderts.* Stuttgart: Klett-Cotta, 2002
– ders.: *Der Weg nach Mittelerde. Wie J.R.R. Tolkien »Der Herr der Ringe« schuf.* Stuttgart: Klett Cotta, 2008

Stanton, Michael N.: *Hobbits, Elves, and Wizards*
New York: Palgrave, 2001

Weinreich, Frank: *Über Märchen – Tolkiens Sicht des Phantastischen* Bochum, 1999 [WWW-Dokument] URL: http://www.polyoinos.de/tolk_stuff/fairystories.htm [zitiert am 31.5.2005]
– ders.: J. R. R. Tolkien – *The Lord of the Rings.* München: Mentor, 2001
– ders.: *Zwei Universen. Das Verhältnis von Realität und Fiktion in den fiktionalen Werken Tolkiens.* Bochum, 2002 [WWW-Dokument] URL: http://www.polyoinos.de/tolk_stuff/realitaet_fiktion.htm [zitiert am 31.5.2005]
– ders.: »Zur Möglichkeit philosophischer Interpretationen Tolkiens fiktionaler Werke am Beispiel der Willensfreiheit«. Thomas Fornet-Ponse et. al. (Hg.): *Tolkien und seine Deutungen.* Hither Shore I. Köln: Scriptorium Oxoniae, 2005: 71–83

West, John G. Jr. (Ed.): *Celebrating Middle-earth. The Lord of the Rings as a Defense of Western Civilization.* Seattle, WA: Inkling Books, 2002

Wilson, Colin (Ed.): *The Strength to Dream. Literature and the Imagination.* Westport, Connecticut: Greenwood Press, 1973

Biologie, Evolution, Rassismus (Kapitel II – VI)

Adler, Gerhard; Aichelin, Helmut: *Reinkarnation – Seelenwanderung – Wiedergeburt. Eine religiöse Grundidee im Aufwind.* EZW-Information 76. Stuttgart: Evangelische Zentralstelle für Weltanschauungsfragen, 1979 (erhältlich als Datei: http://www.ekd.de/ezw/dateien/EZWINF76.pdf)

Aegerter, Roland, Miryam Eser Davolio und Ivo Nezel: *Sachbuch Rassismus. Informationen über Erscheinungsformen der Ausgrenzung.* Zürich: Pestalozzianum, 2001

Angenendt, Arnold: *Geschichte der Religiosität im Mittelalter.* Darmstadt: Primus, 1997

Appiah, Kwame Anthony: »Racism«.
David Theo Goldberg (Hg.): *Anatomy of Racism.* Minneapolis: University of Minnesota Press, 1990

Bachmann, Dieter; Honegger, Thomas: »Ein Mythos für das 20. Jahrhundert. Blut, Rasse und Erbgedächtnis bei Tolkien« Thomas Fornet-Ponse et. al. (Hg.): *Tolkiens Weltbild(er).* Hither Shore II. Düsseldorf: Scriptorium Oxoniae, 2006: 13 – 39

Beeh, Volker: »Was ich dir sagen will. Der Mensch und die Sprache«. *Funkkolleg Der Mensch. Anthropologie heute.* Studienbrief 7, Studieneinheit 21. Tübingen: Deutsches Institut für Fernstudien an der Universität Tübingen, 1993

Benecke, Mark: *Der Traum vom ewigen Leben. Die Biologie beantwortet das Rätsel des Alterns.* Leipzig: Reclam, 2002

Bielefeld, Uli (Hg.): *Das Eigene und das Fremde. Neuer Rassismus in der alten Welt?* Hamburg: Junius Verlag, 1991

Buselmaier, Werner; Tariverdian, Gholamali: *Humangenetik für Biologen.* Berlin/Heidelberg/New York: Springer, 2005

Cavalli-Sforza, Luigi Luca: *Gene, Völker und Sprachen.* München: dtv, 2003

Cavalli-Sforza, Luigi Luca und Francesco: *Verschieden und doch gleich. Ein Genetiker entzieht dem Rassismus die Grundlage.* München: Droemer Knaur, 1994

Claussen, Detlev: *Was heißt Rassismus?*
Darmstadt: Wissenschaftliche Buchgesellschaft, 1994

Cline, Leonard. *Die dunkle Kammer.* Almersbach: Festa, 2001 (*The Dark Chamber,* 1927)

Czihak, Gerhard, Helmut Langer und Hubert Ziegler: *Biologie.* Berlin/Heidelberg/New York u. a.: Springer-Verlag, 1992

Darwin, Charles: *On the Origin of Species by Means of Natural Selection or the Preservation of Favoured Races in the Struggle for Live.* London: John Murray, 1859/Facsimile, Cambridge: Harvard University Press, 1964
– ders.: *The Descent of Man and Selection in Relation to Sex.* London: John Murray, 1871/London: Penguin, 2004
– ders.: *The Structure of Evolutionary Theory.* Cambridge: Belknap Press of Harvard Univ. Press, 2002

Davis, Joel: *Faszination Gehirn. Entschlüsselung letzter Geheimnisse.* Heidelberg: Umschau Braus, 1999

Dennett, Daniel C.: *Darwins gefährliches Erbe. Die Evolution und der Sinn des Lebens.* Hamburg: Hoffmann und Campe, 1997

Ditfurth, Hoimar von: *Der Geist fiel nicht vom Himmel. Die Evolution unseres Bewußtseins.* München: dtv, 1980

Duby, Georges: *Ritter, Frau und Priester.*
Frankfurt/Main: Suhrkamp, 1988

Eco, Umberto: *Die Suche nach der vollkommenen Sprache.* München: Beck, 1994

Falk, Dean: *Breakdance – oder warum Schimpansen nicht steppen können. Die Entwicklung des menschlichen Gehirns.* Basel/Boston/Berlin: Birkhäuser, 1994

Fredrickson, George M.: *Rassismus. Ein historischer Abriss.* Hamburg: Hamburger Edition, 2004

Friedli, Richard: *Zwischen Himmel und Hölle – Die Reinkarnation. Ein religionswissenschaftliches Handbuch.* Freiburg: Universitätsverlag, 1986

Gee, Henry: *Die Wissenschaft bei Tolkien*
Weinheim: Wiley-VCH, 2009

Geiss, Imanuel: *Geschichte des Rassismus.*
Frankfurt/Main: Suhrkamp, 1988

Gößling, Andreas: *Drachenwelten. Geister der Schöpfung und der Zerstörung.* München: Piper 2003

Gould, Stephen Jay: *Illusion Fortschritt. Die vielfältigen Wege der Evolution.* Frankfurt/Main: Fischer Taschenbuch Verlag, 1999

Halbwachs. Maurice: *Das kollektive Gedächtnis.* Frankfurt/M.: Fischer 1985 (*La mémoire collective,* Paris 1939)

Hemminger, Hansjörg: *Kreationismus zwischen Schöpfungsglaube und Wissenschaft. Ein Beitrag zur naturwissenschaftlichen und theologischen Auseinandersetzung.*
Hannover: Evang. Zentralstelle für Weltanschauungsfragen, »Orientierungen und Berichte Nr. 16«, II/1988

Hennig, Wolfgang: *Genetik.*
Berlin/Heidelberg/New York: Springer, 2002

Hermann, Christoph; Fiebach, Christian: *Gehirn und Sprache.* Frankfurt/M.: Fischer, 2004

Hofmann, Murad (Hg.): *Der Koran. Das heilige Buch des Islam.* Aus dem Arabischen von Max Henning (1901), überarbeitet von Murad Hofmann. München: Diederichs, 1999

Isau, Ralf: *Die Galerie der Lügen.*
Bergisch Gladbach: Ehrenwirth, 2005
– ders.: »Die Galerie der Lügen Oder: Wie Erwartungen die Welt verändern«. Online-Essay [WWW-Dokument] URL: http://www.isau.de/id/pdf/Luegengalerie_Essay.pdf [zitiert am 15.9.2005]

Johnston, Andrew James: »Ästhetische Strategien und ethische Vielfalt«. Thomas Honegger et. al.: *Eine Grammatik der Ethik. Die Aktualität der moralischen Dimension in J. R. R. Tolkiens literarischem Werk.* Edition Stein und Baum, Band 1. Saarbrücken: Verlag der Villa Fledermaus, 2005: 89 – 109

Kapitzke, Gerhard: *Das Pferd von A-Z. Rassen, Zucht, Verhalten, Reiten, Fahren.* München: BLV Buchverlag, [7]2006

Kehr, Eike: *Die wiederbezauberte Welt. Natur und Ökologie in Tolkiens »The Lord of the Rings«*. Wetzlar: Phantastische Bibliothek Wetzlar, 2003

Korff, Wilhelm; Beck, Lutwin; Mikat, Paul (Hg.): *Lexikon der Bioethik*. Gütersloh: Gütersloher Verlagshaus, 2000

Krege, Wolfgang: *Handbuch der Weisen von Mittelerde*. Stuttgart: Klett-Cotta, 1996

Kuckenburg, Martin: *... und sprachen das erste Wort? Eine Kulturgeschichte der menschlichen Verständigung. Die Entstehung von Sprache und Schrift*. Düsseldorf: Econ, 1996
– ders.: *Wer sprach das erste Wort? Die Entwicklung von Sprache und Schrift*. Stuttgart: Theiss, 2004

Kutschera, Ulrich: »Kreationismus«. *Naturwissenschaftliche Rundschau* 55, 2002: 61 – 62

London, Jack: *Vor Adam*. Erkrath: Fantasy Productions, 2005 (*Before Adam*, 1906)

Masson, Peter: »Anthropologische Dimensionen interkultureller Verstehensbemühungen«. René Weiland (Hg.): *Philosophische Anthropologie der Moderne*. Weinheim: Beltz Athenäum, 1995

Mayr, Ernst: *Das ist Biologie. Die Wissenschaft des Lebens*. Heidelberg/Berlin: Spektrum Akademischer Verlag, 2000
– ders.: *Das ist Evolution*. München: Bertelsmann, 2003

Miller, George A: *Wörter. Streifzüge durch die Psycholinguistik*. Heidelberg, Berlin, New York: Spektrum Akademischer Verlag, 1993

Milton, John: *Das verlorene Paradies*. Übertragen und herausgegeben von Hans Heinrich Meier. Ditzingen: Reclam, 1969

Monod, Jacques: *Zufall und Notwendigkeit. Philosophische Fragen der modernen Biologie (Le hasard et la nécessité)*. München: Piper, 1971

Neukamm, Martin: »Kreationismus und Intelligent Design. Über die wissenschaftstheoretischen Probleme von Schöpfungstheorien«. München, 1.7.2004 [WWW-Dokument] URL: http://www.martin-neukamm.de/kreation.pdf [zitiert am 15.9.2005]

Niemitz, Carsten: »Evolution und Sprache«. Jürgen Trabant (Hg.): *Sprache denken. Positionen aktueller Sprachphilosophie*. Frankfurt/M.: Fischer, 1995

Oeser, Erhard; Seitelberger, Franz: *Gehirn, Bewußtsein und Erkenntnis*. Dimensionen der modernen Biologie, Band 2, hrsg. von Walter Nagel und Franz M. Wuketits. Darmstadt: Wissenschaftliche Buchgesellschaft, ^{2}1995

Olson, Steve: *Herkunft und Geschichte des Menschen. Was die Gene über unsere Vergangenheit verraten*. Berlin: Berlin Verlag, 2005

Pick, Ulrich: *Auf ein Neues? Reinkarnationsvorstellungen in christlich geprägtem Umfeld*. Manuskript zur Sendung *SWR2 Glaubensfragen* vom 25. Juli 2004 [WWW Dokument] URL: http://www.swr.de/swr2/sendungen/glaubensfragen/archiv/2004/07/25/ (heruntergeladen am 23. Juni 2006)

Pinker, Steven: *Der Sprachinstinkt. Wie der Geist die Sprache bildet*. München: Kindler, 1996

Posselt, Ralf-Erik; Schumacher, Klaus: *Projekthandbuch Gewalt und Rassismus*. Mülheim an der Ruhr: Verlag an der Ruhr, 1993

Rearick, Anderson III: »Why is the Only Good Orc a Dead Orc? The Dark Face of Racism Examined in Tolkien's World«. Shaun F. D. Hughes (Ed.): *Modern Fiction Studies: J. R. R. Tolkien Special Issue Volume*. Volume 50, Number 4, Winter 2004. Baltimore: John Hopkins University Press, 2004: 861–874

Riedl, Rupert: *Biologie der Erkenntnis. Die stammesgeschichtlichen Grundlagen der Vernunft*. Berlin und Hamburg: Paul Parey, ^{2}1980
– ders.: *Wahrheit und Wahrscheinlichkeit. Biologische Grundlagen des Für-Wahr-Nehmens*. Berlin und Hamburg: Paul Parey, 1992

Sachau, Rüdiger: *Weiterleben nach dem Tod?* Gütersloh: Gütersloher Verlagshaus, 1998

Schacter, Daniel L.: *Aussetzer. Wie wir vergessen und uns erinnern*. Bergisch Gladbach: Lübbe, 2005

Schmid, Georg: »Anfang und Ende des Glaubens an Reinkarnation«. *Grenzgebiete der Wissenschaft* 1988/I, Resch, Innsbruck (nachzulesen als Datei: http://www.relinfo.ch/reinkarnation/glaube.html)

Schneidewind, Friedhelm: »Dracula lebt. Spekulationen über die biologischen Grundlagen des real existierenden Vampirismus«. *... wie schmelzen deine Blätter*. Saarbrücken: Logos-Verlag, 1993: 87 – 105
– ders.: *Das Lexikon rund ums Blut*. Berlin: Lexikon Imprint Verlag, 1999
– ders.: *Das Lexikon von Himmel und Hölle*. Berlin: Lexikon Imprint Verlag, 2000
– ders.: *Rassismus in Tolkiens Werk? Folien zu einem Vortrag bei der Ringcon 2003*. Mannheim, 2003/Hemsbach, 2005 [WWW-Dokument] URL: http://www.incantatio.de/rass.pdf [aktualisiert am 31.08.2011]
– ders.: »Biologie, Abstammung und Moral.« Thomas Honegger et. al.: *Eine Grammatik der Ethik. Die Aktualität der moralischen Dimension in J. R. R. Tolkiens literarischem Werk*. Edition Stein und Baum, Band 1. Saarbrücken: Verlag der Villa Fledermaus, 2005: 39 – 66
– ders.: »The Biology of Middle-earth«. Michael D. C. Drout (Ed.): *J.R.R. Tolkien Encyclopedia: Scholarship and Critical Assessment*. Oxford: Routledge, 2007
– ders.: *Drachen. Das Schmökerlexikon*. Saarbrücken: Verlag der Villa Fledermaus, 2008
– ders.: *Mythologie und phantastische Literatur*. Oldib-Verlag, Essen 2008

Shipman, Pat: *Die Evolution des Rassismus. Gebrauch und Mißbrauch von Wissenschaft*. Frankfurt/Main: S. Fischer, 1995

Shippey, Tom A.: »Orcs, Wraiths, Wights: Tolkien's Images of Evil«. George Clark, Daniel Timmons (Ed.): *J. R. R. Tolkien and His Literary Resonances*. Westport, CT: Greenwood Press, 2000: 183 – 198

Steitz, Erich: *Die Evolution des Menschen*. Stuttgart: E. Schweizerbart'sche Verlagsbuchhandlung ^{3}1993
– ders.: *Sind wir noch zu retten? Krise und Chance des Homo sapiens im Lichte der Evolution* Essen: Oldib-Verlag, 2009

Szagun, Gisela: *Wie Sprache entsteht. Spracherwerb bei Kindern mit beeinträchtigtem und normalem Hören*. Weinheim: Beltz, 2001

Thiede, Werner: *Warum ich nicht an Reinkarnation glaube. Ein theologischer Diskussionsbeitrag*. EZW-Texte Nr. 136. Berlin: Evangelische Zentralstelle für Weltanschauungsfragen, 1997

Trabant, Jürgen: *Sprache denken. Positionen aktueller Sprachphilosophie*. Frankfurt/M.: Fischer, 1995

UNESCO: Erklärung von Prinzipien der Toleranz, verabschiedet auf der 28. Generalkonferenz, Paris, Oktober 1995 [WWW-Dokument] URL: http://www.unesco.de/c_bibliothek/tol_erklaerung.htm [zitiert am 31.8.2011]

»UNESCO-Rassendeklaration«. Deutsche UNESCO-Kommission (Hg.): *Menschenrechte.* Bonn: Deutsche UNESCO-Kommission, 1981

Vollmer, Gerhard: *Evolutionäre Erkenntnistheorie.* Stuttgart: Hirzel, [5]1990
– ders.: »Was können wir wissen? Denken und Erkennen«. *Funkkolleg Der Mensch. Anthropologie heute.* Studienbrief 7, Studieneinheit 19. Tübingen: Deutsches Institut für Fernstudien an der Universität Tübingen, 1993

Weinreich, Frank: »Die Völker von Mittelerde und ihre literarische Herkunft«. Bochum, 1999. [WWW-Dokument] URL: http://www.polyoinos.de/tolk_stuff/Die%20Rassen.htm [zitiert am 31.8.2011]
– ders.: »Ethos in Arda. Charakteristika der Ethik in Mittelerde«. Thomas Honegger et. al.: *Eine Grammatik der Ethik. Die Aktualität der moralischen Dimension in J. R. R. Tolkiens literarischem Werk.* Edition Stein und Baum, Band 1. Saarbrücken: Verlag der Villa Fledermaus, 2005: 111 – 135

Wolf, Alexandra: »Die Athrabeth Finrod ah Andreth oder Das Menschenbild in Tolkiens Mythologie. Thomas Fornet-Ponse et. al. (Hg.): *Die Entstehung einer Mythologie – History of Middle-Earth*, Hither Shore III, Düsseldorf: Scriptorium Oxoniae, 2007: 137 – 150

Wuketits, Franz M.: *Evolution. Die Entwicklung des Lebens.* München: C. H. Beck, [2]2005

Young, David: *Die Entdeckung der Evolution.* Basel/Boston/Berlin: Birkhäuser, 1994

Zander, Helmut: *Geschichte der Seelenwanderung in Europa* Darmstadt: Wissenschaftliche Buchgesellschaft, 1999

Zglinicki, Thomas von: *Biologische Grundlagen der Gerontologie.* Stuttgart: Kohlhammer, 2005

Zimmer, Reingard: »Umsetzung der EU-Antidiskriminierungsrichtlinien – Teil I: Inhalt der Antidiskriminierungsrichtlinien«. *Arbeitsrecht im Betrieb* 3/2004. Köln: AiB-Verlag, 2004: 142–148

www.3sat.de/3sat.php?http://www.3sat.de/nano/bstuecke/27746/index.html,

www.aerztezeitung.de/docs/2004/08/26/151a1101.asp, http://www.wissenschaft.de/wissen/hintergrund/228254.html,

www.eselfreunde.ch/EselA-Z/P/PferdundEsel.html, 23.06.2006

www.hundefreunde-waldblick.de/sites/lexikon_instinkt.htm, 23.06.2006

www.neuro24.de/glossare.htm, 23.06.2006

www.uni-saarland.de/fak8/genetik/dfg/html/uberblick.html, http://www.erbschaftsforschung.de

Zwischen Genie und Wahnsinn (Kapitel VII)

Benvenuto, Maria Raffaela: »Smith of Wootton Major, ›The Sea-Bell‹ and Lothlórien: Tolkien and the Perils of Faërie«. Margaret Hiley, Frank Weinreich (Eds.): *Tolkien's Shorter Works. Proceedings of the 2007 Jena conference.* Zollikofen/Schweiz: Walking Tree Publishers, 2008

Clair, Jean (Hg.): *Melancholie. Genie und Wahnsinn in der Kunst. Katalog zur Ausstellung.* Ostfildern-Ruit: Hatje Cantz, 2005

Csikszentmihályi, Mihály: *Kreativität. Wie Sie das Unmögliche schaffen und Ihre Grenzen überwinden.* Stuttgart: Klett-Cotta, 1997

Freud, Sigmund: »Der Dichter und das Phantasieren«. *Studienausgabe. Band 10: Bildende Kunst und Literatur.* Frankfurt/Main: S. Fischer, 2001

Hiley, Margaret: »Journeys in the Dark«. Margaret Hiley, Frank Weinreich (Eds.): *Tolkien's Shorter Works. Proceedings of the 2007 Jena conference.* Zollikofen/Schweiz: Walking Tree Publishers, 2008

Holm-Hadulla, Rainer M.: *Kreativität – Konzept und Lebensstil.* Göttingen: Vandenhoeck & Ruprecht, 2004

Lange-Eichbaum, Wilhelm: *Genie, Irrsinn und Ruhm.* 11 Bände. München: Reinhardt, 1999.

Long, Josh B.: »Two Views of Faërie in *Smith of Wootton Major*: Nokes and His Cake, Smith an His Star«. Mythlore 26, nos. 3/4, 2008 – überarbeitet in: Krstović, Jelena O. (Project-Ed.). *Short Story Criticism (SSC).* Vol. 156. Criticism of the Works of Short Fiction Writers. Gale, Detroit et. al. 2011

Sammons, Margaret: »Tolkien on Fantasy in *Smith of Wootton Major*«. Mythlore 12, no. 1, 1985 – und in: Krstović, Jelena O. (Project-Ed.). *Short Story Criticism (SSC).* Vol. 156. Criticism of the Works of Short Fiction Writers. Gale, Detroit et. al. 2011

Segura, Eduardo: »›Leaf by Niggle‹ and the Aestethics of Gift: Towards a Definition of J. R. R. Tolkien's Notion of Art«. Segura, Eduardo; Honegger, Thomas (Eds.). *Myth and Magic: Art according to the Inklings.* Zürich/Bern: Walking Tree Publishers, 2007

Slack, Anna: »A Star Above the Mast: Tolkien, Faërie and the Great Escape«. Margaret Hiley, Frank Weinreich (Eds.): *Tolkien's Shorter Works. Proceedings of the 2007 Jena conference.* Zollikofen/Schweiz: Walking Tree Publishers, 2008

Steimel, Heidi: »The Autobiographical Tolkien«. Margaret Hiley, Frank Weinreich (Eds.): *Tolkien's Shorter Works. Proceedings of the 2007 Jena conference.* Zollikofen/Schweiz: Walking Tree Publishers, 2008

Gewalt und Gewaltdarstellung (Kapitel VIII)

Bärsch, Sibylle und Tim: *Theorien zur Gewalt.* Schwerte: Amt für Jugendarbeit der EKvW, 2007

Bandura, Albert: *Lernen am Modell.* Stuttgart: Klett-Cotta, 1976
– ders.: *Aggression. Eine sozial-lerntheoretische Analyse.* Stuttgart: Klett-Cotta, 1979

Bauer, Joachim: *Schmerzgrenze – Vom Ursprung alltäglicher und globaler Gewalt.* München: Blessing, 2011

Buss, David M.: *Der Mörder in uns. Warum wir zum Töten programmiert sind.* Heidelberg: Spektrum, 2011

Collins, Randall: *Dynamik der Gewalt. Eine mikrosoziologische Theorie.* Hamburg: Hamburger Edition, 2011

Degen, Marieke: »Die Neuvermessung des Bösen: Das Verbecherhirn«. Manuskript zur Sendung vom 12.06.2011. [WWW-Dokument] URL: http://www.dradio.de/dlf/sendungen/wib/1479966 [zitiert am 31.8.2011]

Degen, Rolf: *Das Ende des Bösen. Die Naturwissenschaft entdeckt das Gute im Menschen.* München: Piper, 2007

Denker, Rolf: *Aufklärung über Aggression: Kant, Darwin, Freud, Lorenz.* Stuttgart/Berlin/Köln/Mainz: Kohlhammer, 1966
– ders.: *Angst und Aggression.* Stuttgart/Berlin/Köln/Mainz: Kohlhammer, 1974

Dollard, John; Miller, Neil E.: *Frustration and Aggression.* London: Paul Trench Trubner, 1944

Eagleton, Terry: *Das Böse.* Berlin: Ullstein Verlag, 2011

Fine, Cordelia: *Wissen Sie, was Ihr Gehirn denkt?* Heidelberg: Spektrum Akademischer Verlag, 2007

Fromm, Erich: *Anatomie der menschlichen Destruktivität.* Reinbek bei Hamburg: Rowohlt, 1977

Gerlach, Christian: *Extrem gewalttätige Gesellschaften. Massengewalt im 20. Jahrhundert.* München: DVA, 2011

Hacker, Friedrich: *Aggression. Die Brutalisierung der modernen Welt.* Wien: Molden, 1971

Hallfarth, Carolin: *Theorien der Aggression* Teil III. Folien zu einem Seminar. Bielefeld, 2007 [WWW-Dokument] URL: http://www.uni-bielefeld.de/ikg/zick/Theorien%20der%20Aggression%20Teil%20III.ppt (eingesehen am 15.8.2009)

Heinemann, Evelyn: *Aggression – Verstehen und bewältigen.* Berlin et. al.: Springer, 1996

Heitmeyer, Wilhelm (Hg.): *Gewalt. Beschreibungen, Analysen, Prävention.* Bonn: Bundeszentrale für politische Bildung, 2006

Heitmeyer, Wilhelm; Soeffner, Hans-Georg (Hg.): *Gewalt. Entwicklungen, Strukturen, Analyseprobleme.* Frankfurt/Main: Suhrkamp, 2004

Lorenz, Konrad: *Das sogenannte Böse.* Wien: Borotha-Schoeler, 1963

Michaelis, Wolfgang: *Verhalten ohne Aggression? Versuch zur Integration der Theorien.* Köln: Kiepenheuer und Witsch, 1976
– ders.: *Perspektiven der Theorienbildung über die Aggression.* Kiel: Universität (Habil.-Schrift), 1977

Nolting, Hans-Peter: *Lernfall Aggression. Wie sie entsteht – wie sie zu vermindern ist. Eine Einführung.* Reinbek bei Hamburg: Rowohlt, 1978 [2005]

Otten, Sabine; Mummendey, Amélie: »Sozialpsychologische Theorien aggressiven Verhaltens«. Dieter Frey und Martin Irle (Hg.): *Theorien der Sozialpsychologie* (Band 2). Bern, Göttingen, Toronto, Seattle: Hans Huber, 2002

Raabe, Kristin: »Die Neuvermessung des Bösen: Die Verbrecherpsyche«. Manuskript zur Sendung vom 13.06.2011. [WWW-Dokument] URL: http://www.dradio.de/dlf/sendungen/wib/1480636 [zitiert am 31.8.2011]

Robertz, Dorothee und Frank: *Konflikt-Training mit Kindern und Jugendlichen.* Hamburg: Robertz, 2001

Salisch, Maria von: *Wenn Kinder sich ärgern. Emotionsregulierung in der Entwicklung.* Göttingen: Hogrefe, 2000

Schneidewind, Friedhelm. »Biologie, Abstammung und Moral«. Thomas Honegger, Andrew James Johnston, Friedhelm Schneidewind, Frank Weinreich: *Eine Grammatik der Ethik. Die Aktualität der moralischen Dimension in J. R. R. Tolkiens literarischem Werk.* Edition Stein und Baum, Band 1. Saarbrücken: Verlag der Villa Fledermaus, 2005, 39 – 66

Schwenkmezger, Peter; Steffgen, Georges; Dusi, Detlev: *Umgang mit Ärger. Ärger und Konfliktbewältigungstraining auf kognitiv-verhaltenstherapeutischer Grundlage.* Göttingen: Hogrefe, 1999

Selg, Herbert; Mees, Ulrich; Berg, Detlef: *Psychologie der Aggressivität.* Göttingen: Hogrefe, 1997

Sorg, Eugen. *Die Lust am Bösen. Warum Gewalt nicht heilbar ist.* Zürich: Nagel und Kimche, 2011

Weinreich, Frank: »Ethos in Arda. Charakteristika der Ethik in Mittelerde«. Thomas Honegger, Andrew James Johnston, Friedhelm Schneidewind, Frank Weinreich: *Eine Grammatik der Ethik. Die Aktualität der moralischen Dimension in J. R. R. Tolkiens literarischem Werk.* Edition Stein und Baum, Band 1. Saarbrücken: Verlag der Villa Fledermaus, 2005, 111 – 134
– ders.: »Violence in *The Lord of the Rings*«. Thomas Fornet-Ponse et. al. (Hg.): *Gewalt, Konflikt und Krieg bei Tolkien*, Hither Shore IV, Düsseldorf: Scriptorium Oxoniae, 2010: 10 – 26

Welzer, Harald: *Täter. Wie aus ganz normalen Menschen Massenmörder werden.* Frankfurt/Main: S. Fischer, 2005

Stimmen die Stimmen? (Kapitel IX)

Egenolf, Heinrich: *Die menschliche Stimme.* Stuttgart: Paracelsus, 1974

Fischer, Peter Michael: *Die Stimme des Sängers.* Stuttgart: Metzler, 1998

Haeflinger, Ernst: *Die Kunst des Gesangs: Geschichte, Technik, Repertoire.* Mainz: Schott, 2000

Karpf, Anne: *Frauen reden anders, Männer auch. Was die Stimme über unsere wahren Gefühle verrät.* Bergisch Gladbach: Ehrenwirth (Lübbe), 2006

Farmer Giles of Ham (Kapitel X) sowie Fantastik als Friedensstifter!? (Kapitel XII)

Asimov, Isaac: »Prinz Wunderbar und der Drache, der kein Feuer speien konnte«. in: *Issac Aismov's Zauberland.* Bergisch Gladbach: Bastei-Lübbe, 1997: 181 – 203

Bandini, Ditte und Giovanni: *Das Drachenbuch. Sinnbilder – Mythen – Erscheinungsformen.* München: dtv 2002

Bölsche, Wilhelm: *Drachen. Sage und Naturwissenschaft.* Stuttgart: Kosmos, 1929

Chance, Jane: »Subversive Fantasist: Tolkien on Class Difference«. Hammond, Wayne G.; Scull, Christina (Eds.): *The Lord of the Rings, 1954 – 2004: Scholarship in Honor of Richard E. Blackwelder.* Milwaukee: Marquette University Press, 2006: 153 – 168

Chen, Fanfan; Honegger, Thomas (Eds.): *Good Dragons are Rare. An Inquiry into Literary Dragons East and West.* Frankfurt/Main u. a., Peter Lang, 2009

Cherry, John (Hg.): *Fabeltiere. Von Drachen, Einhörnern und anderen mythischen Wesen.* Stuttgart: Reclam, 1997

Dickerson, Matthew: *Following Gandalf. Epic Battles and Moral Victory in* The Lord of the Rings. Grand Rapids, MI: Brazos Press, 2003

Doyle, Arthur Conan: *Die Vergessene Welt.* München: Heyne, 1969

Ende, Michael: *Jim Knopf und Lukas der Lokomotivführer.* Stuttgart: Thienemann, 1960
– ders.: *Jim Knopf und die wilde Dreizehn.* Stuttgart: Thienemann, 1962
– ders.: *Die unendliche Geschichte.* Stuttgart: Thienemann, 1979

Farmer, Philip José: *Die Liebenden.* München/Zürich: Droemer-Knaur, 1978

Funke, Cornelia: *Drachenreiter.* Hamburg: Dressler, 1997

Gier, Kerstin: »Jeremy Ohneland und der Drache«. Stefan Bauer (Hg.): *Das Vermächtnis des Rings.* Bergisch Gladbach: Bastei-Lübbe, 2001: 13 – 68

Gößling, Andreas: *Drachenwelten. Geister der Schöpfung und Zerstörung.* München/Zürich: Piper, 2003

Grimm, Jacob und Wilhelm. *Deutsche Sagen.* Augsburg: Anaconda, 2006
– dies.: *Kinder- und Hausmärchen.* Bayreuth: Gondrom, 1978

Hammond, Wayne G. und Christina Scull. *J. R. R. Tolkien. Der Künstler.* Stuttgart: Klett-Cotta, 1996

Heitz, Markus: *Die Mächte des Feuers.* München: Piper, 2006
– ders.: *Drachenkaiser.* München: Piper, 2009

Herbert, Frank: *Der Gottkaiser des Wüstenplaneten.* München: Heyne, 1982

Hermann, Paul: *Nordische Nibelungen. Die Sagas von den Völsungen, von Rangar Lodbrok und Hrolf Kraki.* Köln: Diederichs, 1985

Johnston, Andrew James: »Ästhetische Strategien und ethische Vielfalt«. Thomas Honegger, Andrew James Johnston, Friedhelm Schneidewind, Frank Weinreich: *Eine Grammatik der Ethik. Die Aktualität der moralischen Dimension in J. R. R. Tolkiens literarischem Werk.* Edition Stein und Baum, Band 1. Saarbrücken: Verlag der Villa Fledermaus, 2005, 89 – 109

Jordan, Michael: *Mythen der Welt.* Bern u. a.: Barth, 1997

Le Guin, Ursula Kroeber: *Erdsee-Saga 1 – 5* (*Der Magier der Erdsee – Die Gräber von Atuan – Das ferne Ufer – Tehanu – Das Vermächtnis von Erdsee*). München: Heyne, 1979 – 2001
 – dies.: *Erdsee-Saga 6: Rückkehr nach Erdsee.* München: Piper 2003

Lindgren, Astrid: *Die Brüder Löwenherz.* Hamburg: Oetinger, 1974

Lodemann, Jürgen: *Siegfried und Krimhild. Die Nibelungen.* Stuttgart: Klett-Cotta, 2002

London, Jack: *Die eiserne Ferse.* München: Heyne, 1978
 – ders.: *Bevor Adam kam. Ein prähistorischer Roman.* Bergisch Gladbach: Bastei-Lübbe, 1981
 – ders.: *Der Feind der Welt.* Bergisch Gladbach: Bastei-Lübbe, 1983

Longyear, Barry B.: »Du, mein Feind«. Isaac Asimov (Hg.): *Isaac Asimov's Science-fiction-Magazin 7.* München: Heyne, 1980

Lurker, Manfred: *Adler und Schlange. Tiersymbolik im Glauben und Weltbild der Völker.* Tübingen: Wunderlich, 1983

Nesbit, Edith: *Der allerletzte Drache. Drachenmärchen.* Kevelaer: Anrich, 1984
 – dies.: *Drachen, Katzen, Königskinder.* Hamburg: Zeitverlag Bucerius, 2006

Okonnek, Evelyne: *Die Tochter der Schlange.* Wien: Ueberreuther, 2006
 – dies.: *Das Rätsel der Drachen.* Wien: Ueberreuther, 2007

Reinboth, Gudrun: *Drachensommer.* Hamburg: Klopp, 2000

Rowling, Joanne K.: *Harry Potter* (*Harry Potter und der Stein der Weisen – ... und die Kammer des Schreckens – ... und der Gefangene von Askaban – ... und der Feuerkelch – ... und der Orden des Phönix – ... und der Halbblutprinz – ... und die Heiligtümer des Todes*) – Hamburg: Carlsen 1998 – 2007
 – dies.: *Quidditch im Wandel der Zeiten.* als Kennilworthy Whisp. Hamburg: Carlsen 2001
 – dies.: *Phantastische Tierwesen und wo sie zu finden sind.* als Newt Scamander. Hamburg: Carlsen, 2001

Schneidewind, Friedhelm: »Vom Dunkel ins Licht? Elben, Fantasy und nordische Mythologie« ... *wie schmelzen deine Blätter.* Saarbrücken: Logos-Verlag, 1993: 107 – 119
 – ders.: *Drachen. Foliensammlung* [WWW-Dokument] URL: http://www.villa-fledermaus.de/drachen.pdf
 – ders.: *Drachen. Das Schmökerlexikon.* Saarbrücken: Verlag der Villa Fledermaus, 2008
 – ders.: »Von Babylon bis Eragon. Die Wechselwirkung von Mythos/Literatur und (Natur-)Wissenschaft in der westlichen Drachenvorstellung«. Fanfan Chen, Thomas Honegger (Eds.): *Good Dragons are Rare. An Inquiry into Literary Dragons East and West.* Frankfurt/Main u. a., Peter Lang, 2009: 1 – 26

Schwab, Gustav: *Sagen des klassischen Altertums.* Augsburg: Weltbild, 2004

Shuker, Karl: *Drachen. Mythologie – Symbolik – Geschichte.* Köln: Taschen 2006

Stamer, Barbara; Zingsem, Vera: *Schlangenfrau und Chaosdrache in Märchen, Mythos und Kunst. Schlangen- und Drachensymbolik im Kulturvergleich.* Stuttgart/Zürich: Kreuz 2001

Steuben, Fritz: *Der fliegende Pfeil.* Stuttgart: Franckh, 1930
 – ders.: *Der rote Sturm.* Stuttgart: Franckh, 1931
 – ders.: *Tecumseh, der Berglöwe.* Stuttgart: Franckh, 1932
 – ders.: *Der strahlende Stern.* Stuttgart: Franckh, 1934
 – ders.: *Schneller Fuß und Pfeilmädchen.* Stuttgart: Franckh, 1935
 – ders.: *Der Sohn des Manitu.* Stuttgart: Franckh, 1938
 – ders.: *Tecumsehs Tod.* Stuttgart: Franckh, 1939
 – ders.: *Ruf der Wälder.* Stuttgart: Franckh, 1951

Weinreich, Frank: *Fantasy. Einführung.* Essen: Oldib-Verlag, 2007

Zelazny, Roger: *Die Insel der Toten.* München: Heyne 1973
 – ders.: *Der Tod in Italbar.* München: Heyne 1975
 – ders.: *Herr des Lichts.* München: Heyne 1976
 – ders.: »Der Drache und die Jungfrau«. *Die Türen seines Gesichtes.* München: Moewig, 1980: 129 – 130

Was ist Magie und wie funktioniert sie? (Kapitel XIII)

Asimic, Isaac: *Issac Asimov's Zauberland.* Bergisch Gladbach: Batei-Lübbe, 1997

Clarke, Arthur C.: *Profile der Zukunft. Über die Grenzen des Möglichen.* München: Heyne, 1984

Hailer, Martin: »Sind Magie und Christentum Gegensätze? Eine alte Polemik neu betrachtet«. EZW-Materialdienst 8/11, Berlin: Evangelische Zentralstelle für Weltanschauungsfragen, August 2011: 285 – 292

Knepper, Claudia: »Magie«. EZW-Materialdienst 9/11, Berlin: Evangelische Zentralstelle für Weltanschauungsfragen, September 2011: 354 – 358

Linder, Leo G.: *Unter der Jaguarsonne – Begegnungen mit der Geschichte der Maya.* Düsseldorf; Econ, 1995

Schneidewind, Friedhelm: »Vom Dunkel ins Licht? Elben, Fantasy und nordische Mythologie« ... *wie schmelzen deine Blätter.* Saarbrücken: Logos-Verlag, 1993: 107 – 119
 – ders.: *Das Lexikon rund ums Blut.* Berlin: Lexikon Imprint Verlag, 1999
 – ders.: *Das Lexikon von Himmel und Hölle.* Berlin: Lexikon Imprint Verlag, 2000
 – ders.: »Zauberspruch und Zauberstab. Grundlagen der Magie in der Welt von Harry Potter«. *Elbenwald-Megalog* 2006
 – ders.: »Heiler und Ketzer. Kirche, Gott und Magie in der Welt der Deryni«. Thomas Le Blanc, Bettina Twrsnick (Hg.): *Götterwelten. Phantastik und Religion.* Tagungsband 2006. Wetzlar: Schriftenreihe und Materialien der Phantastischen Bibliothek Wetzlar, Band 97, 2007: 112 – 145
 – ders.: »Der Mensch als Schöpfer seiner selbst: Gen- und Nanotechnologie in der modernen Science Fiction«. Thomas Le Blanc, Bettina Twrsnick (Hg.): *Planet Erde. Ökologische Themen in der Science Fiction.* Tagungsband 2008. Wetzlar: Schriftenreihe und Materialien der Phantastischen Bibliothek Wetzlar, Band 102, 2009: 45 – 90
 – ders.: *Mythologie und phantastische Literatur.* Oldib-Verlag, Essen 2008
 – ders.: »Wissensspeicher«. *Wissen und Verantwortung. Mögliche Positionen zur Wissenschaft zwischen Freiheit und Verantwortung.* Lern-Bögen Deutsch 2011. Hannover: Brinkmann Meyhöfer, 2011: 40 – 54

Bücher von Friedhelm Schneidewind

Bücher als Autor

Spiegel, Muschelklang und Elbenstern. Artikelsammlung — Saarbrücken 2009, 96 S.

Drachen. Das Schmöker-Lexikon — Saarbrücken 2008, 280 S.

Mythologie und phantastische Literatur — Essen 2008, 180 S.

gemeinsam mit Thomas Honegger, Andrew James Johnston und Frank Weinreich:
Eine Grammatik der Ethik. Die Aktualität der moralischen Dimension in J. R. R. Tolkiens literarischem Werk — Saarbrücken 2005, 160 S.

Diccionario Enciclopédico Tolkien — Barcelona/Mexiko 2003, 432 Seiten

Das grosse Tolkien-Lexikon — Berlin 2001, 830 Seiten

Das ABC rund um Harry Potter — Berlin 2000, 440 Seiten

Das Lexikon von Himmel und Hölle — Berlin 2000, 476 Seiten

Das Lexikon rund ums Blut — Berlin 1999, 352 Seiten

Liebe und Tod – Lieder, Noten, Texte — Saarbrücken 1998, 48 Seiten

Tandaradey – Lieder und Balladen — Saarbrücken 1997, 16 Seiten

Das kleine Vampyr-ABC — Saarbrücken 1997, 64 Seiten

Geworfen in die Ewigkeit – Story-Sammlung — Saarbrücken 1997, 64 Seiten

gemeinsam mit Ulrike Schneidewind:
Carmilla – das Kultstück — Saarbrücken 1994, 192 Seiten; Neuauflage Saarbrücken 2001, 64 S.

... wie schmelzen deine Blätter – Essays, Geschichten, Lieder — Saarbrücken 1993, 160 Seiten

Bücher als Herausgeber

mit Heidi Steimel: Musik in Mittelerde — Saarbrücken 2011, 240 Seiten
mit Heidi Steimel: Music in Middle-earth — Zollikofen/Schweiz und Jena, 2010, 312 Seiten

mit Frank Weinreich in der Edition Stein und Baum

Von den kleinen Leuten.
Über Halblinge, Zwerge und andere (zu) kurz Gekommene — Saarbrücken 2008, 188 Seiten

Mittelerde ist unsere Welt. Wie es »wirklich« war — Saarbrücken 2006, 224 Seiten

als Reihenherausgeber mit Hubert Bär (bis 2010), Gudrun Reinboth (ab 2011), Rolf Bergmann und Michail Krausnick
in der Reihe Rhein-Neckar-Brücke:

Das Leben, der Tod und die Inseln des Glücks (Gudrun Reinboth, 2010)
Spiegel, Muschelklang und Elbenstern (Friedhelm Schneidewind, 2009)
Der Mann, der aus den Quadraten fiel (Rolf Bergmann, 2009)
Beruf: Räuber oder das Blutgericht zu Heidelberg (Michail Krausnick, 2007)
Es liegt vielleicht an Heidelberg (Hubert Bär, 2007)
Der Drache Dreierlei (Anette Butzmann, 2006)
Damals im Roten Kakadu (Rolf Bergmann, 2005)
Mord Erzberger (Michail Krausnick und Günter Randecker, 2005)
Seitenstiche (Hubert Bär, 2005)

alleiniger Herausgeber: Mundart Modern (Anthologie) — Saarbrücken 1993
Erinnerungen an die Strassenbahn (Sachbuch) — Saarbrücken 1992

gemeinsam mit Werner Treib: Gemischte Gefühle (Lyrik-Anthologie) — Saarbrücken 1992